中國倫理思想研究文叢

三 編

王澤應 主編

第 3 冊

大仁小義：儒家倫理智慧探幽

譚忠誠 著

花木蘭文化出版社

國家圖書館出版品預行編目資料

大仁小義：儒家倫理智慧探幽／譚忠誠 著 -- 初版 -- 新北市：
花木蘭文化出版社，2015〔民104〕
目 2+212 面；19×26 公分
（中國倫理思想研究文叢 三編；第 3 冊）
ISBN 978-986-404-232-6（精裝）
1. 儒家 2. 倫理學
190.9208   104012128

ISBN- 978-986-404-232-6

9 789864 042326

中國倫理思想研究文叢
三 編 第三冊   ISBN：978-986-404-232-6

大仁小義：儒家倫理智慧探幽

作　　　者　譚忠誠
主　　　編　王澤應
總 編 輯　杜潔祥
副總編輯　楊嘉樂
編　　　輯　許郁翎
出　　　版　花木蘭文化出版社
負 責 人　高小娟
聯絡地址　新北市中和區中安街七二號十三樓
　　　　　　電話：02-2923-1455／傳眞：02-2923-1452
網　　　址　http://www.huamulan.tw 信箱 hml 810518@gmail.com
印　　　刷　普羅文化出版廣告事業
初　　　版　2015 年 9 月
全書字數　183425 字
定　　　價　三編 12 冊（精裝）新台幣 22,000 元

大仁小義：儒家倫理智慧探幽

譚忠誠　著

作者簡介

譚忠誠，男，1971 年生，湖南祁東人，1996 年畢業於湖南師範大學政史系歷史學專業，獲文學學士學位；2001 年畢業於北京大學哲學系倫理學專業，獲哲學碩士學位；2011 年畢業於北京大學哲學系中國哲學專業，獲哲學博士學位。現爲中南大學哲學系副教授。曾先後在《北京大學學報》、《道德與文明》、《禪學研究》等刊物發表學術論文 20 餘篇，並撰有《倫理學研究》、《郭店儒簡與孔孟之道》、《廉潔論》三部學術著作。主要研究領域爲儒家哲學、中國倫理思想史與宗教哲學。

提　要

　　全書主要是秉承著孔子「知者利仁」的角度來詮釋儒家的倫理智慧，整書主體分爲上、下兩篇：「上篇」部分主要是從傳統倫理範疇系列、修身智慧的「內聖」學問和治國理政的「外王」智慧之三大板塊來詮釋原始儒家倫理的眞面目與眞精神。其中，範疇部分主要擷取了禮與仁、仁與義、經與權、德與樂、天與人這五對基本倫理範疇進行詮釋，重點旨在揭示每一對倫理範疇之間的內在義理關係；「內聖」部分集中探討了原始儒家關於道德修養的一系列理論，其主要內容則涉及到了早期儒家關於「成聖」問題的「聖」德觀、以郭店儒簡爲代表的貴「情」說、孔子「與命與仁」的君子修養論和以狂狷精神作爲儒家君子特質的「中行」氣象，最後還附帶探討關於傳統士大夫氣節修養的核心 —— 即廉恥觀；「外王」部分主要是從儒家之外王 —— 即爲政的角度來考察傳統儒家的兩大永恒主題：即「王」「霸」之辨與「德」「法」之爭。下篇部分則主要以近代思想史上的五位人物：康有爲、譚嗣同、梁啓超、王國維和孫中山爲線索來重點考察了中國傳統儒家倫理智慧在近代社會轉型中所面臨的系列危機以及用於應對這些新危機的諸多新思路、新方法。

目 次

上篇　古代儒家倫理智慧發微

　　中國古代社會乃是一個以傳統儒家倫理爲主流價值觀的倫理社會。儒家倫理主要是一種以注重心性修養爲主體的古典規範倫理學（如《大學》所說「自天子以至於庶人，壹是皆以修身爲本」）。這種古典規範倫理的基本精神是人文主義和現世主義，其價值取向不在構築彼岸世界和靈魂永生的宗教世界觀，而在於引導人們在此岸世界如何學做聖賢（即「內聖」），並努力精勤於一種「聖賢」情懷（即「達則兼善天下，窮則獨善其身」）來經邦濟世，以期成就一番利濟蒼生的政治偉業（即「外王」）。誠然，中國傳統倫理精神也不乏宗教的因素，如《易傳》的「積善之家必有餘慶，積不善之家必有餘殃」與《尙書·湯誥》的「天道福善禍淫」之類，同時，卻又替這種宗教色彩賦予了一種強烈的人文主義精神，如「天聽自我民聽，天視自我民視」之類。而在以基督教宗教倫理爲主導的西方社會，由於人被看作上帝或神的創造物和附屬品，人在上帝面前不僅是微不足道，甚至還是無能爲力的，這樣，上帝就成了無上的權威，是絕對的眞理。近代德國學者馬克斯·韋伯在談到中西文化這種差異時，是著重於從「形而上」的超越價值與「形而下」的現實價值這兩個層面來分析的。在韋伯看來，如果一種文化還沒有被尊奉到宗教地位的話，那麼這種文化就是不理性的。所以，韋伯總是習慣於用「宗教」概念來表述「文化」。而且，韋伯又著重分析了世界各種宗教理性能力的強弱，並指出了中國儒家倫理文化的宗教理性能力很弱，受傳統的束縛太深。在韋伯看來，一種文化的超越價值（神、「上帝」）（「形而下」）與現實價值（「形而下」）之間的對立越大，張力越緊，反差越強，那麼這種文化（即宗教）的理性能力也就越強。基督教文化對現實的這種超越性是很強的，人與上帝的

距離也是永恒存在的，即上帝是人永遠無法成就的可望而不可及的價值主體，因而人的現實傳統在宗教的超越性之下便失去了「正當性」。所以，韋伯認爲，西方宗教文化的理性能力是很強的。相反，由於中國儒家文化的現實性很強，以致於失去了一種形而上的超越價值，像孔子所講的「不談天」、「不事鬼神」和「不語怪、力、亂、神」，傳統儒家都認爲「人人皆可以成堯舜（即聖人）」，這樣就缺乏一種比現實更強的超越性，傳統的東西反而被神聖化了，因而，這種傳統也就失去了它的「正當性」。所以，中國人那種不思進取、隨遇而安的現實主義精神經久不衰，綿延不絕，而不像西方人那樣熱衷於一種對形而上的、科學層面的價值追求。〔註1〕

可是，在精研中國傳統文化精神內核的有識之士看來，韋伯對中國文化固有的這種價值張力的分析是弱視的，其根源在於韋伯未能深入中國文化的「形上」與「形下」的價值構架體系，而把「人人皆可以成堯舜」的「聖賢」當成古代中國人追求的最高價值主體。其實，中國文化所構架的價值主體是有層次性的，這就是周敦頤的「希賢」、「希聖」與「希天」（周敦頤：《通書・志學第十》）。在這裏，「成聖」並不是最高的，在「聖」的上面還有「天」或「上帝」，如《論語・泰伯》「唯天爲大，唯堯則之」與《尚書・湯誥》「惟皇上帝，降衷於下民」等。人通過道德修養所致力於這種最高的價值主體「天」或「上帝」的企圖——即所謂傳統意義上的成「道」過程也同樣是遙不可及的，對此，孟子曾經說：

> 公孫丑曰：「道則高矣，美矣，宜若登天然，似不可及也；何
> 不使彼爲可及而日孳孳也？」孟子曰：「大匠不爲拙工改廢繩墨，羿
> 不爲拙射變其彀率。君子引而不發，躍如也。中道而立，能者從之。」
> （《孟子・盡心上》）

這裏，已將人們對最高價值「道」的追求視若「登天然」而「不可及」，就是一則明證。不僅如此，哪怕是同屬於「成聖」層面的價值追求也是有層次高下之別的，一方面，從道德修爲之可行性的角度，儒家既從理論上肯定了「人皆可以成堯舜」的潛在可能性，另一方面從實踐層面指出了這種「成聖」道路的遙不可及。如孔子弟子顏淵和子貢對孔子的評價就是兩個鮮活的例子：

> 顏淵喟然歎曰：「仰之彌高，鑽之彌堅；瞻之在前，忽焉在後。

〔註1〕詳見馬克斯・韋伯著《儒教與道教》之《儒教與清教》，商務印書館 2003 年版，第 280 頁。

夫子循循然善誘人，博我以文，約我以禮。欲罷不能，既竭吾才，如有所立卓爾。雖欲從之，末由也已。」（《論語・子罕》）

叔孫武叔毀仲尼。子貢曰：「無以為也，仲尼不可毀也。他人之賢者，丘陵也，猶可踰也；仲尼，日月也，無得而踰焉。人雖欲自絕，其何傷於日月乎？多見其不知量也！」（《論語・子張》）

當然，儒家倫理這種介乎「形上」與「形下」的張力，並不是為了強調人類在終極信仰的價值主體面前的渺小與無能，以致消解了人們對任何道德修持的美好願力（正如韋伯所宣言的西方基督教倫理那樣），相反，卻給人們修持「形上」的道德價值——即成就德性的努力提供了大量理智認知的空間或世俗實踐的可能。顯然，在儒家這裏，任何德行的修煉都是離不開主體的自我認知的，這裏就牽涉到了儒家倫理的兩大範疇——即「仁」與「知」的關係問題。在孔門弟子中，最早對此「仁」與「知」的關係流露出困惑之情的當推是宰我，其事載《論語・雍也》：

宰我問曰：「仁者，雖告之曰：『井有仁焉。』其從之也？」子曰：「何為其然也？君子可逝也，不可陷也；可欺也，不可罔也。」

宰我在這裏是預設了一種道德情境：一個素稱道德高尚的仁者，是否一聽到他人說「有人墜井」就毫不猶豫地跳井救人呢？在孔子看來，一個真正的仁者是不會如此魯莽的，他只能是先跑往井旁看個究竟，而不會輕率地投井救人的；仁人君子或許會遭受暫時的欺騙或愚弄的，卻不會令他迷茫與困惑的，即「君子可逝也，不可陷；可欺也，不可罔也。」同樣的故事另外見諸《孟子・萬章上》：

（孟子）曰：「……昔者有饋生魚於鄭子產，子產使校人畜之池。校人烹之，反命曰：『始舍之，圉圉焉；少則洋洋焉；悠然而逝。』子產曰：『得其所哉！得其所哉！』校人出，曰：『孰謂子產智？予既烹而食之，曰，得其所哉，得其所哉。』故君子可欺以其方，難罔以非道。」

在這裏，孟子的「君子可欺以其方，難罔以非道」與孔子回應宰我的那個「君子可逝也，不可陷；可欺也，不可罔也」可謂異曲同工，兩者均體現了儒家君子所固有的「仁」「知」雙重品格的完美結合。由此可知，早期儒家對待「仁」「知」關係的基本態度，無論孔子還是孟子，都是「仁」「知（智）」並舉的，援引孔子的原話，這就是「仁者不憂」與「智者不惑」（《論語・子罕》）。儒

家這番「仁」「知」並舉的深層寓意，臺灣韋政通先生有過如此一番認識說：
「孔子仁、智並言，是因智足以輔仁，使仁能有恰當的表現。愛人而不能知
人，很容易被蒙蔽、陷害。孔子的『智者不惑』是很高的境界。」〔註2〕

　　韋政通這裏提到的「智足以輔仁」，正是在發揮孔子的「知者利仁」（《論
語‧里仁》）思想。在孔子看來，人們的智慧乃是爲了增進自身的德性的，這
構成了原始儒家關於道德智慧的一個重要內容；反過來，德性的增進也會更
有利於開發人們的認知水平，如《中庸‧大哉章》的「苟不至德，至道不凝
焉」。因此，本書所探究的倫理智慧，正是蘊涵了這種「知（「智」）」與「仁」
的雙向互動關係，具體演繹開來，則又可呈現爲一系列諸如禮與仁、仁與義、
經與權、天與人等相互對待的倫理範疇。

1、禮與仁

　　「禮」與「仁」二者在內在學理上本來應是一種「一以貫之」的對待關
係，如孔子的「人而不仁如禮何？人而不仁如樂何」（《論語‧八佾》）和「克
己復禮爲仁」（《論語‧顏淵》），這都是對於「禮」「仁」關係的一種應然表述，
而且，這還是當初周公「制禮作樂」的一種根本政治用心。可是，一旦到了
具體的社會實踐領域，卻往往會導致「人而不仁如禮何？人而不仁如樂何」
的禮崩樂壞，即牟宗三所言的「周文疲敝」。〔註3〕在牟宗三看來，先秦諸子
思想的出現都是爲了對治這種「周文疲敝」而發的，只不過各家對周文所抱
持的態度不同而已。其中，儒家孔子對周文的整套「禮樂」是持肯定態度的，
尤其認爲「禮」肯定是需要的，充其量只能隨著時代的變遷而進行酌情的細
微修正，即孔子所謂的「損益」，如「殷因於夏禮，所損益可知也，周因於殷
禮，所損益可知也」（《論語‧爲政》），但是，無論如何卻是不能從根本上去
推翻周禮的。因爲，「周文疲敝」的原因並不在於周文本身的毛病，「周文之
所以失效，沒有客觀的有效性，主要是因爲那些貴族生命腐敗墮落，不能承
擔這一套禮樂」，「那麼，如何使周文生命化呢？孔子提出仁字。」牟宗三認
爲，孔子「仁觀念的提出來，就使禮樂眞實化，使它有生命，有客觀的有效
性。」由此可知，仁觀念的提出，是以孔子爲代表的儒家對人類的一大貢獻，

〔註2〕韋政通：《中國的智慧》，吉林文史出版社，第83頁。

〔註3〕注：牟宗三說「這套周文在周朝時粲然完備，所以孔子說『郁郁乎文哉，吾
　　　　從周。』可是周文發展到春秋時代，漸漸的失效。這套西周三百多年的典章
　　　　制度，這套禮樂，到春秋的時候就出問題了，所以我叫它做『周文疲敝』。」
　　　　牟宗三：《中國哲學十九講》，上海古籍出版社，第58頁。

「儒家對人類的貢獻，就在他對夏商周三代的文化，開始做一個反省，反省就提出了仁的觀念。」〔註4〕

2、仁與義

仁與義作爲一組相對待的範疇，最早是出現於《易・說卦》：「昔者聖人之作《易》也，將以順性命之理，是以立天之道曰陰與陽，立地之道曰柔與剛，立人之道曰仁與義。」這裏的「立人之道曰仁與義」，已明白地道出了「仁義」不僅是一組相對待的範疇，而且還存在著一種「相反相成」的關係，對此，《漢書・藝文志》的作者表述得更清晰、完整：「（諸子之學）闢猶水火，相滅亦相生也；闢猶仁之與義、敬之與和，相反而皆相成也。」龐樸認爲，類似《易傳》與《藝文志》這樣把「仁義」看成是「相反相成」的對立同一範疇，這「倒是道出了儒家的眞諦」，並認爲這乃是儒家思想的一大進步，它是儒家用以處理人我關係的最一般的道德準則，對此，龐樸說道：

> 儒家認爲，人們之間的關係，縱有五倫、九倫之殊，概括說來，都可以歸結爲人我關係，所謂「世道惟人與我」（郝敬：《孟子說解》卷六）。這是儒家學說的一大進步。在殷代與周初，思想家們看到的只是君主、臣屬，或者稍稍擴大一點到整個統治者和被統治者；那時的道德觀念都是針對個人和人群而言的。抽象的人我關係，以及適應抽象人我關係的道德觀念，只是到了儒家創立才眞正形成起來。儒家認爲，縱然適應於不同的人倫關係，有著不同的倫理要求，如君臣應該怎樣，父子應該怎樣，長幼應該怎樣，朋友應該怎樣等等，而最集中最概括的道德準則，卻是處理人我關係上的準則，即仁與義；它對一切人倫關係都適用，對一切人都適用，是最一般的道德，因而也是通用的道德。所謂「立人之道曰仁與義」就是這個意思。〔註5〕

3、經與權

對於經與權關係的嫻熟駕馭，自古以來就是作爲儒家倫理智慧的最高象徵，如孔子說：「可與共學，未可與適道；可與適道，未可與立；可與立，未可與權」（《論語・子罕》），這顯然已是將「權」作爲一門很高的行事藝術了。

〔註4〕牟宗三：《中國哲學十九講》，上海古籍出版社，第59頁。
〔註5〕龐樸：《儒家辯證法研究》，《龐樸文集》（第一卷），山東大學出版社2005年1月版，第442頁。

傳世經典最早記載這種儒家行權的倫理案例是源於《孟子・離婁上》：

> 淳于髡曰：「男女授受不親，禮與？」
>
> 孟子曰：「禮也。」
>
> 曰：「嫂溺，則援之以手乎？」
>
> 曰：「嫂溺不援，是豺狼也。男女授受不親，禮也；嫂溺，援之以手，權也。」

可是，在這則案例里中，與「權」相對應的概念不是」經」，而是作爲「經」之別名的「禮」。傳世關於「經」「權」相對待的文獻，最初見諸《春秋公羊傳》，如《春秋》桓公十一年九月宋人執鄭祭仲，《公羊傳》即云：「古之人有權者，祭仲之權是也。權者何？權者反於經，然後有善者也。權之所設，捨死亡無所設。行權有道：自貶損以行權，不害人以行權；殺人以自生，亡人以自存，君子不爲也。」

單就行事智慧來說，行「權」之所以堪稱儒家高明行事的一門藝術，關鍵還在於「權」與儒家的「經」「中」「智」三大核心概念之間存在著錯綜複雜的關係：如「經」與「權」的論述有「權者反於經，然後有善者也」；「權」與「中」的關係有「執中無權，猶執一也」（《孟子・盡心上》）；「權」與「智」的關係有「權者智也」（《禮記・喪服四制》）。

4、天與人

「天」與「人」是中國傳統哲學中最基本的概念，天人關係也一直是中國哲學無法繞過的主題，荀子提出的「明於天人之分，則可謂至人矣（《荀子・天論》）」，理學先生邵雍甚至說：「學不際天人，不足以謂之學」（《皇極經世・觀物外篇》）。對於這種「天人」關係在中國哲學中的分量，湯一介先生曾說：「『天』與『人』是中國傳統哲學中最基本的概念，『天人合一』是中國傳統哲學的最基本的命題，在中國歷史上許多哲學家都以討論『天』、『人』關係爲己任」〔註 6〕。並且，湯先生還進一步地指出說，「天人關係」在中國哲學中不僅是一個古老的命題，還是一個永遠常新的時代命題，對此，湯先生又說：「天人合一」是中國哲學中的一很古老的命題，是中國儒家思想的基石，它同時也是一個常新的人類社會需要不斷給以新的詮釋的命題。〔註 7〕

〔註 6〕湯一介：《我的哲學之路》，新莘出版社，2006 年版，第 8 頁。
〔註 7〕湯一介：《儒學的現代意義──兼論「和諧社會」的建設問題》，《新軸心時代

　　倘若把中國傳統哲學中的「天人關係」命題進一步拓展到道德哲學領域的話，應該就是關於道德與幸福能否統一起來的「德福」律，對此，中國先賢是完全秉持一種「大德必得其位，必得其祿」（《中庸‧大孝章》）和「苟爲善，子孫後代必有王者矣」（《孟子‧梁惠王下》）的肯定態度，例如《尙書》的「天道福善禍淫」（《湯誥》）和「皇天無親，惟德是輔」（《蔡仲之命》），老子也說：「天道無親，常與善人」（《道德經》79 章）等。不過，在本書中，筆者將主要圍繞著龐樸先生提出的「天人三式」模式來重點闡釋一種由郭店楚簡文獻所呈現出來的「三重道德」說。

與中國文化的建構》，江西人民出版社，2007 年版，第 200 頁。

第一章　範疇篇

　　本篇擬選取了禮與仁、仁與義、經與權、德與樂、天與人這五對倫理範疇進行闡釋，重點旨在揭示每一對倫理範疇之間的內在哲學義理關係。

　　關於仁與禮，主要側重於從孔子「克己復禮爲仁」的角度來詮釋仁、禮二者之間所固有的「一以貫之」相即關係；同時，又從「仁」之內在道德自覺性與「禮」之外在道德規範性層面來探究這種「仁內禮外」的相離關係；最後，再從王陽明關於「知行的本體」立場來圓融這種仁、禮之間的相即又相離的對待關係。

　　關於仁與義，主要是從「大仁小義」的視角來揭示先秦儒家在處理情、理衝突時的一種倫理立場。透過對儒家這種「大仁小義」倫理立場的深入考察，再來反觀儒家在解決日常情、理衝突時所秉持的「圓融」智慧。

　　關於經與權，主要是從代表著儒家之高明行事智慧 —— 即「權」的角度，來探究「權」與「經」「中」「智」這三大儒家核心範疇之間所存在著的諸多錯綜複雜關係。通過深入揭示這些關係，旨在更有利於精確地把握儒家的「權」，並眞正地做到「行權有道」。

　　關於德與樂，主要是從人之「成德」的角度，重點詮釋以郭店儒簡《五行》篇爲特徵的那種強調了一種「德」須至於「樂」而後已的重要性，即「不安則不樂，不樂則無德」或「不安不樂，不樂無德」，又說「唯有德者，然後能金聲而玉振之」與「聞道而樂者，好德者也」。這種以「樂」論「德」的「德者，樂之成」，堪稱早期儒家之「德」論的一大特色。同時，還在此基礎上，重點考察了郭店儒簡這種重「樂」以成「德」的思想、與孔子的「仁者安仁」的「樂道」精神境界及孟子的「仁言不如仁聲之入人深也」的重「樂」思想

之間的一脈相承關係。

關於天與人，主要是圍繞著龐樸先生針對郭店楚簡所提出的「天人三式」模式來重點闡釋一種「三重道德」說：即以「命運之天」爲代表的「天人有分」模式、以「道德之天」爲代表的「天人合一」模式和以「心性之天」爲代表的「天人亦一亦二」模式。

一、禮與仁：仁內禮外

「禮」，它是儒家思想的源頭，也是構建儒家哲學體系的第一個倫理範疇。同時，這個「禮」，還是作爲儒、道兩家分歧的焦點，道家老子說：「禮者，忠信之薄而亂之首也」(《道德經・三十八章》)。

我們中華民族號稱是「禮儀之邦」，因此追溯「禮」的起源，實際上就是在考察我們中華文明或華夏文化的源頭。在先秦時期，圍繞「禮」的起源問題曾有不同的說法。近代王國維先生通過對古文字學的深入研究，對禮的起源亦提出了新的見解。他認爲，「禮」起源於宗教儀式。禮字最早指以器皿承兩串玉祭獻神靈，後來也兼稱以酒祭獻神靈，再後來，則一切祭神之事統稱爲「禮」。王國維先生的這一觀點，我們亦可求證於《說文解字》關於「禮」的解釋。在《說文》中，許愼釋「禮」是：「禮，履也。所以事神致福也。從示從豊。豊亦聲。(段玉裁注爲「靈啓切。」)」另外，近代民國學者劉師培還提出了「禮源於俗」的觀點。他說：「上古之時，禮源於俗。典禮變遷，可以考民風之同異。」〔註1〕梁啓超又說：「無文字的信條，謂之習慣。習慣之合理者，儒家命之曰『禮』。」〔註2〕關於劉、梁二氏這一「禮源於俗」的觀點，我們其實還可循迹於《禮記・表記》的相關記載：

> 子曰：夏道遵命，事鬼敬神而遠之，近人而忠焉，先祿而後威，先賞而後罰，親而不尊。其民之敝，蠢而愚，喬而野，朴而不文。
>
> 殷人尊神，率民以事神，先鬼而後禮，先罰而後賞，尊而不親。其民之敝，蕩而不靜，勝而無恥。
>
> 周人尊禮尚施，事鬼敬神而遠之，近人而忠焉，其賞罰用爵列，

〔註1〕劉師培：《古政原始論》，見《劉申叔遺書》，江蘇古籍出版社1997年版，第683頁。
〔註2〕梁啓超：《先秦政治思想史》，(上海)中華書局1936版，第81頁。

親而不尊。其民之敝,利而巧,文而不慙,賊而蔽。

清人朱彬引《禮記正義》說:「按元命包云:『夏人立教以忠,其失野,故救野莫若敬。殷人立教以敬,其失鬼,救鬼莫若文。周人立教以文,其失蕩,故救蕩莫若忠。周則復始,窮則相承,此三王之道,故三代不同也。』呂與叔曰:『夏、周尙親而不尊,故遠神而近人。殷人尙尊而不親,故先鬼而後禮。夏尙忠,忠者奉上,故遵命。殷尙質,質者不欺,故尊神。周尙文,文者多儀,故尊禮。賞罰用爵列者,如刑不上大夫,禮不下庶人,賜君子小人不同日,命夫命婦不躬坐獄訟之類。雖主於文,亦人情之近厚者,所以親而不尊也。忠之政,使民近人而已,不求其所不能;知勸於爲善而已,不責其所不能焉。及其末也,人不知進於學,故守其顓蒙;不困於刑罰,故不爲詐諼。忠之敝,至於愚而野,故殷人尊神以救之,民知敬鬼神,則誠也。及其末也,求神於虛無不可知之域,則茫然不知其所安;畏威於無所措手足之地,則不知禮義之所貴。故周人尊禮以救之。禮,人文也。人文之著,則上下有等,親疏有辨。及其末也,溺於文而不求其實,拘於末而不返其本,故其俗文而不慙,文勝質而不知義也。其民則賊而蔽,不返其本,故賊於其末,不求其實,故蔽於虛文也。三代之本末可知矣。』」〔註3〕

《表記》這段文字把夏、商、周三代文化區分爲夏道「尊命」,殷人「尊神」,周人「尊禮」。這與我們傳統史學界關於巫覡文化、祭祀文化、禮樂文化的演進脈絡是一致的。對此,陳來先生指出說:「《表記》說的夏代應含夏以前至三皇時代的文化面貌,『尊命』即尊占卜之命、巫覡之行,那時的神靈觀念尙未充分發展,所以說遠於鬼神。殷人尊神事鬼,先鬼後禮,表明殷人雖已有禮,但居文化主導地位的是鬼神,禮完全不具有任何優先性(此禮指人道之禮)。周人尊禮,禮在周人的文化體系中占主導地位,享有對其他事物的優先性。由於人道之禮居主要地位,鬼神祭祀雖仍保留,卻已漸漸遠之,向神道設教的形態發展(這就是荀子所說的君子以爲人道,百姓以爲鬼神。)」〔註4〕

《表記》中這三段文字還向後人揭示了上古民風在三代文化中所表現的差異:夏民是愚野質樸,反映了蒙昧時代民智未開的水平。殷人蕩而不靜,

〔註3〕朱彬:《禮記訓纂》(下),中華書局1996年版,第792～793頁。
〔註4〕陳來:《古代宗教與倫理——儒家思想的根源》,生活·讀書·新知三聯書店1996年版,第280頁。

似乎是酒神性格的表現；而求勝而無恥，表示殷代屬野蠻時代，道德感亟待建立。周人禮而巧，顯示出了當時周文化所處的時代特點。

周人「尊禮」實際上是意味著這套「禮」至周代已完備成熟了，並已自覺成長爲一種文明的獨特組織方式了。周代的這種「禮」，從文化上看，它已經是不區分宗教與道德，不嚴格分別禮俗與法律，而是一種包容性很大的文明組織方式了。這就是荀子說的「禮者，法之大分，類之綱紀。(《荀子‧勸學》)」這套「禮」的規範與儀式幾乎囊括了人類社會生活的各個方面。其具體而言，則包括祭祀之禮、喪葬之禮、聘禮、婚禮、冠禮、燕禮（天子燕來朝諸侯之禮）、朝覲禮，甚至是鄉飲酒禮、射禮等。總之，禮規範著人從生到死的每一個社會行爲、甚至是個人日常閒居生活的方方面面。這說明，周「禮」已幾乎涵蓋了周人制度文化的一切方面，其涵義略近於今日所稱的「文化」或「文明」了。因此，後人亦稱周「禮」是「周文」或「周道」的別名。

既然，西周的「禮」是如此隆盛，以致於時至東周末期的孔子也由衷地誠服到了「郁郁乎文哉！吾從周」(《論語‧八佾》)的境地，那麼，這套「禮儀三百，威儀三千」(《中庸‧大哉章》)的周「禮」究竟有何內在特徵呢？或者說，周「禮」憑什麼取得了上至天子、下至庶人的虔誠且自覺的遵奉呢？概括而言，這要取決周「禮」本身兩個重要的內在特徵——即「周禮」既是本乎「天道」，又是合乎「人情」的。正如《禮記‧禮運》所言：「夫禮，先王以承天之道，以治人之情。故失之者死，得之者存。」

關於「禮」乃本乎「天道」的論述，最早見諸《左傳‧昭公二十五年》所記的鄭國子產之言：「夫禮，天之經也，地之義也，民之行也。」還有，《左傳‧昭公二十六年》也記齊國宴嬰之言：「禮之可以爲國也久矣，與天地並。」到後來，宋儒張載也曾說過「禮本天之自然」的觀點，他說：「禮不必皆出於人，至於無人，天地之禮自然而有，何假於人。天之生物便有尊卑大小之象，人順之而已，此所以爲禮也。學者有專以禮出於人，而不知禮本天之自然。」〔註5〕

另一方面說「禮」合乎「人情」。這種說法在《禮記‧禮運》篇說得很明確。它說：

> 何謂人情？喜、怒、哀、懼、愛、惡、欲，七者弗學而能。何謂人義？父慈、子孝、兄良、弟弟、夫義、婦聽、長惠、幼順、君

〔註5〕張載：《經學理窟》，《張載集》，中華書局 1978 年版，第 264 頁。

仁、臣忠，十者謂之人義。講信脩睦，謂之人利；爭奪相殺，謂之
人患。故聖人之所以治人七情，脩十義，講信脩睦，尚辭讓，去爭
奪，舍禮何以治之？……故聖王脩義之柄，禮之序，以治人情。故
人情者，聖王之田也，脩禮以耕之，陳義以種之，講學以耨之，本
仁以聚之，播樂以安之。

此處文字已形象地說明：人情只是一塊田地，只有用聖王的禮樂來耕種它，
改造它，方能有所成就，此即文中所言的「禮儀以爲器，人情以爲田。」據
此，《禮記・樂記》也說：「是故先王本之情性，稽之度數，制之禮儀」，「禮」
一方面是「本之情性」，同時也要「稽之度數」，這兩方面恰如其分的結合才
是眞正的「禮」。這實際上已是後來荀子所提出的「禮以養情」說的理論雛形。
用《禮記・坊記》中所引用孔子的話來說，就是：「禮者，因人之情而爲之節
文，以爲民坊者也。」這個「禮」一方面是「因人之情」，但同時又要用「禮」
來「節」——即控制人情，否則必然會「滅天理而從人欲」（《禮記・樂記》），
導致天下紛爭不已。其實，近代以來也不乏這種「禮」合乎「人情」的說法。
如李安宅在其《儀禮與禮記之社會學的研究》中亦有類似的看法說：「禮的起
源，自於人情。」〔註6〕

　　其實，中國古代哲學的一個基本問題就是「天人合一」，這一根本問題反
映到「禮」上，也就是這個本乎「天道」，又合乎「人情」的「合外內」之道。
其實，這種「天道」與「人情」的統一，還有一個內在心理根源，這就要回
到孔子所提出的那個「仁」字。在孔子看來，只要個體從外在行爲表現上堅
持了這個「合外內」之道的「禮」，就能身心自覺地表現出一種如孔子那樣的
「從心所欲而不逾矩」的自由境界。這就是「禮」表現在具體個體上的功用，
把這種社會功用推廣開來，則可以實現整體社會的「和」，即孔子所說的「禮
之用，和爲貴」（《論語・學而》）

　　現在，我們再回頭來看看老子對儒家「禮」的批判：「故失『道』而後
『德』，失『德』而後『仁』，失『仁』而後『義』，失『義』而後『禮』。禮
者，忠信之薄而亂之首也。」（老子 38 章），對此，錢穆先生曾對道家的這
個批評有個一番儒家立場式的辯護，他說：「其實失於仁而爲禮，則不僅薄

〔註 6〕李安宅：《儀禮與禮記之社會學的研究》，（上海）商務印書館 1931 年版，第 4
　　　頁。

而已，為偽為僭，無所不至，宜為亂之首。」〔註7〕這種辯護實際上又是驗證了前文所引用《禮記·表記》的那段「正義」文字：「禮，人文也。人文之著，則上下有等，親疏有辨。及其末也，溺於文而不求其實，拘於末而不返其本，故其俗文而不愿，文勝質而不知義也。其民則賊而蔽，不返其本，故賊於其末，不求其實，故蔽於虛文也。三代之本末可知矣。』」其實，繼續深入錢穆這種辯護理由的背後，我們還會發現，「仁」和「禮」在孔子思想體系中是並舉的，甚至有人說孔子是「仁內禮外」。因此，要真正解決儒家思想體系中的「仁」「禮」關係，接下來，我們有必要再來考察孔子的「仁」。

自從周公制禮作樂之初，這套「周文」不僅是粲然完備，而且它在社會之政治還是生活領域內皆是行之有效的，所以孔子才說：「郁郁乎文哉，吾從周」（《論語·八佾》）。這也說明了「禮」在本質上並不是一種形式上的空文或虛文，如孔子所說的「禮云禮云，玉帛云乎哉？樂云樂云，鐘鼓云乎哉」即屬其例，那麼，這套以禮樂為根本內容的「周文」之本質究竟是什麼呢？如孔子曾說：「居上不寬，為禮不敬，臨喪不哀，吾何以觀之哉？（《論語·八佾》）」這裏的「為禮不敬」一句已昭然道出了「禮」之本質就是內在於人心的「敬」，所謂「禮儀三百，威儀三千，待其人而行」（《禮記·中庸》），這後一句「待其人而行」，其確切理解應該是「待其人」之「敬」而行。否則，倘若人們對這套「禮」缺乏內心「敬」意的話，像孔子斥責季氏的「《八佾》舞於庭」和「三家者以《雍》徹」之類，實是一種大不敬的僭「禮」，所以孔子才發出了「是可忍，孰不可忍」的譴責。

可是，歷史發展到孔子所生活的春秋時代，類似這種「為禮不敬」的禮崩樂壞已比比皆是了，所以孔子內心才煥發出要復興「周禮」的一種時代使命感。而且，以孔子的「正名」思想來衡量，春秋時期的禮崩樂壞並不在於這套「周文」本身，而是「因為貴族生命墮落，所以他們不能實踐這一套周文。不能來實踐，那周文不就掛空了嗎？掛空就成了形式，成為所謂的形式主義（formalism），成了空文、虛文」〔註8〕，這當然就為道家菲薄儒家的「禮」提供了藉口：「禮者，忠信之薄而亂之首也。」其實，借用前述《禮記·表記》的「正義」文字，這種「為禮不敬」的繁文縟節乃是一種「溺於文而不求其實，拘於末而不返其本」的「禮之末」，而非「禮之本」也。因此，孔子要復

〔註7〕錢穆：《論語新解》，生活·讀書·新知三聯書店2002年版，第54頁。
〔註8〕牟宗三：《中國哲學十九講》，上海古籍出版社1997年版，第58～59頁。

與「周禮」，必須著眼於這個「禮之本」出發來使「周禮」生命化，這樣孔子就提出了「仁」字。對此，牟宗三先生的看法正是如此，他說：「要使周文這套禮樂成爲有效的，首先就是要使它生命化，這是儒家的態度。那麼如何使周文生命化呢？孔子提出『仁』字，因此才有『禮云禮云，玉帛云乎哉？樂云樂云，鐘鼓云乎哉？』以及『人而不仁，如禮何？人而不仁，如樂何？』這些話。人如果是不仁，那麼你制禮作樂有什麼用呢？可見禮樂要有眞實的意義、要有價值，你非有眞生命不可，眞生命就在這個『仁』。所以仁這個觀念提出來，就使禮眞實化，使它有生命，有客觀的有效性（objective validity）。〔註9〕」

關於孔子提出的「仁」學思想，民國學者劉師培曾經在其《周末學術史序》中的《倫理學史序》一文裏概括說：「吾觀孔子之道，大抵以仁爲歸，以忠恕爲極則。（如《論語》言：「己欲立而立人，己欲達而達人；」「己所不欲，勿施於人」，此孔學最精之說也。）」〔註10〕那麼，孔子的「仁」究竟有什麼具體涵義呢？從他與弟子顏淵的對話中，孔子已一語道破地說：「克己復禮爲仁。一日克己復禮，天下歸仁焉。爲仁由己，而由人乎哉？」問其具體的條目，孔子又說：「非禮勿視，非禮勿聽，非禮勿言，非禮勿動。」（《論語·顏淵》）

對於孔子上述所講到的「仁」，其實是可以從三個方面進行分析的：

第一，「克己復禮爲仁。一日克己復禮，天下歸仁焉。」在這裏，孔子強調了「仁」的基本性質就是要求人們約束自己的行爲使其符合周禮的規範。一旦能做到這一點，天下的人都會公認他做到了仁。接著，孔子著重闡釋了他的「爲仁之方」。這主要又是從兩個方面來展開的：首先是從一個統治者的角度來闡述他的「仁」——即「五達德」；其次是從一般民眾的角度來說明他的「爲仁之方」——即「忠恕」之道。

在孔子看來，一個奴隸主貴族的統治者，他們的行爲必須具備哪些特點才能達到「仁」的標準呢？孔子認爲，這就是要求他們具備他所說的「五達德」。對此，《論語》的記載是這樣的：

> 子張問仁於孔子，孔子曰：「能行五者於天下，爲仁矣」，請問之，曰：「恭、寬、信、敏、惠。恭則不辱，寬則得眾，信則人任焉，

〔註9〕同上，第59頁。
〔註10〕《劉師培學術論著》，勞舒編，浙江人民出版社，1998年版，第7頁。

敏則有功，惠則足以使人」。（《論語‧陽貨》）
這就是說，一個「仁」人要具有五種品德：保持一定的尊嚴和恭敬，這就不會招到臣民的侮辱（「恭則不辱」），待人要寬厚些，役使百姓，卻使百姓不怨恨，以籠絡更多的人（「寬則得眾」），言出令從，具有威信，這樣別人才願意爲你任用（「信則人任焉」），善於思考，行動果斷，這樣在工作中可以取得具體的成績（「敏則有功」），善於布施一些恩惠，而自己卻無所耗費，這就可以驅使人盡力地工作（「惠則足以使人」）。這樣，在孔子看來，要想保持統治者與被統治者之間的關係不致於惡化，單就統治者這方而言，就是要保持統治貴族的尊嚴與權威，所謂恭、信、敏正是從這一方面說的。同時又要善於使用人民，不使矛盾尖銳化，所謂寬、惠正是從這一方面說的。因此，仁在這兩方面的作用也就是禮的作用。所以孔子又說：「上好禮，則民莫敢不敬；上好義，則民莫敢不服；上好信，則民莫敢不用情。夫如是，則四方之民繈負其子而至矣。」（《論語‧子路》）

還有，對於一般大眾來說，如果要做到「仁」的話，孔子另提出了一個簡易的實現仁的方法——即「爲仁之方」，這就是孔子所說的「忠恕」之道。這個「忠恕」之道包括兩個方面，首先是從積極的方面來說的，這就是自己有某種要求需要滿足，要推想他人同樣也有這種要求需要滿足，這就是所謂的「忠」道。《論語》的表述是：「夫仁者，己欲立而立人，己欲達而達人，能近取譬，可謂仁之方也已」（《論語‧雍也》）。其次是從消極方面來說的，即我不願他人如何對待我，我也就不要這樣對待他人，這就是所謂的「恕」道，即「己所不欲，勿施於人」（《論語‧顏淵》）。「忠」「恕」這兩方面的結合，就是孔子所說的「爲仁之方」，也就是仁本身，所以孔子的弟子曾參概括說：「夫子之道，忠恕而已矣」（《論語‧里仁》）。可以說，實現了忠恕之道，也就是實現了對他人的愛，所以孔子回答弟子樊遲問「仁」時，明確說這個「仁」就是「愛人」（《論語‧顏淵》）。

從孔子「忠恕」之道而論，我們不難發現，在儒家這裏，「忠恕」之道一方面是實行道德的方法，一方面也是一種「待人接物」的通行原則。「忠」有照己之所欲以待人的意思。我們可以說，己之所欲，亦施於人，就是「忠」。己所不欲，勿施於人，就是「恕」。無論是「忠」道還是「恕」道，兩者都是一種推己及人之道。只不過，「忠」是就推己及人之積極方面說的，「恕」是就推己及人之消極方面說的。

　　對於孔子「忠恕」之道所涉及的推己及人之方法，後來的孟子領悟得更深刻。在齊宣王與孟子的一段對話中，我們可以看出來，其事載《孟子‧梁惠王下》：

　　　　王曰：「寡人有疾，寡人好貨。」對曰：「昔者公劉好貨。《詩》云：『乃積乃倉，乃裹餱糧，於橐於囊，思戢用光；弓矢斯張，干戈戚揚，爰方啓行。』故居者有積倉，行者有裹囊也，然後可以爰方啓行。王如好貨，與百姓同之，於王何有？」王曰：「寡人有疾，寡人好色。」對曰：「昔者太王好色，愛厥妃。《詩》云：『古公亶父，來朝走馬，率西水滸，至於岐下；爰及姜女，聿來胥宇。』當是時也，內無怨女，外無曠夫。王如好色，與百姓同之，於王何有？」

孟子這一番話，並不是說來敷衍齊宣王的，所謂的仁政，眞正也就是如此。孟子說：「古之人所以大過人者無他焉，善推其所爲而已矣。(《孟子‧梁惠王上》)」這裏的「推」即是推己及人，即是行忠恕。忠恕之道，是以一個人自己的欲或不欲爲待人標準的。一個人對於別的事可能有不知道的，但對於他自己的欲或不欲，他不可能不知。《論語》說的「能近取譬」，說的就是這個道理，即一個人的欲或不欲，對於他自己是最近的。譬者，是因「此」以知「彼」也。

　　第二，「爲仁由己，而由人乎哉？」這裏孔子說明了「仁」之另一個特點，這就是行「仁」完全是自覺的，並不依靠他人。他說：「仁遠乎哉，我欲仁，斯仁至矣」(《論語‧述而》)。又說：「有能一日用其力於仁矣乎？我未見力不足者」(《論語‧里仁》)。這都是說明仁的自覺性特點，實現仁依靠本人的決定和努力，是每個人完全可以做到的。

　　第三，「非禮勿視，非禮勿聽，非禮勿言，非禮勿動。」這是孔子論「仁」的又一個特點，即仁的行爲必須在視、聽、言、動各個方面全面地符合周禮，這是講仁的品德的全面性，也是說仁是一個人生活的最高準則，是一個人的世界觀的全面修養的結果。並且，孔子還對哪些品德近於仁，哪些品德不合乎仁、不屬於仁都有明確的論述。關於這種仁的全面論述，《論語》中大致有如下一些觀點：

　　　　「巧言令色鮮矣仁。」(《論語‧學而》)

　　　　「能行五者（恭寬信敏惠）於天下，爲仁矣。」(《論語‧陽貨》)

　　　　「剛、毅、木、訥，近仁。」(《論語‧子路》)

「博學而篤志，切問而近思，仁在其中矣。」（《論語・子張》）

「仁者不憂」、「仁者必有勇」。（《論語・憲問》）

「志士仁人，無求生以害仁，有殺身以成仁。」（《論語・衛靈公》）

「君子無終食之間違仁，造次必於是，顛沛必於是。」（《論語・里仁》）

從上述《論語》中關於「克己復禮爲仁」及「非禮勿視，非禮勿聽，非禮勿言，非禮勿動」的論述來看，孔子似乎又是以「禮」來解讀其「仁」的根本內涵。就其兩者關係而言，其中的「仁」是側重於一種個體主觀的內在道德自覺性，而「禮」則是側重於一種客觀的外在道德規範性，因此，從這個層面來說，我們似乎可以將孔子關於「禮」與「仁」的關係概括爲「仁內禮外」。但是，若從道德自覺的自律層面來看，孔子的「仁」「禮」又是不能截然二分的，而是相互統一的。這種「仁」「禮」相互統一的外在表現，就是孔子身上所表現出來的那種「從心所欲而不逾矩」（《論語・爲政》）的道德境界。這裏，孔子的「從心所欲」就是一種個體內在道德自覺的「仁」，「矩」就是一種由「禮」所外化的道德規範，二者本來就是不衝突的，而是內在一致的。茲援引明代心學大師王陽明的「知行合一」觀來說，凝聚於個體身上的這種道德知識（「知」）與道德行爲（「行」）的統一，就是所謂「知行的本體」。王陽明的哲學非常講究「知行合一」。在他看來，知、行是不能相離的，知、行只是同一件事的兩個方面，只是一個過程，在這個過程中，切實用力的方面叫做「行」，覺悟理解的方面叫做「知」，兩者是不能截然二分的，即：「行之明覺精察處即是知，知之真切篤實處即是行。若行而不能精察明覺，便是冥行，便是『學而不思則罔』，所以必須說個知；知而不能真切篤實，便是妄想，便是『思而不學則殆』，所以必須說個行；元來只是一個功夫。」〔註11〕一次，有個叫徐愛的弟子就問他：「如今人盡有知得父當孝，兄當弟者，卻不能孝，不能弟，便是知與行分明是兩件。」王陽明對此回答說：「此已被私欲隔斷，不是知行的本體了，未有知而不行者。知而不行，只是未知。」〔註12〕由此

〔註11〕 王陽明：《答友人問》，《王陽明全集》（上），上海古籍出版社，1992 年版，第 208 頁。

〔註12〕 王陽明：《語錄一》，《王陽明全集》（上），上海古籍出版社，1992 年版，第 4 頁。

可知，王陽明這個「知行的本體」實際上乃是肇端於孔子關於「仁」「禮」內在合一的那個「從心所欲而不愈矩」的道德自由境界。

二、仁與義：大仁小義

　　「仁」本是儒家孔子學說的理論中心，雖然在《論語》中孔子也有重「義」的表述，如「君子義以爲上」（《論語・陽貨》）、「君子義以爲質」（《論語・衛靈公》）等，但這種「義」在孔子學說中只不過是「原來存於『仁』之內部的『能惡人』一面的外現」〔註13〕，它又是從屬於「仁」的，並爲「仁」所統攝。可是，由於孔子學說中的這個「能惡人」實際上是隱含在「能愛人」之中的，因此，這種隱性的「能惡人」一面就常易被人忽視。繼後的墨家正是因襲了孔子這個「仁」字旗號而發展出了一種無等差之愛的「兼愛」學說並因此爲儒家後學們所不容。於是，如何避免這種本於儒家「仁愛」之泛濫所引發的墨學流弊，就成了孔子後學們所共同面對的一項時代使命，「能言距楊、墨者，聖人之徒也」（《孟子・滕文公下》）。而最終完成了這一儒家特定歷史宿命的，當是後來的孟子。對此，孟子的具體做法就是提出了「義」來和「仁」並立，並因此主張「仁」「義」雙修。關於孟子清算墨學之流弊的這一糾偏過程，龐樸先生曾作過這樣的考察，他說：

　　　　儒家確信在生活中，有「愛而不仁」（見《國語・楚語下》）的現象，也有「仁而不親」的事實。現在墨子認爲愛無差等，把愛人的主張絕對化，把父子、兄弟之間的愛和天下之人的相愛等量齊觀，在儒家看來，這無異於否認父子關係和兄弟關係，視父兄如路人。難怪孟子痛斥道：「墨氏兼愛，是無父也」，「是禽獸也」（《孟子・滕文公下》）。

孟子破口罵人，從實質上看，他是在執行思想發展擺在儒家面前的任務。這個任務是：一面要駁斥墨子對仁愛思想的濫用，恢復儒學的威信；一面要吸取仁愛可被濫用的教訓，彌補儒學的弱點。這樣的任務，歸結到一點，就是要在「仁」之外，再行提倡一種道德規範，已使處理人我關係的「人之道」趨於完整；或者說，就是要使隱含在「仁」之內部的對立規定外部化爲對立

〔註13〕龐樸：《儒家辯證法研究》，《龐樸文集》（第一卷），山東大學出版社，2005年1月版，第450頁。

兩極，以適應於人我關係的對立狀況。這就是孟子提出「義」來和「仁」並列，「仁義」雙修的理論上的原因。〔註14〕

（一）

可是，結合現今出土的郭店竹簡相關文獻來看，孟子僅能算得上是這種「仁義」雙修理論的最終完善者，卻並非是這種「仁義」並立主張的始作俑者。如郭店竹簡《六德》篇說：「親父子，和大臣，寢四鄰之疐悟，非仁義莫之能也」（簡3～4），《五行》篇也說：「仁義，禮所由生也，四行之所和也」（簡31）。這兩處文字裏均已出現了「仁義」並舉的說法。

同時，據郭店竹簡《六德》篇「門內之治恩掩義，門外之治義斬恩」的原則來看，這裏的「義」乃是一種用於處理非血緣關係的「門外之治」法則，其表現就是「貴貴」與「尊賢」，其內在的道德情感則是「敬」，如孟子所言的「用下敬上，謂之貴貴；用上敬下，謂之尊賢」（《孟子·萬章下》），說的均是一個「敬」字。可是，自從把這種「門外之治」的「義」單列出來之後，其「義」所表現的「尊賢」與「仁」之本然要求的「愛親」之間常常會面臨著一種道德情感上的偏差，嚴重時甚至還會引發劇烈的倫理衝突。這種道德情感上的偏差即是郭店竹簡提及的「愛親忘賢，仁而未義也。尊賢遺親，義而未仁」（《唐虞之道》簡8～9）之類的情況，或者是「厚於仁，薄於義，親而不尊。厚於義，薄於仁，尊而不親」（《語從一》簡77、82、96）的倫理悖境。這種「仁」「義」衝突最典型的例子，就是《孟子》書中所載的一則案例：

> 桃應問曰：「舜為天子，皋陶為士，瞽瞍殺人，則如之何？」
>
> 孟子曰：「執之而已矣。」
>
> 「然則舜不禁與？」
>
> 曰：「夫舜惡得而禁之？夫有所受之也。」
>
> 「然則舜如之何？」
>
> 曰：「舜視棄天下猶棄敝蹝也。竊負而逃，遵海濱而處，終身訢然，樂而忘天下。」（孟子·盡心上）

上述案例中的「仁」「義」對立是以一種介於倫理與法律之間的情、理衝突形式表現出來的。在這個情、理衝突的人倫悖境中，考慮到「舜為天子」的職

責，孟子認為在處理瞽瞍殺人一事時，舜首先應從「門外之治」的「義」（在此，「義」之表現為「法」）出發，先命有司皋陶「執之」。只有這樣，方才貫徹了「門外之治義斬恩」的原則。但同時，舜又與普通人一樣充當著「人子」的人倫角色。因此，孟子認為，舜在恪盡了天子之職後，接下來，他應從其「人子」的角色出發，再須另行人倫之「情」的「仁」，即拋棄天下如敝蹝，劫獄竊父而隱，「樂而忘天下」。這才可謂同時兼顧了「門內之治恩掩義」的原則。上述案例的解決，表面上看來，孟子好像是持一種先「義」後「仁」的主張，但實際上貫徹的卻是儒家在對待「仁」「義」衝突困境時所秉持的那種大「仁」小「義」立場。對此，龐樸先生亦持如是觀，他說：「在『仁』與『義』發生矛盾，不能兼顧時，儒家傾向於『仁』，主張『大仁小義』，即以『仁』為大，以『義』為小」〔註15〕。

　　類似孟子這種「大仁小義」的原則，其實可追溯到孔子身上，另據《論語·子路》載：

　　　　葉公語孔子曰：「吾黨有直躬者，其父攘羊，而子證之。」孔
　　子曰：「吾黨之直者異於是。父為子隱，子為父隱，直在其中矣。」
孔子這種「父為子隱，子為父隱」的「直」，就是他所一貫強調的「仁」之真性情的流露。而孔子這種「親親相隱」的做法已暗示出，「在儒家的道德體系中，建立在血緣親情基礎上並由此加以推廣的『仁』相對於『義』有優先性，而此種優先性常常作為處理『仁』『義』對立的原則」。〔註16〕儒家所秉持的這種「仁」相對於「義」的優先性散諸郭店竹簡中的一個鮮明例子，就是《六德》篇中公然提出的那個「為父絕君，不為君絕父。為昆弟絕妻，不為妻絕昆弟。為宗族疾朋友，不為朋友疾宗族」（簡29～30）的應世技巧。不過，事情發展到後來的孟子那裏似乎又有了一番轉機。這就是，孟子一方面雖然並未摒棄傳統以來的那個「大仁小義」原則，如孟子對上述瞽瞍殺人案例的看法就是其例，但是，另外一方面，在更多的情況下，孟子所尋求的卻是一種「仁」與「義」的盡可能結合——即「仁」「義」二者的相容統一。用孟子的話來說，這就是所謂的「居仁由義，大人之事備矣（《孟子·盡心上》）」。在《孟子》一書中，還可找到其他關於「仁」「義」二者統一的論述：

　　　　孟子曰：「仁，人心也；義，人路也。舍其路而弗由，放其心

〔註15〕龐樸：《中國文化十一講》，中華書局，2008年4月版，第114頁。
〔註16〕同上，第113頁。

而不知求，哀哉！」(《孟子‧告子上》)

　　孟子曰：「自暴者，不可與有言也；自棄者，不可與有爲也。言非禮義，謂之自暴；吾身不能居仁由義，謂之自棄也。仁，人之安宅也；義，人之正路也。」(《孟子‧離婁上》)

　　孟子曰：「仁之實，事親是也；義之實，從兄是也。智之實，知斯二者弗去是也；禮之實，節文斯二者是也；樂之實，樂斯二者，樂則生矣；生則惡可已，惡可已，則不知足之蹈之手之舞之。」(《孟子‧離婁上》)

（二）

　　現在，我們若再結合郭店竹簡的相關文獻，就不難發現，這種「仁」「義」相統一的發明並非肇端於孟子，如在郭店竹簡《唐虞之道》篇即說：

　　堯舜之行，愛親尊賢。愛親故孝，尊賢故禪。孝之施，愛天下之民。禪之傳，世無隱德。孝，仁之冕也。禪，義之至也。六帝興於古，皆由此也。愛親忘賢，仁而未義也。尊賢遺親，義而未仁。古者虞舜篤事瞽盲，乃戴其孝；忠事帝堯，乃戴其臣。愛親尊賢，虞舜其人也。(簡6～10)

從上述可知，「仁」「義」統一性的做法本是遠古堯、舜、六帝以來的流風遺韻，即「愛親尊賢，虞舜其人也」。照這種說法，孟子倡導「仁」「義」結合，並非是基於其時代的一種革新，相反，卻是重返於遠古傳統的一種精神迴向。可是，孟子這種注重於「仁」「義」統一的精神迴向，卻並非全然等同於遠古「堯舜之行」那種簡單的「愛親尊賢」，而是反身內求，直指「仁義」之所能生發出來的那個內在心性根源，這就是所謂的「良心」或「良知良能」。在《盡心上》中，孟子是這樣表述其「良知良能」的：

　　孟子曰：「人之所不學而能者，其良能也；其不慮而知者，其良知也。孩提之童，無不知愛其親也，及其長也，無不知敬其兄也。親親，仁也；敬長，義也；無他，達之天下也。」(《孟子‧盡心上》)

在孟子看來，這個「良心」本是人心所固有的，人一旦有「放其良心」而「不知求者」，則「其違禽獸不遠矣」(《孟子‧告子上》)。對於這個人之異於禽獸之殊的「良心」，孟子曾有過這樣一番見解說：

　　孟子曰：「牛山之木嘗美矣，以其郊於大國也，斧斤伐之，可
以爲美乎？是其日夜之所息，雨露之所潤，非無萌蘗之生焉，牛羊
又從而牧之，是以若彼濯濯也。人見其濯濯也，以爲未嘗有材焉，
此豈山之性也哉？雖存乎人者，其無仁義之心哉？其所以放其良心
者，亦猶斧斤之於木也，旦旦而伐之，可以爲美乎？其日夜之所息，
平旦之氣，其好惡與人相近也者幾希，則其旦晝之所爲，有梏亡之
矣。梏之反覆，則其夜氣不足以存；夜氣不足以存，則其違禽獸不
遠矣。人見其禽獸也，而以爲未嘗有才焉者，是豈人之情也哉？」
　　（《孟子·告子上》）

這裏孟子明確將這種內在於人身的「仁義之心」稱之爲「良心」。能夠保持這
個「良心」不「梏亡」，在孟子看來，這就是君子所以能超出一般人的非凡之
處，「君子所以異於人者，以其存心也」（《孟子·離婁下》）。君子只有遵照這
個內在「良心」的指引來行事，也才能達到內心的安寧——即「心安」，此即
孟子所謂的「仰不愧於天，俯不怍於人」（《孟子·盡心上》）。

　　類似這種以「心安」來論「仁」或「義」的例子，孟子另外還有具體的
解說。如在《公孫丑上》中談到「浩然之氣」時，孟子說這種「浩然之氣」
是「集義所生者，非義襲而取之也。行有不慊於心，則餒矣。」這個「行有
不慊於心，則餒矣」，說明白了，就是「於心不安」。這是孟子以「心安」解
「義」的一例。還有，在《滕文公上》中孟子談到上古孝子之「仁」時也說
道：

　　蓋上世嘗有不葬其親者，其親死，則舉而委之於壑。他日過
之，狐狸食之，蠅蚋姑嘬之。其顙有泚，睨而不視。夫泚也，非爲
人泚，中心達於面目，蓋歸反虆梩而掩之。掩之誠是也，則孝子仁
人之掩其親，亦必有道矣。

孟子在此追述的那個「上世嘗有不葬其親」的人之所以會流露出「其顙有泚，
睨而不視」的惶恐之狀，實出於一種內在「良心」上的不安。因此，其「歸
反虆梩而掩之」的目的正是爲了求得一種作爲人子內心的安寧。這是又一則
孟子以「心安」解「仁」（「孝」）的例子。

（三）

　　至此，我們若能順應孟子這個良知良能的「心安」出發，也就不再會對

儒家在解決情、理衝突時所堅持的那個「大仁小義」原則存有任何費解了。
透過這種「大仁小義」的原則，我們可以發現，儒家正是通過「強調『仁』
的優先性來實現『仁』、『義』的統一」〔註 17〕。至於儒家用於解決情、理衝
突時這種「大仁小義」的原則究竟是否恰當，在當今這個價值多元化的時代，
或許我們還能基於各種文化背景的差異來進行不同的見仁見智的辯護，但
是，不可否認的是，儒家這種「大仁小義」的應世之道在一定程度上又是符
合人性的，它表現了儒家在面對情、理或情、法衝突時有一種直指人心的「眞
誠惻怛」或無妄不僞的「眞性情的流露」。因此，從這個意義上來說，「大義
滅親」不僅不是儒家所推崇的楷模，相反，它還是儒家所懷疑的僞善。歷史
上關於「大義滅親」的典故載於《左傳》（隱公四年秋），其事原委如下：

> （衛）州吁未能和其民，厚問定君於石子。石子曰：「王覲爲
> 可。」曰：「何以得覲？」曰：「陳桓公方有寵於王。陳、衛方睦，
> 若朝陳使請，必可得也。」厚從州吁如陳。石碏使告於陳曰：「衛國
> 褊小，老夫耄矣，無能爲也。此二人者，實弑寡君，敢即圖之。」
> 陳人執之，而請蒞於衛。九月，衛人使右宰醜蒞殺州吁於濮。石碏
> 使其宰獳羊肩蒞殺石厚於陳。

> 君子曰：「石碏，純臣也。惡州吁而厚與焉。『大義滅親』，其
> 是之謂乎！」

據這則石碏殺其子石厚的「大義滅親」典故來看，石碏在這一事件中同時擔
當了「純臣」與「人父」的雙重角色，按儒家那個「門外之治義斬恩」的原
則，石碏出於「純臣」之「義」則應該將其子石厚繩之以法；可在另一方面，
一旦他殉「義」太過而誅殺其子的話，那就會使石碏作爲「人父」的一倫成
爲虛設，無法讓他再有機會去兼顧儒家另外那個「門內之治恩掩義」的原則
了。所以在儒家看來，石碏這種出於「純臣」之「義」而誅子的做法，雖然
從「理」或「法」的一面來看，仍然不失爲一種正當的大「義」之舉，但從
另外的「情」之一面來看，卻又很難做到「心安」的。因此，較之於《孟子》
中所舉的那個「瞽瞍殺人」的典故而言，石碏這種「大義滅親」的做法，無
疑已成了一種「厚於義，薄於仁，尊而不親」（《語從一》簡 82、79）的偏至
之端了。

〔註 17〕龐樸：《中國文化十一講》，第 113 頁。

（四）

　　其實，若想眞正通達儒家用於解決情、理衝突時的這個「大仁小義」原則的話，其問題的關鍵不在於「仁」，而在於如何定位儒家的「義」。如前所述，儒家以孟子爲代表的一派之所以要在「仁」之外另立一個「義」的道德規範，其目的就是爲了規避墨家「兼愛」的流弊。因此，從這個意義上說，儒家提出「義」之目的乃是爲了節制「仁」的，而不是爲了壓制「仁」或鉗制「仁」的，這裏就有一個節制的分寸問題。這樣，又牽涉到了作爲「義」之本然意義的那個「義者，宜也」（《禮記‧中庸》）的主題了。許慎《說文》對此「宜」字的解釋是「宜，所安也。」對此，龐先生也說道：

　　　　經師們說，仁義的「義」字本作「宜」。《禮記‧中庸》也說：「義者，宜也。」何謂「宜」？《說文》說：「宜，所安也。」這樣說來，「義」就是「宜」，就是「所安」，這是久爲學術界公認的「義」之確詁。出土的金器銘文中，仁義之「義」字正作「宜」，也爲此說提供了物證。〔註18〕

根據許慎以「宜」來解「義」的那個「所安也」，再結合孔子那個著名的「仁者安仁」命題來看，以「心安」解「仁義」本是早期儒家的主流觀念。這種觀念同樣也見諸郭店竹簡的相關文獻中，像《五行》篇即說：

　　　　見而知之，智也。知而安之，仁也。安而行之，義也。（簡 27
～28）

在孔子那裏，這種以「心安」解「仁」的觀念，除了那個著名的「仁者安仁」（《論語‧里仁》）之外，還有在《論語》中孔子殷切囑託的那個「無怨」的精神境界也同樣應作如是觀。如《論語》載曰：

　　　　冉有曰：「夫子爲衛君乎？」子貢曰：「諾，吾將問之。」入，曰：「伯夷、叔齊何人也？」曰：「古之賢人也。」曰：「怨乎？」曰：「求仁而得仁，又何怨？」出，曰：「夫子不爲也。」（《論語‧述而》）

　　　　仲弓問仁。子曰：「出門如見大賓，使民如承大祭。己所不欲，勿施於人。在邦無怨，在家無怨。」（《論語‧顏淵》）

不過，最能代表著孔子這種以「心安」論「仁」的，應屬《論語》中「宰我問三年之喪」的那則對話：

〔註18〕龐樸：《儒家辯證法研究》，《龐樸文集》（第一卷），第 446 頁。

宰我問：「三年之喪，期已久矣。君子三年不為禮，禮必壞。
三年不為樂，樂必崩。舊穀既沒，新穀既升，鑽燧改火，期已可矣。」
子曰：「食乎稻，衣乎錦，於女安乎？」曰：「安。」「女安則為之。
夫君子之居喪，食旨不甘，聞樂不樂，居處不安，故不為也。今女
安則為之。」宰我出，子曰：「予之不仁也！子生三年，然後免於父
母之懷。夫三年之喪，天下之通喪也。予也，有三年之愛於其父母
乎？」《論語・陽貨》

至此已不難推斷出，孔子這種以「心安」論「仁」的觀念，不僅被以郭店竹
簡為代表的儒家文獻所繼承，也同樣為孟子等後儒們所吸收與發揚了。由於
「義」本出於「仁」，且是一種用來節制「仁」的行事法則，故行「義」亦須
以「心安」為旨歸。否則，漠視這種「心安」與否的人倫底限而走向麻木不
「仁」的話，「大義滅親」之類的極端之「義」也就在所難免了！這樣，也就
跟儒家本意上那種立「義」以節「仁」的初衷南轅北轍了。

三、經與權：通經達權

中國儒家所言稱的「權」，乃是指那種規導人們之應世處事的「變通」法
則。可是，儒家要求人們在行事時的這種「變通」法則並不是任意的即「通」
以求「變」，而是既有其特定行事情境中的外在契機（「權之所設」），又有其
「反經」以達「善」的內在契理（「行權有道」）。因此，明察儒家的「權」
機，善應儒家的「權」變，便成了儒家之高明行事的一門應世技竅。孔子說：「可
與共學，未可與適道；可與適道，未可與立；可與立，未可與權。」（《論語・
子罕》）可見，若想圓滿地通達儒家這種「守經達權」的處世之方，是不可不
知「權」，亦不得不行「權」的。然而，要真正地掌握儒家行「權」時的這種
因「時」而「中」的「活潑潑」的行事技竅，我們還必須深入探究並深刻把
握「權」與「經」、「中」、「智」這三大儒家核心範疇之間的內在「錯綜」關
係。

（一）「權」與「經」：「權者，反於經，然後有善者也」

文獻中最早將「經」「權」作為一對概念來提出的是《春秋・公羊傳》桓
公十一年九月記載宋人執鄭國祭仲時的一段傳文：

> 古之人有權者，祭仲之權是也。權者何？權者反於經，然後有
> 善者也。權之所設，舍死亡無所設。行權有道：自貶損以行權，不
> 害人以行權；殺人以自生，亡人以自存，君子不爲也。

依此傳文，「權」之定義乃是依「經」來界定的。因此，要通曉「權」，必須
先明白「經」之所指。通覽《公羊傳》一書，「經」字出現的頻率僅二次，除
上所引之外，另一處爲「靈王經而死」（昭公十三年夏）。可是，此「經」字
卻與「權者反於經」句中的「經」義有別，其意當與《論語・憲問》「自經於
溝瀆而莫之知也」句中的「經」字同，作動詞「自縊」解。顯然，《公羊傳》
的文本也只是向世人提出了「經」「權」這樣的一對概念而已。若要眞正釐清
這「經」「權」二者的對待關係，我們還必須借助於早期儒家的其它文獻來「以
經解經」了。

在《孟子・離婁上》中載有這樣一則後人皆知的「嫂溺援手」的行權案
例：

> 淳于髡曰：「男女授受不親，禮與？」
>
> 孟子曰：「禮也。」
>
> 曰：「嫂溺，則援之以手乎？」
>
> 曰：「嫂溺不援，是豺狼也。男女授受不親，禮也；嫂溺，援
> 之以手，權也。」

在這則案例中，與孟子講到的「權」相對待的概念卻是「禮」，而不是「經」。
這一線索，爲我們解決早期儒家關於「經」的意義歸屬問題提供了一個明確
的價值導向：即孟子的「禮」與《公羊傳》裏的「經」在早期的儒家思想裏
均是指向同一含義的——即用以判斷時人行爲之對與錯的道德標準。這從
《左傳》關於「禮」的界說與《說文解字》對「經」的解釋中可以類比出來。
如《左傳》說：「禮，經國家、定社稷、序民人、利後嗣者也。」（隱公十一
年秋）又說：「夫禮，天之經也，地之義也，民之行也」、「禮，上下之紀，
天地之經緯也，民之所以生也。」（昭公二十五年夏）這裏的「禮」就是指
縱貫天地人（「三才」）之「正道」的綱紀與法則，這與「經」字在《說文解
字》中的本意「織從（縱）絲也」的喻義是很貼近的。所以，當今學界那種
認爲「《公羊傳》中的『經』當取『禮、常法、常道』之義」的觀點〔註19〕，

〔註19〕《春秋公羊傳倫理思維與特質》，〔臺灣〕林正義著，國立臺灣大學出版中心

是切合春秋公羊學原意的。

在這樣明瞭「經」的涵義之後，仍然無法滿足於我們對「權」的準確把握。其問題的關鍵乃在於後人對於《公羊傳》裏「權者反於經」句中的「反」字持有異義：一是認爲「反」通「返」，作「反歸」解；〔註20〕一是作「背反」解。儘管這種「反」「返」互通，作「反歸」的解法，在儒家經典中不乏其例，如孟子說的「君子反經而已」（《孟子・盡心下》）即是。然而，對於前一種的「反歸」說，臺灣林正義先生卻沿襲《公羊傳》的語境而撰文辨駁，他說：

> 權必返經，然後見善，是以經爲善之標準，若是如此，傳文但言「權者反於經」即可，何必再言「然後有善者也」，正是因爲面臨危境不依經行的「權」才要加以「然後有善者也」的限制。〔註21〕

此外，我們還可援引漢代許慎在《說文解字》中關於「權」的解釋來旁證之。在《說文解字》中，許慎對「權」的解釋是：「黃華木，從木、雚聲。一曰反常。」這種解釋其實包含了兩層涵義，一個作「黃華木」解，這無疑可當成是「權」的本義〔註22〕；另一個「一曰反常」，則可能是許慎吸收了漢代公羊學的成果而附加上的解釋——即許慎將流行於漢代公羊學的那種以「反常」釋「權」的觀點纂入《說文解字》了。也正因爲如此，自漢代以來的「經」「權」關係問題，通常也就自然而然地被置換成「常」「變」之間的關係了。〔註23〕

如果從這種「常」「變」關係來解「經」與「權」的話，那麼，尊「經」而行就成了人們日常行事之「小大由之」的「常道」了，而行「權」則是在「經」（或「禮」）之外「有所不行」時的一種「變通」了。借用孟子的話來

2003 年 12 月出版，第 138 頁。

〔註20〕 如清人俞正燮說：「權反歸於經，然後見其善，適變不同道，必反歸於經。……『反經』之『反』，爲『十年乃字，反常也』，『堯舜，性之也，湯武反之也』之『反』，爲『反歸』之『反』，非『背反』之『反』。（見俞正燮，《癸巳存稿》之「論語權」，漢經重編本《皇清經解續編》第二十冊，第 16192 頁。）

〔註21〕 《春秋公羊傳倫理思維與特質》，〔臺灣〕林正義著，國立臺灣大學出版中心 2003 年 12 月出版，第 139 頁。

〔註22〕 「權」的這層本義可從《爾雅・釋草》：「權，黃華」或《爾雅・釋木》：「權，黃英」的訓釋中證知之。

〔註23〕 注：自漢以來的以「常」「變」解「經」「權」的例子很多，略舉數例如下：《韓詩外傳》（卷二）云：「夫道二，常謂之經、變謂之權。」《春秋繁露・竹林第三》云：「春秋之道，固有常有變。」《李覯集》（卷三、《易論》第八）云：「常者，道之紀也。道不以權，弗能濟矣。是故權者，反常者也。」熊十力《讀經示要》（卷一）云：「夫道有經有權，經立大常，權應萬變。」

說，儒家的「經」類似於「梓匠輪輿」，它只能「與人規矩」，卻「不能使人巧」，〔註24〕而「使人巧」者則莫過於那種能「變通」的「權」了，所以孟子又言曰：「君子不可虛拘」（《孟子・盡心上》），其意旨在告誡那些儒家的君子們不應信持經典以至於教條化，而應該在具體行事時始終注意把握因時、因地而制宜的「變通」，做一名像孔子那樣的「聖之時者也」（《孟子・萬章下》）。儒家這種行「權」的必要性，其實在《論語》中即已涉及了。如《論語・學而》章中援引孔子弟子有若的話說：「禮之用，和爲貴。先王之道，斯爲美，小大由之。」儘管這樣，「禮」對於人們日常生活的規導範圍仍將是「有所不行」的。在這時，就需要適時地「變通」以行「權」了。可是，有子又說，這種行「權」絕不能僅僅執著於「禮之用，和爲貴」的本旨而盲目地「知和而和」。在有子看來，僅是這樣一味地講究「知和而和」的「禮之用」而「不以禮節之」的話，是「亦不可行也」。後來，宋儒程伊川在論述「經」「權」關係時所堅持的「權只是經所不及者」（胡炳文，《論語通》卷五引）的觀點，明顯地是根源於有子這一傳統了。

其實，《春秋・公羊傳》在揭示這種行「權」的必要性時，也是有著非常嚴格的條件限制的，這就是前文所引的「權之所設，舍死亡無所設」。何休在注說此傳文時說：「舍，置也。如置死亡之事不得施。」（桓公十一年秋何注）結合何休的這種注說，《公羊傳》所設定的行「權」條件乃僅是針對那種涉及到人之生死、國之存亡的極端情境時才有的特例。也只有在這種歷史突變的極端情境中，人們才會意識到「反經」以「行權」的必要。但要從這種「知權」進而走向「行權」的話，則還要求當事者兼備相當程度的、能夠嫻熟地駕馭這種時勢之突變的聖智與膽識。（否則，易於陷入離經叛道的奇聞異事，小則慍於群小，大則身敗名裂！）因爲，「知權」僅僅是明瞭這種「權」的必要性而已：即尊「經」已於事無補，行「權」則勢在必行。這種必備的聖智與膽識，就構成了行「權」的內在契理，亦即《公羊傳》中所講的「行權有道」──即「自貶損以行權，不害人以行權；殺人以自生，亡人以自存，君子不爲也。」對這個「行權有道」，同樣身爲漢儒的董仲舒也曾有過這樣一番灼見，他說：「夫權雖反經，亦必在可以然之域。不在可以然之域，故雖死亡，終弗爲也」（《春秋繁露・玉英篇》）。

由此可知，儒家的行「權」既有其相機以行事的外在契機，又有其「反

〔註24〕見《孟子・盡心下》：「梓匠輪輿能與人規矩，不能使人巧。」

經」以達「善」的內在契理。這種「權」乃是一種契機與契理湊合到了恰當好處之際的「用中」之道。因此，若要進一步的了悟儒家的這種「權」機與「權」理，我們還必須深入把握「權」與儒家的另一核心範疇「中」的內在涵蘊。

（二）「權」與「中」：「執中無權，猶執一也」

儒家在待人接物時一貫強調所謂的「中庸」之道。這種「中庸」不僅是一種個人修養上應養成的德性（「仁」），還表現爲一種日常處世行事的高明智慧（「知」）。可以說，儒家的這種「中庸」乃是眞正地體現了人們在日常行事中的「仁」與「知」的完美結合，是一般人很難企及的。所以，孔子才有「中庸之爲德也，其至矣乎！民鮮久矣」（《論語·雍也》）和「天下國家可均也，爵祿可辭也，白刃可蹈也，中庸不可能也」（《中庸·第九章》）的概歎。朱熹在《論語集注》中對此「中庸」注解說：「中者，無過、不及之名也。庸，平常也。」而馮友蘭則一直認爲，對「中庸兩個字，以及孔子朱子這幾句話，在現在有些人的心目中，是非常迂腐可厭底，不過這些人大概皆未瞭解所謂中庸的本義。」〔註25〕那麼，儒家這個「中庸的本義」究竟是什麼呢？馮友蘭認爲，這個「中」就是孔子所講的「過猶不及」；這裏的「庸」，就是程頤說的「不易之謂庸」，不易即不可改易，實際上就是社會中人人不得不遵行的公律——即「常」或「常道」。這樣，「庸」的這一層意思似乎又回到了我們在前文闡釋「經」「權」關係時所揭示的「經」的涵義——即「常」。下面重點釋讀這個「過猶不及」的「中」。

在《論語》中有這樣一段孔門師徒的對話：

子貢問：「師與商也孰賢？」子曰：「師也過，商也不及。」曰：「然則師逾與？」子曰：「過猶不及。」（《論語·先進》）

馮友蘭認爲，把孔子這個「過猶不及」的「中」，換成現代語來說，「即是恰好或恰當好處的意思。」而且，在馮先生看來，凡人在做事時均有這「恰當好處」的一點，這一點即是「中」。〔註26〕

接下來，馮友蘭又指出，要深入領悟儒家這個「中」所體現的「恰當好處」，我們還必須在日常行事中善於把持兩大要領：首先，這種「恰當好處」

〔註25〕馮友蘭：《貞元六書·新世訓》，華東師範大學出版社，1996年版，第429頁。
〔註26〕同上，第431～432頁。

必須是一種「周全之道」，而不是「偏至之端」。〔註 27〕關於馮先生所強調的
這一點，我們不妨借用前文所引宋人執鄭國祭仲的歷史情境來解讀：祭仲也
只有這樣屈己以迎合宋人，才能做到既令宋人滿意，又暫時保全自身與公子
忽的性命。這就是一種「周全之道」。否則，徒然置己於死地而忘乎了身後公
子忽與鄭國社稷之安危的話，那就是「偏至之端」了。其次，馮先生又指出，
這個「恰當好處」，還存在著一個因事隨形而變的「權宜」問題。〔註 28〕譬如，
我們常常說到的「言必信，行必果」，馮先生卻認為，這乃是一種墨家俠士的
信條。真正儒家聖賢的教導則是：「言不必信，行不必果，惟義所在」（《孟子·
離婁下》）。這裏所謂的「義」即「宜」也。這個「宜」，就是要求我們在日常
行事時能最大可能地考慮到各個方面的因素而做到「恰好」。例如，按我們日
常的一般道德來說，言固需信，但在某種特殊的情境下，守信卻不是最佳的
解決方案，像歷史上有名的「尾聲之信」即屬此例。原因在於，這種特殊情
境下的守信已非「周全之道」，而是一種如孔子所鄙夷的「匹夫匹婦之為諒也」
（《論語·憲問》）的「小信」了。這已不符合儒家「中道」思想了。在這時，
就必須要「變通」，這就是所謂的「權」。可見，儒家在行事時所一貫遵循的
「中道」思想，其本身就蘊涵了「權」的內在要求。這種「寓權於中」的思
想則集中體現在孟子的「執中無權，猶執一也」的論斷上。

　　孟子曰：「楊子取為我，拔一毛而利天下，不為也。墨子兼愛，
　　摩頂放踵利天下，為之。子墨執中。執中為近。執中無權，猶執一
　　也。所惡執一者，為其賊道也，舉一而廢百也。」（《孟子·盡心上》）
在這段話中，孟子認為，楊子宣揚的這種「拔一毛而利天下」而「不為也」
的「為我」主張，與墨子奉行的那種的「摩頂放踵利天下」而「為之」的「兼
愛」原則，他們都是固執於一端的「偏」。而子墨則異於是，即既不主張楊子
的「為我」，亦不提倡墨子的「兼愛」，而是擇其「為我」與「兼愛」的「兩
偏」以「執中」。孟子認為，子墨的這種「執中」比較接近於「道」了。但是，
如果僅僅一味地固執於這個「中」而什麼都不做的話（既不「為我」，也不「兼
愛」），則會流於純粹的「機變之巧」而「無所用恥焉」（《孟子·盡心上》）。
在孟子看來，這種已淪為「機變之巧」的「執中」，也是固執於一端的「偏」
了。這同樣也是不可取的，因為它同楊子的「為我」或墨子的「兼愛」一樣，

〔註 27〕同上，第 434 頁。
〔註 28〕同上，第 435 頁。

均是一種「舉一而廢百」的「賊道」。因爲，在孟子看來，所謂的「執中」與「執一」是有別的：「執一」是「偏」，是賊道；而「執中」則需「權」，是踐道。那麼，我們如何理解孟子在這裏所說的「執中」之「權」呢？在此，可不妨先沿襲前人的相關注疏來略作一些義理上的解構。

趙岐在歸納上述《孟子》章句的章指時說：「楊墨放蕩，子墨執一，聖人量時，不取此術。孔子行止，惟義所在。」〔註29〕而焦循在注解這句「執中無權，猶執一也」時則說：「聖人之道，以時爲中，趨時則能變通，知變通則權也。」〔註30〕由此可見，他們在闡述這個「權」時，非常注重以「時」來釋「中」，即所謂的「時中」。根據這一特徵，我們可以把《孟子》此章中所強調的「執中」與「行權」的統一關係，解讀爲：當該「爲我」時，就應行楊子的「爲我」；當該「兼愛」時，就應行墨子的「兼愛」。一切皆因時而宜。類似於這種「變通者，趨時者也」（《易‧繫辭下傳》）的因時而宜的「時中」〔註31〕，實際上乃是孔子的「無可無不可」（《論語‧微子》）用世觀的另一種表述而已。不僅如此，我們還認爲，只有深刻領悟了孔子的這一「無可無不可」的用世觀，才算眞正把握住了儒家在「中」、「權」之關係問題上的全部奧妙。

在孔子「無可無不可」用世觀中所展現的乃是一種「用行舍藏」的處世態度──即時宜則行，時不宜則藏的待「時」而「中」。如孔子對弟子顏淵說：「用之則行，舍之則藏，唯我與爾有是夫！」（《論語‧述而》）繼後，孟子的「得志與民由之，不得志獨行其道」（《孟子‧滕文公上》）的應世之道也可以看成是對孔子這種「無可無不可」用世觀的直接繼承。所有這些，都眞正代表了一種儒家所特有的待「時」而「中」的處世立場，如孔子的「沽之哉！沽之哉！我待賈者也」（《論語‧子罕》）的語氣中就蘊涵了這種「守正待時」的「無可無不可」情結。這裏的「無可」是有待於「時」，「無不可」亦有待於「時」，故孔子乃「聖之時者也」（《孟子‧萬章下》）。而這種因「時」而宜的「執中」，就是所謂的「權」。在儒家看來，要眞正地掌握這種「執中」以達「權」的行事技竅，又是很不容易的，它還表現爲一種極高明的「智」德。因此，接下來的篇幅裏，我們還必須進一步地探尋這種「權」與「智」

〔註29〕 焦循：《孟子正義》（下），中華書局1987年版，第920頁。
〔註30〕 焦循：《孟子正義》（下），中華書局1987年版，第918頁。
〔註31〕 「時中」一語見於《中庸‧時中章》「君子之中庸也，君子而時中。」

的內在奧義。

（三）「權」與「智」：「權者智也」

　　傳統儒家哲學本是一套以踐行「修己以安人」的「仁」爲終極目的的德性倫理體系。儘管作爲其價值論根本範疇的「仁」，有時也可展開爲「仁、義、禮、智」的具體德目，如孟子的「四端說」。但是，作爲其根本的核心範疇卻依然是「仁」。如「仁」與「禮」在孔子的思想中乃是一種互爲表裏的依承關係，如孔子說的「克己復禮爲仁」（《論語‧顏淵》）和「人而不仁如禮何」（《論語‧八佾》）。又如孟子雖然提出了看似與孔子有別的「仁」「義」並舉，但孟子思想中的「義」，也不過是一種把本來僅施用於血親之內的「仁」拓展到血親之外的「推己」之道而已。在這裏，尤需一提的，則是那種作爲儒家之具體德目的「智」了。

　　其實，作爲孔子思想之核心的「仁」，一直是離不開「智」（或作「知」）的。如孔子所說的「唯仁者能好仁，能惡人」（《論語‧里仁》）與「仁者不憂，智者不惑」（《論語‧憲問》）均體現這種寓「智」於「仁」的特徵。同時，孔子所強調的「知」也是脫離不了「仁」的，如孔子說「知及之，仁不能守之，雖得之，必失之」（《論語‧衛靈公》）。在《論語》裏最能體現出這種「寓智於仁」與「知及仁守」的思想特色的，可有這樣一則對話：

　　　　宰我問曰：「仁者雖告之曰：『井有仁焉』，其人從之也？」子
　　曰：「何爲其然也？君子可逝也，不可陷也。可欺也，不可罔也。」
　　（《論語‧雍也》）

這裏的「可逝也」可理解爲一種君子之「仁」的本能式反應，而「不可陷也」則又彰顯了一種「仁守知及」的愼察；其「可欺也」可表現爲一種君子「依於仁」的情感式失憶，而「不可罔也」則又潛蘊著一種「寓智於仁」的愼思。這種「仁者」所應有的愼察與愼思，即是郭店《性自命出》中所謂的「愼，仁之方也」，也就是孟子所說的「君子可欺以其方，難罔以非其道。」（《孟子‧萬章上》）當然，這則對話也只是從消極的行爲意義上來探究這種「仁」「智」關係的。至於那種積極意義上的「仁」「智」關係當屬孔子的「知者利仁」了，而且，我們也只有在這個「知者利仁」的大前提下，才能更精確地把握儒家行事中的這個「權」。以下再引《孟子》中的一則對話，也許能更有助於理解這個「知者利仁」的行「權」之道：

公孫丑曰：「伊尹曰：『予不狎於不順，放太甲於桐，民大悅。太甲賢，又反之，民大悅。』賢者之爲人臣也，其君不賢，則固可放與？」孟子曰：「有伊尹之志則可；無伊尹之志則篡也。」(《孟子・盡心上》)

公孫丑以爲，身處臣位的伊尹這種「放太甲」的僭越，於禮之「常」而言，無疑是一種典型的「反於經」的「犯上」——即篡也。可孟子卻認爲，由於伊尹「放太甲」的動機是志在敦促其君能省過思賢，其在主觀上並無取其君而代之的「非臣」之念（「仁守之」），且在客觀上又起到了「民大悅」的社會效應（「知及之」），故其「放」的行爲就不是「篡」了，而可看成是另一種「知者利仁」的「權」了。因此，可以說，伊尹的這種「知及之，仁守之」的行「權」之道，在其個人的行爲修習上，還體現了一種極高明的智慧——即一種作爲德性層面的「智」〔註32〕。故在《禮記》中亦有「權者智也」（《禮記・喪服四制》）的論斷。

在此，若能結合孔子這種「仁」「智」不離的思想特徵，再來反觀《禮記》中的「權者智也」，就會頓覺一種豁然冰釋的明朗。這就是說：作爲儒家之具體德目的「智」，它只有在日常行事的「變通」——即行「權」時才能被凸現出來。聯繫前文《穀梁傳》中「權者反於經，然後有善者也」的傳文來看，這種代表儒家之行事智慧的「權」乃是在「反於經」之前提下的一種「有善者也」的變通。而對一般人來說，這種「善意的變通」往往又是很難做得到的，因爲，它是一種極高明的行事智慧——即「智」德。對於儒家行「權」所需的這種極高明的「智」德，清代的戴震也同如是觀。他說：

權，所以別輕重也。凡此重彼輕，千古不易者，常也，常則顯然共見其千古不易之重輕；而重者於是乎輕，輕者於是乎重，變也，變則非智之盡，能辨察事情而準，不足以知之。〔註33〕

在這裏，戴震雖仍沿襲了漢代以來的那種以「常」「變」釋「經」「權」的傳

〔註32〕注：這種作爲德性層面的「智」亦即宋明儒學所言的「性體」。如王船山曾經對「智」「知」作如此區別，他說：「凡『仁義禮智』兼說處，言性之四德。知字，大端在是非上說。人有人之是非，事有事之是非，而人與事之是非，心裏直下分明，只此是智。」又說：「知字帶用說，到才上方有；此智字則是性體。」見王船山著《讀四書大全說卷一・大學・大學序》，中華書局，1975年9月版，第1頁。

〔註33〕戴震：《孟子字義疏證》，中華書局1982年版，第52頁。

統，但他所強調的「變則非智之盡，能辨察事情而準，不足以知之」的觀點，卻也正好替《禮記》中「權者智也」的論斷作了一個絕佳的注腳。

從上述「權」與「經」、「中」、「智」之內在奧祕的揭示，可以得出：代表儒家之高明行事的「權」，並不是一個「大德不逾閑，小德出入可也」（《論語·子張》）的簡單描述就能「大而化之」的，它乃是作為儒家之具體德目——「智」的日常體現，是孔子「知者利仁」的具體展開。這種內含於「權」中的「智」則又體現在行「權」過程之始終的兩個方面：一是「反於經而有善」的「變通」，援引董仲舒的話，就是「夫權雖反經，亦必在可以然之域。不在可以然之域，故雖死亡，終弗為也」（《春秋繁露·玉英篇》）；二是「執中」以行「權」的「恰當」——即「時中」，就是「以時為中，趨時則能變通，知變通則權也」〔註34〕。只有同時兼顧了這種既「變通」又「恰當」的行權之「智」德，才可稱得上是「行權有道」，也才能有資格去效法孔子，努力成為一名「無可無不可」的「聖之時者」。否則，即淪為「去聖人之道遠」的枉「權」或濫「權」矣！最後，套用孔子的《春秋》寓意，對於儒家的「權」，亦可一言以蔽之曰：「知我者其惟權乎，罪我者其惟權乎？」

四、德與樂：德音謂樂

在談到人之「成德」時，郭店儒簡《五行》篇尤為強調一種「德」須至於「樂」而後已的重要性，即「不安則不樂，不樂則無德」或「不安不樂，不樂無德」，又說「唯有德者，然後能金聲而玉振之」與「聞道而樂者，好德者也」。這種以「樂」論「德」的「德者，樂之成」，堪稱早期儒家之「德」論的一大特色。郭店儒簡這種重「樂」以成「德」的思想，與孔子的「仁者安仁」的「樂道」精神境界及孟子的「仁言不如仁聲之入人深也」的重「樂」思想均是一脈相承的，而其重「樂」的理論成熟形態則是《禮記·樂記》。

郭店文獻中的「德」字作「𢔬」或「𢛳」，今整理者釋為「悳」或「惪」。按許慎《說文》，此「悳」字乃「德」之古文，段玉裁《說文》注認為，「德」字乃俗字，「俗字假德為之」。對此，姜昆武亦說：「自春秋以來，『德』字皆為『悳』之借字，其本字當為『悳』。」不過對於這「悳」字的理解，姜昆武卻援引清人孫詒讓《名原·古籀撰異》的舉例，認為此「悳」字的上部是「𦕔」

〔註34〕焦循：《孟子正義》（下），中華書局 1987 年版，第 918 頁。

而非「直」。由於在金文中，「眚」字常與「省」字通用，因而，姜昆武據此推定說，「『悳』應爲省心會意，此說比直心會意爲佳。省視其心亦即省視其精神活動之根本，因而稱之爲『德』。此解釋可使造字意義與使用意義得以統一，故孫說可從」〔註35〕。我們認爲，無論是「省心會意」，還是「直心會意」，它都表明了這樣的一個事實：既然郭店儒簡的「德」全取古文「悳」，那就表明郭店儒簡是非常注重以人內心的「成德」來強調「悳」之內涵的。這在郭店儒簡《五行》篇的一個突出表現就是以注重於「形於內」的那種「德之行」上，如該篇開頭說：

> 仁形於內謂之德之行，不形於內謂之行；義形於內謂之德之行，不形於內謂之行；禮形於內謂之德之行，不形於內謂之【行】；【智】形於內謂之德之行，不形於內謂之行；聖形於內謂之德之行，不形於內謂之德〔註36〕之行。
>
> 德之行五和謂之德；四行和謂之善。善，人道也。德天道也。

（《五行》簡 1～5）

龐樸先生認爲，上述這些簡文的含義是相當豐富的。龐先生的具體解讀是：

> 仁形於內，指的是人的內心；而「形」於內則意味著，在此之前，仁是無形的，或者說，是形而上的。一旦「仁形於內」了，即形成於人心以後，便不僅有了形，隨之也有了「謂」（龐先生認爲「謂」與「名」有別），「謂之德之行」。這個所謂的「德之行」，簡言之，就是「德行（déhéng）」。
>
> 「不形於內謂之行」句，是說那個形而上的「仁」，或有未能形於人的內心，而僅落實爲人之行爲者；這時候，也有一個相應的稱謂，「謂之行」，善良的行爲。
>
> 其他「義」、「禮」、「智」、「聖」四句，與此一律。此五種形於人心的「德之行」和合起來，統稱之曰「德」。這個「德」，從「人」

〔註35〕 姜昆武：《詩書成詞考釋》，齊魯書社，1989 年 11 月版，第 178 頁。

〔註36〕 注：此處「德之」字乃郭店竹簡原文。可郭店整理者認爲，「據上文文例及帛書本，當作『不形於內謂之行』，『德之』二字爲衍文。」——見荊門市博物館編《郭店楚墓竹簡》，第 151 頁。今李零本亦從之。可龐樸先生卻說：「帛本無『德之』二字。當依竹本補。該『聖』乃一種德行（héng），不是善行（xíng）；只能形於內，不能『不形於內』。」——見龐樸著《竹帛〈五行〉篇校注》，《龐樸文集》（第二卷），第 119 頁。今以龐說爲是。

這一方面看，是人對天道的「得」，得天道於人心，所以叫做「德」；
若從「天」那一方面看，則是天道在人心中找到了自己的形式，通
過人心將自己最終完成。所以說：「德，天道也。」

「仁」、「義」、「禮」、「智」四種落實於人之行爲的「行」和合
起來，統稱之曰善。它是人之所以爲人、所以異於禽獸的行爲規範，
所以說：「善，人道也。」〔註37〕

在這裏，龐先生乃是著眼於天道與人道的天人關係角度來解讀郭店《五行》
篇的「德」，認爲「德之行五和」的「德」本來即屬「天道」的「形而上」，
但這種作爲「天道」之形而上的「德」，純是虛懸的一格，它必須通過與「貫
注」（牟宗三語）於人心之「得」——即「形於內」的「形而下」相結合，
才能獲得其最終的現實存在形式。這種人「得」天道於人心的「德」，在一
般人那裏並不是自覺地，而是需要經過「禮樂」之教化才行，所以郭店儒簡
又說：「教，所以生德於中者也（《性自命出》簡 18）。」因此，就這個天道
之「德」往下「貫注」於人心之「中」而言，可謂「德者，得也。」這前一
字「德」，是就「德之行五和」之天道而言，後一字「得」，是就「生德於中」
的人道——即「人心」而言的。其實，像龐樸先生這種從人心之「得」來解
讀郭店儒簡之天「德」的思維路徑於儒學之內在理路而言，是有其合理的文
本依據的。殊知，這個「德者，得也」本來出自於《禮記‧樂記》。在《樂
記》中是用來解釋「禮樂」之教化以成「德」於人心的，如「禮樂皆得，謂
之有德。德者，得也。」而郭店儒簡論「德」時，除了突出「德之行五和謂
之德」之天道「形而上」的純粹形式以外，更多的還在「形而下」的人道意
義上強調了「禮樂」之教化以「生德於中」的「成德」意義，如說「德者，
且莫大乎禮樂焉（《尊德義》簡 29）。」而且，就在這「禮樂」之教化以「成
德」作用上，郭店儒簡更是突出了「樂」的一面，即「有知禮而不知樂者，
無知樂而不知禮者（《尊德義》簡 10～11）。」當然，郭店儒簡這種置「樂」
於「禮」先的觀念，並非意味著「樂」在人之成德的教化中充當著比「禮」
更爲重要的優先地位，而是說，僅就人之教化的成德而言，「樂」的作用要
比「禮」更爲深入人的內心，這就是《性自命出》篇說的「樂，禮之深澤也」
（簡 23）。在這一點上，上博楚簡《民之父母》篇亦有同樣的表述：

〔註37〕龐樸：《天人三式——郭店楚簡所見天人關係試說》，《龐樸文集》（第二卷），
　　　　山東大學出版社，2005 年 1 月版，第 64～65 頁。

孔子曰：「五至」乎，志之所至者，詩亦至焉；詩之所至者，
禮亦至焉；禮之所至者，樂亦至焉；樂之所至，哀亦至焉，哀樂相
生。君子以正，此之謂「五至」。（《民之父母》簡 3～5）

對照上述的「禮之所至者，樂亦至焉」即可很好地來解讀《尊德義》的「有
知禮而不知樂者，無知樂而不知禮者」。

還有，在談到人之「成德」時，郭店儒簡尤為強調一種「德」須至於「樂」
而後已的重要性，也就是說，人之習「德」必須要達到「樂」的境界後才能
謂之為「成德」。如《五行》篇說的「不安則不樂，不樂則無德（簡 6）」或
「不安不樂，不樂無德（簡 8～9；簡 21）」，又說「唯有德者，然後能金聲
而玉振之（簡 20）」與「聞道而樂者，好德者也」（簡 50）。總之，這種以「樂」
論「德」的「德者，樂之成」，堪稱郭店儒簡之「德」論的一大特色。筆者
認為，郭店儒簡這種重「樂」以成「德」的思想，其與孔子的「仁者安仁」
（《論語·雍也》）的「樂道」精神境界及孟子的「仁言不如仁聲之入人深也」
（《孟子·盡心上》）的重「樂」思想也是一脈相承的，而這種重「樂」的理
論成熟形態則是《禮記·樂記》。因此，要明白這種「樂」與「德」的內在
關係，我們還必須對儒家關於音樂的思想有所瞭解。

（二）

根據《禮記·樂記》記述，構成音樂之全部內容的三個層面即「聲」「音」
「樂」是有著層次上的區別，如《樂記》開篇即說：

凡音之起，由人心生也。人心之動，物使之然也。感於物而動，
故形於聲。聲相應，故生變，變成方，謂之音。比音而樂之，及干
戚羽旄，謂之樂。

接著，《樂記》又說：「凡音者，生人心者也。情動於中，故形於聲。聲成文，
謂之音。」這裏即指出了「聲」與「音」的區別：凡「聲」皆是心之情有感
於外的一種直接宣泄，即「情動於中，故形於聲」；而「音」則是「聲」之「文」
或「聲」之變而「成方」者，即由不同的音階、聲調等所組成的韻律與節奏。
在儒家看來，能否知「音」，乃是人之區別於禽獸的一個根本能力，即「知聲
而不知音者，禽獸是也。」但是，能否由「音」以知「樂」，則又是區分君子
與一般人（「眾庶」）的根本能力，即「知音而不知樂者，眾庶是也。唯君子
為能知樂。」據文獻記載，孔子本人就不僅會知聲、辨音，還能達樂。茲引

兩則材料以證之：

　　孔子適齊，中路聞哭者之聲，其音甚哀。孔子謂其僕曰：「此哭哀則哀矣，然非喪者之哀也。」驅而前，少進，見有異人焉，擁鐮帶素，哭者不哀。孔子下車，追而問曰：「子何人也？」對曰：「吾，丘吾子也。」曰：「子今非喪之所，奚哭之悲也？」丘吾子曰：「吾有三失，晚而自覺，悔之何及！」曰：「三失可得聞乎？願子告吾無隱也。」丘吾子曰：「吾少時好學，周遍天下，後還，喪吾親，是一失也。長事齊君，君驕奢失士，臣節不遂，是二失也。吾平生厚交，而今皆離絕，是三失也。夫樹欲靜而風不停，子欲養而親不待。往而不來者，年也；不可再見者，親也。請從此辭。」遂投水而死。孔子曰：「小子識之，斯足爲戒矣。」自是弟子辭歸養親者十有三。（《孔子家語・致思第八》）

　　孔子學琴於師襄子。襄子曰：「吾雖以擊磬爲官，然能於琴。今子於琴已習，可以益矣。」孔子曰：「丘未得其數也。」有間，曰：「已習其數，可以益矣。」孔子曰：「丘未得其志也。」有間，曰：「已習其志，可以益矣。」孔子曰：「丘未得其爲人也。」有間，曰：「孔子有所繆然思焉，有所睪然高望而遠眺。」曰：「丘迨得其爲人矣，黮而黑，頎然長，曠如望羊，奄有四方。非文王其孰能爲此？」師襄子避席葉拱而對曰：「君子聖人也，其傳曰《文王操》。」（《孔子家語・辯樂解第三十五》）

那麼，儒家的君子究竟又是如何練就這樣「達樂」能力呢？按《樂記》的說法，這就要求君子需先有「德」，所謂的「德音之謂樂。」不過，在《樂記》中對於君子何以能「達樂」的意思雖未直接明瞭地道出，但其答案卻是不言自明的。在《樂記》中先是援引子夏的話來道出了這種「音」與「樂」的不同，「夫樂者，與音相近而不同。」然而，這種「樂」與「音相近而不同」的地方究竟何在呢？在《樂記》中有這麼一段話或許已潛藏了該問題的答案：

　　夫民有血氣心知之性，而無哀樂喜怒之常，應感起物而動，然後心術形焉。是故志微、噍殺之音作，而民思憂；嘽諧、慢易、繁文、簡節之音作，而民康樂；粗厲、猛起、奮末、廣賁之音作，而民剛毅；廉直、勁正、莊誠之音作，而民肅敬；寬裕、肉好、順成、和動之音作，而民慈愛；流辟、邪散、狄成、滌濫之音作，而民淫

亂。是故先王本之性情，稽之度數，制之禮義，合生氣之和，道五
常之行，使之陽而不散，陰而不密，剛氣不怒，柔氣不懾，四暢交
於中而發作於外，皆安其位而不相奪也。然後立之學等，廣其節奏，
省其文采，以繩德厚，律小大之稱，比終始之序，以象事行，使親
疏、貴賤、長幼、男女之理皆形見於樂。故曰：「樂觀其深矣。」

從上述這種「樂觀其深矣」、「以繩德厚」的論述可知，只有那種合於「德」
之音即「德音」，方可稱之為「樂」。所以《樂記》中又說：「樂者，所以象德
也」，並引子夏之言曰：「德音之謂樂。」

子夏這種「德音之謂樂」的思想，既是我們理解早期儒家關於「德」與
「樂」之內在關係的鑰匙，也是我們洞悉早期儒家何以重視「樂教」思想的
奧秘之所在。《樂記》中引孔子的話說：「夫樂者，象成者也。」其意思是說，
考察一個統治者之治國的完備，完全可以從其國之「樂」的盛德與否來判斷，
即所謂的「觀其舞，知其德」(《禮記・樂記》)與「聞其樂而知其德」(《孟子・
公孫丑上》)。對此，《樂記》又發揮說：「是故治世之音安以樂，其政和；亂
世之音怨以怒，其政乖；亡國之音哀以思，其民困。聲音之道，與政通矣。」
在孟子見於齊王時那段關於「王之好樂甚，則齊國其庶幾乎」(《孟子・梁惠
王上》)的闡述，也可理解是一種以「樂」知「政」的觀念。其實，關於《樂
記》所引孔子這種「夫樂者，象成者也」的思想，在《論語》中也是有所體
現的。如《論語・八佾》載：「孔子語魯大師樂，曰：『樂其可知也：始作，
翕如也；從之，純如也，皦如也，繹如也，以成。』」《論語・泰伯》亦載：「子
曰：『興於詩，立於禮，成於樂』。」不過，這裏需要說明的是，孔子的「夫
樂者，象成者也」的思想，只是就一國治道之完備或個人成德之嫻熟的終極
過程而言的。實際上，在早期儒家思想中，詩、禮、樂三者本屬一回事，即
孔子所謂的「興於詩，立於禮，成於樂」(《論語・泰伯》)。錢穆先生對此三
者關係有過一番深入的思考，他說：

> 「興於詩，立於禮，成於樂。」正因詩禮樂三者本屬一事。孔
> 子告伯魚，曰：「不學詩，無以言。」又曰：「不為周南召南，其猶
> 正牆面而立。」蓋詩言志，而以溫柔敦厚為教。故不學詩，樂於無
> 可與人言。人群相處，心與心相通之道，當於詩中求之。知於心與
> 心相通之道，乃始知人與人相接之禮。由此心與心相通、人與人相
> 接之詩與禮，而最後達於人群之和敬相樂。孔子之道，不過於講求

此心與心相通、人與人相接而共達於和敬相樂之一公。私人修身如
此，人群相處，齊家治國平天下亦如此。凡人道相處，一切制度文
化之主要意義皆在此。孔子教育重點亦由此發端，在此歸宿。〔註38〕
然而，到孔子所處的春秋時期已墮入「禮崩樂壞」的分崩離析之亂世，詩、
禮、樂三者亦不免於分離的趨勢。如《論語・八佾》中的「三家者以雍徹」，
即已預示了這種樂與禮相離、樂不附於禮而自爲發展的趨勢；《論語・衛靈
公》中孔子告顏淵「放鄭聲，鄭聲淫」，即又預示了這種樂與詩相離、樂不
附於詩而自爲發展的趨勢。錢穆先生指出：「所謂鄭聲淫，非指詩，乃指樂。
淫者淫佚。《樂記》云：『鄭音好濫淫志。』《白虎通》：『鄭國土地民人，山
居谷浴，男女錯雜，爲鄭聲以相悅懌。』此皆顯示出音樂之離於詩而自爲發
展。」〔註39〕

　　儘管到春秋時已出現了這種詩、禮、樂之相離而自爲發展的趨勢，然
而，「樂」作爲個人成德與國之治道的嫺熟階段的終極價值仍未動搖過。這
不僅可從孔子的「成於樂」與「夫樂者，象成者也」的論調中均可證之，還
可從孔子「正樂」之隱意來窺探之。如《論語・子罕》載孔子：「吾自衛返
魯，然後樂正，《雅》、《頌》各得其所。」從孔子這種「自衛返魯」即先「正
樂」的做法中，可知在詩、禮、樂三者中，孔子認爲「樂」是有著優先於禮、
詩的急迫性。單就禮、樂二者而言，孔子一方面既強調了「爲國以禮」（《論
語・先進》）的基本立場，另一方面又突出了一種「樂」以化「道」的優先
性，如《論語・陽貨》載曰：

　　　　子之武城，聞絃歌之聲。夫子莞爾而笑，曰：「割雞焉用牛刀？」
　　子游對曰：「昔者偃也聞諸夫子曰：『君子學道則愛人，小人學道則
　　　　易使也。』」子曰：「二三子！偃之言是也。前言戲之耳。」
孔子這種重「樂」以化「道」的思想，在郭店儒簡裏的一個體現就是突出了
「樂」對人之成德的重要性，即「有知禮而不知樂者，無知樂而不知禮者」（《尊
德義》簡10～11）。《禮記・樂記》亦有這樣一段文字說：

　　　　是故審聲以知音，審音以知樂，審樂以知政，而治道備矣。是
　　故不知聲者，不可與言音，不知音者，不可與言樂，知樂，則幾於
　　禮矣。

〔註38〕錢穆：《孔子傳》，三聯書店（北京），2005年2月版，第107頁。
〔註39〕同前，同頁。

《樂記》這段文字可以當作是對郭店儒簡「有知禮而不知樂者，無知樂而不知禮者（《尊德義》簡 10～11）」的一種注解，所以，郭店儒簡《性自命出》篇又說：「樂，禮之深澤也」（簡 23）。這種思想延續到孟子那裏，就是所謂的「仁言不如仁聲之入人深也（《孟子・盡心上》）」。在孟子這裏，「仁言」當屬「禮」教而言，「仁聲」則指「樂」教而言。

（三）

由於「樂」對人之成德與國之治道的重要性，「樂者，所以象德也」，所以歷來的古聖先王無不重視「樂」的教化作用，《樂記》說：「樂也者，聖人之所樂也，而可以善民心。其感人深，其移風易俗，故先王著其教焉。」又說：「故天子之為樂也，以賞諸侯之有德者也。德盛而教尊，五穀時熟，然後賞之以樂。」郭店儒簡《尊德義》篇也說：「德者，且莫大於禮樂焉（簡 29）。」故在《樂記》中子夏直言「德音之謂樂。」

子夏這種「德音之謂樂」的觀點在郭店儒簡中的一個直接體現就是「德」必至於「樂」而後已的「不樂無德」思想。如郭店儒簡《五行》篇說：

> 君子無中心之憂則無中心之智，無中心之智則無中心【之】【悦】，【無】【中】【心】【之】【悦】【則】【不】安，不安則不樂，不樂則無德。」（簡 5～6）

> 善弗為無近，德弗志不成，智弗思不得。思不精不察，思不長不形。不形不安，不安不樂，不樂無德。（簡 8～9）

> 不聰不明，不聖不智，不智不仁，不仁不安，不安不樂，不樂無德。（簡 20～21）

> 聖、知，禮樂之所由生也，五【行】【之】【所】【和】也。和則樂，樂則有德。（簡 28～29）

在《語從三》又說：「樂，服德者之所樂也（簡 54）。」因此，從郭店儒簡這種「樂則有德」、「不樂無德」與「樂，服德者之所樂」的論述，再結合《樂記》中的「樂者，所以象德也」的觀點，我們不難發現這種「樂」與「德」的內在共性——這就是兩者共同的、直指人心且又能形諸外的那種內在教化功能。《五行》篇的「仁義禮智聖」必須要「形於內」方可謂之「德之行」，而「樂」之「德音」的教化作用亦是同樣「形於內」且直指人心的，如《樂

記》說「可以善民心，其感人深，其移風易俗」，《性自命出》亦說「其入撥
人之心也厚〔註40〕（簡23）」又說：「樂之動心也，濬深鬱陶（簡30～31）。」

　　郭店儒簡與《樂記》這種重「樂」之直入人心的感染性，實源於孔子。
《論語・述而》載孔子在齊聞《韶》樂時，即沉浸於這種音樂的巨大感染竟
至「三月不知肉味」的地步，而不得不發出「不圖爲樂之至於斯也」的感歎。
而郭店儒簡這種「德」須至於「樂」而後已的「不樂無德」觀念，則又當是
對孔子「仁者安仁」之「樂道」思想的直接繼承。《論語》中關於這種「仁
者安仁」的「樂道」記載有兩處，一是關於弟子顏回的，一是關於孔子本人
的，現列舉如下：

　　　　子曰：「賢哉回也！一簞食，一瓢飲，在陋巷，人不堪其憂，
　　回也不改其樂。賢哉回也！」（《論語・雍也》）

　　　　子曰：「飯蔬食，飲水，曲肱而枕之，樂亦在其中矣。不義而
　　富且貴，於我如浮雲。」（《論語・述而》）

以上兩處材料也是宋明新儒學探究「孔顏之樂」的文本出處。究其「孔顏之
樂」的內在心理，則根源於人「形仁於內」後的那種自安與自足！故孔子又
曰：「不仁者，不可以久處約，不可以長處樂（《論語・里仁》）」。只有那種「仁
者安仁」或「求仁而得仁」的君子，才不僅會做到「長處樂」以「安仁」的
「坦蕩蕩」，而且還可以進到「君子固窮」而「無終食之間違仁」的精神境界。
因爲，在孔子思想中，人須首先立足於這種內心自得的自足自安的「仁」，方
能知禮達樂，即所謂的「人而不仁如禮何？人而不仁如樂何？（《論語・八佾》）」
或「禮云禮云，玉帛云乎哉？樂云樂云，鐘鼓云乎哉？（《論語・陽貨》）」故
而，在孔子看來，禮與樂之教化的根本，乃在其能直達人心之「仁」的眞實
無妄以成「德」也。不過，若單就「樂」之成「德」以達「仁」之「中」的
那種「當」與「不當」的程度而言，孔子又認爲是有著深淺不同的「淫」「雅」
之別的，如孔子的樂《韶》而詆《武》，告誡顏淵的「放鄭聲」均是其例：

　　　　子謂韶，「盡美矣，又盡善也。」謂武，「盡美矣，未盡善也。」
　　（《論語・八佾》）

　　　　顏淵問爲邦。子曰：「行夏之時，乘殷之輅，服周之冕，樂則
　　韶舞。放鄭聲，遠佞人。鄭聲淫，佞人殆。」（《論語・衛靈公》）

〔註40〕注：此處「厚」字，在李零本作「夠」。

孔子這番樂《韶》而詆《武》的心理傾向，《樂記》中似曾有過這樣的暗示說：
「干戚之舞，非備樂也。」鄭玄注曰：「樂以文德爲備，若《咸池》者。孔子
曰韶，『盡美矣，又盡善也』；謂武，『盡美矣，未盡善也。』」鄭注的「樂以
文德爲備」，可謂切合了孔子深意，用孟子的話，就是所謂「以德行仁」（《孟
子·公孫丑上》）也。《尙書·大禹謨》載禹武力征三苗時，「三旬苗民逆命」，
從益之說後，遂乃「班師振旅」，「誕敷文德，舞干羽於兩階，七旬有苗格。」
孔子一向很推崇這種「修文德以服遠人」的做法，原因在於「修文德」可服
「人心」，「修武德」僅能服「人力」。這種修文、武之德的治國之道，後被孟
子發展爲「王霸」之辨，如孟子曰：

> 以力假仁者霸，霸必有大國；以德行仁者王，王不待大——湯
> 以七十里，文王以百里。以力服人者，非心服也，力不贍也；以德
> 服人者，中心悅而誠服也，如七十子之服孔子也。（《孟子·公孫丑
> 上》）

至於孔子對顏淵說的那句「放鄭聲」、「鄭聲淫」的告誡，則又從另一角度指
出了「樂」有直達人心之「過」（即「淫」）以害「德」的方面。在孔子看來，
禮貴中，樂貴和（《樂記》亦說：「樂者，天地之和也。」），禮樂皆須有節，
即他所謂的「樂節禮樂」（《論語·季氏》）。相反，那種失卻「中和之正」的
淫樂佚音對人之成德與國之治道來說，又是有害的。其實，孔子這種「樂節
禮樂」的思想，在郭店儒簡中的體現就是所謂的「古樂」與「益樂」之別，
如《性自命出》篇說：

> 凡古樂龍心，益樂龍指，皆教其人也。《賚》、《武》樂取，《韶》、
> 《夏》樂情。（簡28）

然而，關於上句的文獻解讀在學界一直存在兩種分歧，這表現在對「龍」字
的訓詁與「古樂」、「益樂」的理解上。先說「龍」之訓詁。李零先生說，「龍」，
舊作讀「動」，不對，疑讀「弄」。「弄」有遊玩戲弄之義，用於音樂，多指演
奏（動詞），如《韓非子·難三》「且中期之所官，琴瑟也，弦不調，弄不明，
中期之任也」；或樂章的劃分（名詞），如《江南弄》、《梅花三弄》〔註41〕。
而彭林先生據《廣雅·釋詁三》將此「龍」訓爲「和」，且以《詩·商頌·長
發》的「何天之龍」和《詩·周頌·酌》的「我龍受之」兩「龍」字在毛傳

〔註41〕李零，《郭店楚簡校讀記》（增訂本），中國人民大學出版社，2007年8月版，
第146頁。

中皆訓爲「和」來佐證之。因此，彭林先生說，簡文的「古樂龍心」即「古樂和心」〔註42〕。而在這「古樂」、「益樂」的理解上，李零與彭林二先生雖皆贊同「益樂」當是相對於「古樂」而言的「新樂」。但兩先生對此「古樂」與「新樂」的看法卻是有別的。李零先生的理解是，「古樂是靠心來彈奏，新樂是靠指來彈奏。」〔註43〕而彭林先生認爲，「古樂」當指文獻後的《賚》、《武》、《韶》、《夏》，「益樂」應指「鄭衛之聲」的「新樂」。

筆者認爲，無論是作爲「古樂」的《賚》、《武》、《韶》、《夏》，還是作爲「鄭衛之聲」的那種「新樂」，它們都是靠心來彈奏的，在這一點上，正如孟子所說的「今之樂由古之樂也」（《孟子・梁惠王下》），不過兩者在直指人心中正之「和」的程度上有偏差：「古樂」能「和心」，而諸如「鄭衛之聲」的「新樂」則失於「和」而有「過」了，即所謂的「淫」。此「淫」當作「過」解。因此，對簡文中「益樂龍指」的「指」，劉釗先生指出，「『指』疑讀爲『嗜』」〔註44〕。其說亦可備參考。

有鑒於「樂」這種直指人心以成德的內在教化功能，有學者如彭林先生提出，郭店儒簡《性自命出》篇的音樂思想，「是心性之學的組成部分」，並由此推定，「《樂記》不可能是獨立於心性學說之外的學派或學者作品，而只能是子思學派的作品。」〔註45〕不過，僅就郭店儒簡與《樂記》而論，這種「樂」與「德」的內在共性不僅表現在這種「心性學說」上，還表現在其雙方共通的天道「形而上」層面，如《樂記》所說的「樂由天作」與《五行》篇中的「德，天道也。」只有將這種「心性」與天道的「形而上」兩者如實地結合起來，才能更完整地把握《樂記》的「樂者，所以象德也」和郭店儒簡的「不樂無德」的眞正內涵。

五、天與人：天人三式

「天人關係」不僅是中國古代思想家們所必須關注的問題，而且也是中國傳統哲學必然要面對且又無法繞過的首要問題。如太史公司馬遷曾自述其

〔註42〕 彭林：《論郭店儒簡所見儒簡音樂思想》，載《簡帛研究》2004年，廣西師範大學出版社，2006年版，第40頁。

〔註43〕 李零，《郭店楚簡校讀記》（增訂本），第146頁。

〔註44〕 劉釗：《郭店楚簡校釋》，福建人民出版社，2005年版，第98頁。

〔註45〕 彭林：《論郭店儒簡所見儒簡音樂思想》，載《簡帛研究》2004年，第48頁。

撰《史記》就是「明天人之際，通古今之變，成一家之言。」〔註 46〕可見司馬遷是把「究天人之際」的「天人關係」問題視爲其歷史領域的首要問題來關注的。如荀子提出的「明於天人之分，則可謂至人矣（《荀子・天論》）」，其批評莊子時所說的「弊於天而不知人（《荀子・非十二子》）」，均明顯地具有一種天人關係式的思維特徵。漢儒董仲舒在回答漢武帝的《天人三策》中，也明說他所講的就是「天人相與之際」的學問。宋儒邵雍則說：「學不際天人，不足以謂之學」〔註 47〕，已直言學問之根本問題乃是「際天人」之學。有鑒於這種「天人關係」問題在中國傳統哲學中具有舉足輕重的地位，當今學界有多數觀點也傾向於認爲，貫穿於中國傳統哲學的主題就是「天人之學」。如李存山先生說：

> 中國傳統哲學就是「天人之學」，其「實質上的系統」可以說主要就是講明「天道」與「人道」，並以「推天道以明人事」的方式來追求「天人合一」。從先秦至清代，貫穿中國傳統哲學的主題就是「究天人之際」，中國傳統哲學的一個主要特點就是「天人合一」。〔註 48〕

同樣，湯一介先生也說道：

> 我認爲，中國傳統哲學中關於眞、善、美的觀念集中體現在中國古代思想家長期討論的三個基本命題之中，即：「天人合一」、「知行合一」、「情景合一」。「天人合一」是討論「眞」的問題；「知行合一」是討論「善」的問題；「情景合一」是討論「美」的問題。
>
> 〔註 49〕

這裏，湯先生是把探究「天人合一」的「眞」置於「善」與「美」之優先地位來考慮的。不僅如此，湯先生在其他文章中也明確指出說：「『天』與『人』是中國傳統哲學中最基本的概念，『天人合一』是中國傳統哲學的最基本的命題，在中國歷史上許多哲學家都以討論『天』、『人』關係爲己任」〔註 50〕。並且，湯先生還進一步地指出說，「天人關係」在中國哲學中不僅是一個古老

〔註 46〕 司馬遷：《報任安書》，載《漢書・司馬遷傳》。
〔註 47〕 邵雍：《皇極經世・觀物外篇》。
〔註 48〕 李存山：《中國傳統哲學綱要》，中國社會科學出版社，2008 年版，第 8 頁。
〔註 49〕 湯一介：《論中國傳統哲學的眞善美問題》，《新軸心時代與中國文化的建構》，江西人民出版社，2007 年版，第 20 頁。
〔註 50〕 湯一介：《我的哲學之路》，新華出版社，2006 年版，第 8 頁。

的命題，還是一個永遠常新的時代命題，對此，湯先生說：

　　「天人合一」是中國哲學中的一很古老的命題，是中國儒家思
想的基石，它同時也是一個常新的人類社會需要不斷給以新的詮釋
的命題。〔註51〕

因此，在圍繞「天人關係」這個中國傳統哲學之基本主題的探究中所形成的
不同理論觀點，也就成了中國傳統哲學之各派思想交鋒不息的源泉。大致說
來，中國古代思想家們圍繞「天人關係」的探究主要存在著兩派觀點，一是
「天人合一」，二是「天人有分」（或「天人有二」）。就在這兩派觀點中，「其
中『天人合一』居於主流地位，也是中國傳統哲學的主要特點。」〔註52〕

　　中國古代思想家們圍繞著這種「天人關係」問題所展開的兩派——即「天
人合一」與「天人有分」的不同觀點，也同樣貫穿在郭店儒簡相關文獻中。
不過，龐樸先生還獨具慧眼地指出，在郭店儒簡中，除了今人所歸納出的「天
人合一」與「天人有分」這兩種天人模式外，「從邏輯上講，兩論之間，似乎
還有一論，方才滿足對立兩極之間可能存在的所有關係，那就是：天人非一
非二，亦一亦二；或者叫做二而不二，不二而二」〔註53〕。在其所著的《天
人三式——郭店楚簡所見天人關係試說》一文中，龐先生還分別就其郭店儒
簡中所試說的「天人三式」中的「天」賦予了不同的涵義，即「天人有分」
關係式中的命運之天、「天人合一」關係式中的道德之天和「天人非一非二」
或「天人亦一亦二」關係式中的心性之天。因此，我們若要在此進一步地把
握龐先生的「天人三式」說，還得首先弄清楚這個「天」在中國古代哲學中
所具有的不同內涵。

　　在中國文字中這個「大」，馮友蘭先生曾指出說，它「至少有五種意義，」
其「五種意義」分別是：

　　一個意義是「物質之天」，就是指日常生活中所看見的蒼蒼者
與地相對的天，就是我們現在所說的天空。一個意義是「主宰之天」
或「意志之天」，就是指宗教中所說有人格、有意志的「至上神」。
一個意義是「命運之天」，就是指舊社會中所謂運氣。一個是「自然

〔註51〕湯一介：《儒學的現代意義——兼論「和諧社會」的建設問題》，《新軸心時
　　　　代與中國文化的建構》，江西人民出版社，2007年版，第200頁。
〔註52〕李存山：《中國傳統哲學綱要》，第125頁。
〔註53〕龐樸：《天人三式——郭店楚簡所見天人關係試說》，《龐樸文集》（第二卷），
　　　　第61頁。

之天」，就是指唯物主義哲學家所謂自然。一個是「義理之天」或「道
德之天」，就是指唯心主義哲學家所虛構的宇宙的道德法則。〔註54〕
湯一介先生則認為，儘管在中國歷史上「天」有多重涵義，但歸納起來，至
少有三種涵義：「(1) 主宰之天 (有人格神義)；(2) 自然之天 (有自然界義)；
(3) 義理之天 (有超越義、道德義)。」〔註55〕

可是，在上述所列各種「天」的涵義中，唯獨不見龐樸先生所講的「心
性之天」。那麼，對龐樸先生這個「天人非一非二」或「天人亦一亦二」的「心
性之天」究竟又該作何理解呢？其實，只要聯繫到龐先生在中國哲學研究中
所發現的那個「一分為三」的中國式思維方式，對於龐先生這個「天人非一
非二」或「天人亦一亦二」的「心性之天」也就豁然冰釋了。依於其所發現
的那個「一分為三」的中國式思維方式，龐先生對他所總結的中國傳統哲學
的「天人之說」也有了相應的新見解。在其《一分為三 —— 中國哲學的貢獻》
一文中，龐先生說道：

> 中國式的思維方法不是一分為二的。一分為二只是它思維過程
> 的一個階段。與分析相對，有綜合；中國哲學並不主張用綜合去取
> 代分析，而是「綜合」其綜合與分析，此之謂整體性思維。與天人
> 相分相對，有天人合一，中國哲學也並不用天人合一來排斥天人相
> 分，而是「合一」其合一與相分，這才是天人之學。〔註56〕

以此可知，龐先生在詮釋郭店儒簡「天人三式」說時所獨創的那個「天人非
一非二」或「天人亦一亦二」的「心性之天」，乃是一種思維方式上的演繹，
用龐先生自己的話來說，就是「從邏輯上講，兩論之間，似乎還有一論」〔註
57〕。只不過龐先生所用的邏輯不是一般意義上的「一分為二」，而是一種在中
國哲學裏所獨特的中國式思維方式 —— 即「一分為三」的邏輯。

本文接下來，將沿襲龐先生這種「一分為三」的邏輯思維方式，圍繞中
國傳統哲學的「天人之學」在郭店儒簡中所呈現的「天人三式」說來進行具
體的演繹與展開。

〔註54〕 馮友蘭：《中國哲學史新編》（上），人民出版社，1998 年 12 月版，第 103 頁。
〔註55〕 湯一介：《論「天人合一」》，《我的哲學之路》，第 38 頁。
〔註56〕 龐樸：《一分為三 —— 中國哲學的貢獻》，《龐樸文集》（第四卷），第 267 頁。
〔註57〕 龐樸：《天人三式 —— 郭店楚簡所見天人關係試說》，《龐樸文集》（第二卷），
第 61 頁。

（一）命運之天：天人有二

在中國傳統哲學思想中，關於「天人有二」或「天人有分」的天人關係，一般人很容易想起《荀子‧天論》中那個「明於天人之分」的觀點。可事實上，早於荀子之前的郭店儒簡文獻中，就已出現了這種「天人有分」的表述。如在《窮達以時》篇中，就充滿了這樣一些關於「天人關係」的論述：

> 有天有人，天人有分。察天人之分，而知所行矣。有其人，無其世，雖賢弗行矣。苟有其世，何難之有哉？（簡1～2）

> 遇不遇，天也。（簡11）

> 窮達以時，德行一也。（簡14）

> 窮達以時，幽明不再，故君子敦於反己。（簡15）

這裏已明顯地出現了「天人有分」，並要求人們在「行」時應注意「察天人之分」。再聯繫下文，我們即可明白，原來文中所談的「天」實際上乃指置身於社會中的人們所不可迴避的那些諸如「世」「時」「遇」之類的社會環境、態勢或時勢。在龐樸先生看來，關於這種「表現為『世時遇』的天，應該算作命運之天。」不過，龐樸先生又同時指出，這個「命運之天」實際上只不過是一種「異化了的人力」，龐先生又稱之為「社會力」。關於這一點，龐先生說道：

> 能夠善用自己理性的人都知道，本來沒有什麼命運之天。那個被相信為凌駕於人的命運之天，究其實，並非真是什麼異人的力量，而只不過是異化了的人力，是表現為「天」了的「人」；準確一點說，它是人的群體之力，或者叫做社會力。〔註58〕

龐先生在這裏把「命運之天」看做「只不過是異化了的人力」，這種「天」實即「人」，只不過是借用了「天」的名義而已。因此，從「命運之天」的意義上來說，這種「天人有分」，其實也同時蘊涵了一種「天人不分」或者「天人亦一」的傾向，這似乎已從思辨上為我們去把握龐先生所分析出的那個「天人亦一亦二」的「心性之天」預設了一個邏輯前提。然而，這裏也同樣會產生一個困惑：這個本屬於「人道」的「異化了的人力」——即「社會力」，它何以又能上陞到「天道」且以一種「天」的名義重新出現在「人」的面前呢？

〔註58〕龐樸：《天人三式——郭店楚簡所見天人關係試說》，《龐樸文集》（第二卷），第63頁。

對此，龐先生的解讀如下：

> 我們知道，人是社會的動物，人必須組成社會並歸屬其中，方
> 能生存。而社會之組成，雖未必便如社會契約說所說的那樣，人們
> 只要交出自己的自然自由，以換取相應的保障；但社會只要一旦存
> 在，它就成爲一種客觀的獨立於個人之外的實體，具有其權威的「看
> 不見的手」，範圍著人們行止，驅動著人們浮沉。這是每個社會的人
> 所時刻感受到的不爭事實。於是，本來是由人們自己組成的社會，
> 到頭來成了超人的神聖客體，本來是人們自己的力量，卻表現爲支
> 配人們的命運。自有社會以來，人類迄今尚未走出這一陰影，尚無
> 能力徹底擺脫這種自作自受的命運之天；也許，它竟是永遠走不出
> 去的陰影，永難掙脫的恢恢之網。〔註59〕

聯繫前文龐先生所提到的「異化」，再結合上文可知：在龐先生看來，在由這
種本屬於人們「自己的力量」的主觀走向「支配人們的命運」之客觀化爲「天」
的過程中，「異化」起到了關鍵的作用。一旦我們掀開了這層「異化」的神聖
面紗，這個充當著「支配人們的命運」之「天」的角色，就可恢復其本來的
「人」之原形了。所以，這個意義上的「天人有分」，實即「天人無分」的「天
人無二」。之所以要將其表達爲「天人有分」的關係式，乃是爲了立足於「人
道」的現世生活以指導人們之行爲（即所謂的「察天人之分，而知所行矣」）
上的「敦於反己」罷了。因此，《窮達以時》篇又說：

> 動非爲達也，故窮而不【怨】。【隱】【非】爲名也，故莫之知
> 而不吝。【芝】【蘭】【生】【於】【幽】【谷】，【非】【以】【無】【人】
> 嗅而不芳。無蓉堇，逾寶山，石不爲【開】，【非】【以】【其】善負
> 己也。窮達以時，德行一也。譽毀在旁，聽之弋母。緇白不釐，窮
> 達以時。幽明不再，故君子敦於反己。（簡11～15）

像這種「察天人之分」的「命運之天」的涵義，也同樣地體現在孔子的思想
中，如孔子的「五十而知天命」即是。在孔子那裏的「天」、「命」有時是分
而言之，有時又是合爲「天命」而論之。尤爲值得注意的是，孔子在其不同
語境中所講「天」的涵義也有迥異之別，如「獲罪於天，無所禱也（《論語·
八佾》）」，這裏的「天」應屬「主宰之天」；又如「天何言哉？四時行焉，百

〔註59〕同前，第63～64頁。

物生焉，天何言哉？（《論語・陽貨》）」這裏的「天」當爲「自然之天」；而在「天生德於予，桓魋其如予何（《論語・述而》）」中，此處的「天」則又爲「道德之天」。至於孔子所謂的「命運之天」，則莫過於「五十而知天命」了。在孔子這種「五十而知天命」的體認態度中，實則已暗含了《窮達以時》篇「察天人之分，而知所行矣」的用世觀。孔子本人很清楚，僅就其身處春秋社會之「世、時、遇」的「命運之天」而言，固然是「道之不行，已知之矣（《論語・微子》）」。然而，孔子卻又一如既往地「知其不可而行之（《論語・憲問》）」。這裏孔子所謂的「知其不可」者，即「知天」也，因爲，孔子早知道：「道之將行與，命也。道之將廢也與，命也。（《論語・憲問》）」；而孔子之所以「行之」者，即「行其人所當行」之「義」也，借用孔子弟子子路的話來說，那就是：「不仕無義，長幼之節，不可廢也。君臣之義，如之何其廢之？欲潔其身而亂大倫。君子之仕，行其義也。（《論語・微子》）」由此可知，孔子思想的「天人之分」是顯而易見的。關於這一點，梁濤先生也曾指出說：

　　孔子的思想實際蘊涵著一種天人之分，只是這一思想尚處於形
　成之中，還沒有明確表達出來而已。而竹簡則在孔子思想之上發展
　一步，明確提出「天人之分。」〔註60〕

由於這種蘊涵「天人之分」的「天」之涵義屬「命運之天」，故孔子有時又將這種「天」直接稱之爲「命」，如《論語》載說：

　　公伯寮訴子路於季孫。子服景伯以告，曰：「夫子固有惑志於
　公伯寮，吾力猶能肆諸市朝。」子曰：「道之將行也與，命也。道之
　將廢也與，命也。公伯寮其如命何？」（《論語・憲問》）

　　伯牛有疾。子問之，自牖執其手，曰：「亡之，命矣夫！斯人
　也，而有斯疾也！斯人也，而有斯疾也！」（《論語・雍也》）

上述兩處中的「命」，實即「天」也，有時亦以「天命」合言之。而且，像孔子所講的這種「命運之天」的「天人之分」，它不僅體現在郭店儒簡《窮達以時》篇的「察天人之分」，還直接影響到了後來孟子的天人觀。

　　在《孟子》一書中很容易找到這種有關「命運之天」的「天人之分」思想，如《孟子・梁惠王下》即載：

　　樂正子見孟子，曰：「克告於君，君爲來見也。嬖人有臧倉者

〔註60〕梁濤：《郭店竹簡與思孟學派》，第453頁。

> 沮君，君是以不果來也。」曰：「行，或使之；止，或尼之。行止，
> 非人所能也。吾不遇魯侯，天也。臧氏之子焉能使予不遇哉？」

在這裏，孟子將其「不遇魯侯」歸於「天」，這與郭店儒簡《窮達以時》篇的「遇不遇，天也（簡11）」實爲同出一轍。不過，孟子的「天人之分」不僅表現在這種「命運之天」，還更廣泛且深入地體現在他的「性命之分」上。在《孟子·盡心下》中即有這麼一段孟子關於「性命之分」的論述：

> 孟子曰：「口之於味也，目之於色也，耳之於聲也，鼻之於臭
> 也，四肢之於安佚也，性也，有命焉，君子不謂性也。仁之於父子，
> 義之於君臣也，禮之於賓主也，知之於賢者也，聖【人】之於天道
> 也，命也，有性焉，君子不謂命也。」

在這裏，孟子實際上是從兩個層面來把握這種「性命之分」的：一是從人心的層面，即口、目、耳、鼻、四肢之感官相對於味、色、聲、臭、安佚之諸本性而言，是莫不欲盡其「性」的。但是能否盡遂其「性」，則取決於「命」（即「天」也）。孟子這裏的「性」，實即「心」也，如孟子所言的「君子所性，仁義禮智根於心」（《孟子·盡心上》）即是。當然，孟子所言的「盡其心者，知其性也（《孟子·盡心上》）」，也只能從這個即「心」即「性」的意義上來理解。二是從人倫的層面，即仁、義、禮、知、聖（人）之德相對於父子、君臣、賓主、賢者、天道之倫序而言，則莫不由「命」所規定，即郭店儒簡所說的「天降大常，以理人倫（《成之聞之》簡31）」之類也。但是，這些仁義禮知聖（人）諸德能否盡其「倫」而育，則又取決於「性」，即「人心」也。爲什麼呢？這是由於從即「心」即「性」而言，人有君子、小人之別。借用郭店儒簡的話來解讀，就是存在著所謂的「小人亂天常以逆大道，君子盡人倫以順天德（《成之聞之》簡31～32）」也，故孟子亦說：「有性焉，君子不謂命也。」

基於這種「性命之分」，孟子還詮釋了自己對於「天命」的新看法，這就是所謂「莫之爲而爲者，天也；莫之致而致者，命也（《孟子·萬章上》）」。爲了更好地闡述自己對「天命」的這種新見解，孟子還列舉了一些上古的具體史實來印證，如舜爲何不傳其子而傳禹、禹爲何不傳益而傳其子之類，在孟子看來，這些均屬「天命」所然，而「非人之所能爲也」。孟子對此的具體看法是這樣的，他說：

> 昔者，舜薦禹於天，十有七年，舜崩，三年之喪畢，禹避舜之

子於陽城，天下之民從之，若堯崩之後不從堯之子而從舜也。禹薦
益於天，七年，禹崩，三年之喪畢，益避禹之子於箕山之陰。朝覲
訟獄者不之益而之啓，曰，「吾君之子也。」謳歌者不謳歌益而謳歌
啓，曰，「吾君之子也。」丹朱之不肖，舜之子亦不肖。舜之相堯、
禹之相舜也，歷年多，施澤於民久。啓賢，能敬承繼禹之道。益之
相禹也，歷年少，施澤於民未久。舜、禹、益相去久遠，其子之賢
不肖，皆天也，非人之所能爲也。莫之爲而爲者，天也；莫之致而
致者，命也。（《孟子‧萬章上》）

除了這種「莫之爲而爲者，天也；莫之致而致者，命也」之命定論意義上的
「天命」之外，孟子還把這種「天」拉入到人間且將其人格化了，這就是他
說的「天不言，以行與事示之而已矣」與「天視自我民視，天聽自我民聽（孟
子‧萬章上）」。因此，孟子認爲，這種「命運之天」的「天」也並非高高在
上的主宰，實乃「民視」與「民聽」之類的「民意」，之所以稱「天」，不過
假其名而已。所以，這種意義上的「天人有分」，實際上也是一種「亦天亦人」
的「天人不二」。之所以要別以名爲「天人有分」，只不過是爲了立足於人道
以「盡人事」罷了，即孟子所說的「求在我者也」，如孟子說：

孟子曰：「求則得之，舍則失之，是求有益於得也，求在我者
也。求之有道，得之有命，是求無益於得也，求在外者也。」（《孟
子‧盡心上》）

這裏孟子將其「求在外者也」的得之與不得，亦歸之於「命」，這無疑是沿襲
了孔子的思想。如孟子本人曾自詡：「孔子進以禮，退以義，得之不得曰『有
命』（孟子‧萬章上）」。因此，孟子也認爲，在這種「察於天人之分」的前提
下，人就應該在知其所「行」上做到「求在我者也」。這裏又可看作是孟子對
郭店儒簡之「敦於反己」思想的一種繼承與發揮了。至於孟子這種「求在我
者」的「反己」說，我們在前文的修養篇中已有過相應的交代。

最後，還有一點須澄清的是，在圍繞「天人有分」的天人關係問題上，
一般人很容易追溯到荀子那個「明於天人之分，則可謂至人矣（《荀子‧天
論》）」的命題。其實荀子此命題所講的「天人之分」，乃是指一種「自然之
天」，與我們上述探究「天人有分」中那個「命運之天」，已是分屬於不同的
天人關係之序列了。故兩者不可同日而語。事實上，有關荀子思想中的「天
人關係」也是有著複雜內涵的。今囿於篇幅與情境，在此已無從深究了。

（二）道德之天：天人合一

郭店儒簡在「天人關係」上的另外一重結構式就是「天人合一」，而且，郭店儒簡這種「天人合一」僅是立足於「道德之天」的涵義來展開的。郭店儒簡關於「天人合一」的經典式命題莫過於《語叢一》第36簡那句「易，所以會天道、人道也（簡36、37）」。從表面上看，該命題似乎說能合「天（道）」與「人（道）」為一的乃是《易》，這個《易》好像在扮演著「天（道）」與「人（道）」之「合一」的媒介。其實，立足於《易》這部最早的占卜之書的性質來看，作這樣的理解也是無可厚非的。然而，我們若究及《易》書占卜特性之背後的天人根源的話，則又會發現《易》之所以能「會天道、人道」的奧秘乃在於《易·繫辭上》所說的「夫《易》，聖人所以崇德而廣業也。」這就是說，《易》之能夠「會天道、人道」的根源在於它是一部「崇德」以成「君子之道」的書。關於《易》書這一特色，宋儒張載將其概括為「《易》為君子謀，不為小人謀。」在其著《正蒙·大易篇第十四》中，張載說：

> 《易》為君子謀，不為小人謀，故撰德於卦，雖爻有小大，及
> 繫辭其爻，必諭之以君子之義。〔註61〕

當然，《易》雖「撰德於卦」，然其所諭的「君子之義」對於小人也是有著警醒、勸誡以敦促其幡然醒悟的改邪歸正作用，從這個意義上來說，這種《易》也同樣兼有「為小人謀」了。像這種化「小人」以成「君子」，也是《易》之「崇德」的一個初衷或應有之義。不過，窮究《易》之所言「會天道、人道」之「德合」的，莫過於《易·乾·文言》所說的修「大人（或「聖人」）」之「德」：

> 夫「大人」者，與天地合其德，與日月合其明，與四時合其序，
> 與鬼神合其吉凶。先天而天弗違，後天而奉天時。天且弗違，而況
> 於人乎？況於鬼神乎？

類似《易》這種修「大人（或「聖人」）」之「德」以合「天（道）」與「人（道）」的觀點，也同樣見諸郭店儒簡文獻中，如《成之聞之》篇說：

> 昔者君子有言曰「聖人天德」何？言慎求之於己，而可以至順
> 天常矣。（簡37～38）

不過，在郭店儒簡所涉及的這種「天人合一」關係式，還主要地是立足於「道德之天」來展現的。關於這種能「天人合一」的「道德之天」，在《五行》篇

〔註61〕 張載：《正蒙·大易篇第十四》，《張載集》，中華書局，1978年版，第48頁。

開篇就洋溢出來了，其原文說：

> 五行：仁形於內謂之德之行，不形於內謂之行；義形於內謂之德之行，不形於內謂之行；禮形於內謂之德之行，不形於內謂之【行】；【智】形於內謂之德之行，不形於內謂之行；聖形於內謂之德之行，不形於內謂之德之行。

> 德之行五和謂之德；四行和謂之善。善，人道也。德，天道也。（《五行》簡1～4）

這裏，作為「天道」的仁義禮智聖，它們都是不能獨立存在的，而必須通過內化於人心（即「形於內」）的途徑才能獲得其現實的存在形式。因此，這個意義上「天」是離不開「人」的；換過來，再從「人」這一方面來看，有一些「五行皆形於內而時行之（《五行》簡6～7）」的「君子」，是能夠做到使「德之行五和」的「天道」形於其內心，而另一些不能形天道於其內心的人，它也必須在外在行為上踐行「仁義禮智」的「人道」之「善」，從而「實踐這個被稱作人道的大部分天道，方能成其為人。」〔註62〕因此，這個意義上的「人」又是離不開「天」。類似這種「天」不離「人」與「人」不離「天」的雙向依賴關係，就是所謂的「天人合一」了。對此，湯一介先生直言說：「所謂『天人合一』是說『天』離不開『人』，『人』也離不開『天』。」〔註63〕而這種天人關係之所以能夠如此「合一」且不離的原因即在於這種「天」與「人」均被限定在一種道德範圍之內了。現在的問題是，這種被限定在道德範圍之內的「天」與「人」為何又能「合一」呢？對此問題，龐樸先生在其《天人三式──郭店楚簡所見天人關係試說》一文中有過這樣的解讀，他說：

> 道德是什麼？無非是人的一定的心理定式和行為規範。這些定式和規範，不是天上掉下來的，也不是娘胎裏帶出來的，而是人們共處於社會中時逐漸形成起來的。離開了人，便無所謂道德，也無從談論道德；道德只能是人道，只能是人德。《五行》篇中所以謂之為天道者，實乃一種神道設教的把戲，企圖假借超人的形上的力量，來肯定理想的秩序，來範圍人心與人行。其實，第一，所謂天道，

〔註62〕龐樸：《天人三式──郭店楚簡所見天人關係試說》，《龐樸文集》（第二卷），第65頁。

〔註63〕湯一介：《儒學的現代意義──兼論「和諧社會」的建設問題》，《新軸心時代與中國文化的建構》，江西人民出版社，2007年版，第198頁。

不過是人間道德的「天化」，是被宣佈爲天道了的人道；第二，它仍
需返回人間，通過人心人行來顯現來落實，否則便只能天馬行空，
便是空話。所以，在道德領域裏，天和人，只能是合一的，也必然
是合一的。〔註64〕

不過，對於龐先生這樣論述道德領域的「天人合一」，也有學者提出過不同看
法，如張亨先生就認爲，儒家的天人合一思想本來就與道德有關，因此，更
確切地說，應將這種「天人合一」詮釋爲「天人合德」。〔註65〕而且，對龐先
生這種視爲形上力量之神道設教的天道，也有人提出過質疑，如臺灣的謝君
直先生就說：「筆者認爲，道德固然離不開人，而道德規範也與人的社會有關，
但是若將與人相關的天道視爲神道設教與形上的力量，則天道是否成爲虛設
的架構或因素，這其中不無商榷之地。」〔註66〕

儘管如此，爲了強化其論說的力度，龐先生還特別例舉了郭店儒簡《成
之聞之》篇中兩段相關文獻來輔證他的觀點。其一則文字是：

天降大常，以理人倫，制爲君臣之義，作爲父子之親，分爲夫
婦之辨。是故小人亂天常以逆大道，君子治人倫以順天德。（簡 31
～33）

龐先生說，上述文字看起來有「天常」，有「人倫」，彷彿「天人有二」的樣
子。可在該篇篇尾則又明說了這種「天常」與「人倫」相合的眞諦，其文說：

唯君子道可近求，而【不】可遠借也。昔者君子有言曰「聖人
天德」何？言愼求之於己，而可以至順天常矣。（簡 37～38）

接下來，我們要說，郭店儒簡這種「天人合一」的「道德之天」，它不僅承繼
了春秋時孔子的「天人」觀，也開啓了後來孟子思想中的「道德之天」。

如上節所述，孔子關於「天」的涵義是多重的，因此孔子對於「天人關
係」的看法肯定也不是單一的或一維的。除了上述梁濤先生指出那樣，在孔
子思想中「實際蘊涵著一種天人之分」的同時，還應該看到，孔子在「天人
關係」問題上是有著另外一個維度——即「天人不分」的那種「天人合一」。

〔註64〕龐樸：《天人三式——郭店楚簡所見天人關係試說》，《龐樸文集》（第二卷），
第 66 頁。

〔註65〕張亨：《思文之際論集——儒道思想的現代詮釋》，〔臺北〕允晨文化實業，
1997 年。

〔註66〕謝君直：《郭店楚簡儒家哲學研究》，〔臺北〕萬卷樓圖書股份有限公司，第 13
頁。

茲引兩則《論語》以證之：

　　　　子曰：「天生德於予，桓魋其如予何？」（《論語・述而》）

　　　　子謂於匡。曰：「文王既沒，文不在茲乎！天之將喪斯文也，
　　後死者不得與於斯文也。天之未喪斯文也，匡人其如予何？」（《論
　　語・子罕》）

上述前一則孔子說「天生德於予」，乃是從德之本體而非修養上說的。因為，從修養上講，人僅能做到明「明德」，而這個「明德」之本體從何而來呢？《禮記・大學》「顧諟天之明命」與孔子的「天生德於予」已告訴我們：此「德」之本體乃天之所賦。後一則也是孔子的「天人合一」論。句中孔子說「天之未喪」的「文」，實指周初文、武、周公相傳的禮樂制度，孔子也曾自言「郁郁乎文哉，吾從周（《論語・八佾》）」。牟宗三先生認為，「孔子說『郁郁乎文哉，吾從周』主要是對著禮講的，就是指周公所製定的禮。」〔註67〕就孔子的思想整體而言，其所言的「德」和「禮」都統攝於他的「仁」這一範疇。因此，要深入瞭解孔子「天人」關係上的這種「天人合一」觀，我們還得就孔子的「仁」之特性來作一點必要的分析。

　　其實，在孔子思想中的「仁」，它並不僅僅是一個封閉的觀念，而是一個「內外合一」的「活潑潑」的「真生命」。對此，牟宗三先生有過很精闢的見解，他說：「儒家對人類的貢獻，就在他對夏商周三代的文化，開始作一個反省，反省就提出了仁的觀念。」在牟先生看來，仁之觀念的提出，其意義在於使那套代表三代之文的禮樂有了「真生命」，這用孔子的話來說，就是所謂的「人而不仁如禮何？人而不仁如樂何？（《論語・八佾》）」因此，牟先生又說：「仁這個觀念提出來，就使禮樂真實化，使它有生命，有客觀的有效性。」〔註68〕那麼，一旦賦予這個「仁」觀念以「活潑潑」的「真生命」以後，這個「仁」就會顯示其作為「主體」的一面。而且，一旦從這個「仁」中開出了「主體」以後，這個「仁」就不僅僅局限於一種道德意義上的「應當」（ought）而不涉及其主體本身的存在問題。這時，這個「仁」就是「封不住的」了。那麼，該由什麼來負責這個主體的存在呢？這就需要由傳統的那個「天」來擔當了。關於這一點，牟宗三先生曾說：

　　　　「天」這個觀念是從夏商周三代以來就有的，傳到孔子的時候

〔註67〕牟宗三：《中國哲學十九講》，上海古籍出版社，1997年，第55頁。
〔註68〕同前，第59頁。

固然孔子講仁，但是對於「天」他並有否定呀。〔註69〕

牟先生接著說，孔子不僅沒有否定「天」，而且還把「天」來負責存在，對此，牟先生還說：

儒家有個天來負責存在，孔子仁和孟子的性是一定和天相通的，一定通而爲一，這個仁和性是封不住的。〔註70〕

牟宗三先生這種釋孔子之「仁」與「天」相通的觀念，是很符合孔子本人關於「仁」之「合內外於一」特性的。在關於「仁」的闡述時，孔子一方面主張「人而不仁如何禮（《論語·八佾》）」，這是強調「仁」之內化於心的一面；另一方面孔子又堅稱「克己復禮爲仁（《論語·顏淵》）」，這是從行爲規範上來突出「仁」之外化於禮的一面。只有把這內外兩方面充分地結合起來，才算是眞正地把握了孔子關於「仁」的完整內容。如孔子本人那個「七十而從心所欲，不逾矩」（《論語·爲政》）的自述，就是一種關於「仁」之「內外合一」的眞生命寫照。在這裏，作爲實現了「仁」之最高境界的人來說，其「仁」之內化的「心」與外化的「鉅」之間是既有外在張力，又有著內在和諧的。

正如牟宗三先生在指出孔子的「仁」是一定和天相通的同時，他也附帶地道出了在孟子的思想中也有一個與天相通的「性」，而且，孟子的這個「性」同孔子的「仁」一樣，也是「封不住的」。針對孟子論「性」的這一特質，我們也可以從孟子本人對於心、性及天之關係的論述中分析出來，如《孟子·盡心上》說：

孟子曰：「盡其心者，知其性也。知其性，則知天矣。存其心，養其性，所以事天也。天壽不貳，修身以俟之，所以立命也。」

這裏，孟子所謂的「盡心」、「知性」到「知天」，是從認識論上說的「天人合一」；而孟子所謂的「存心」、「養性」到「事天」，則屬修養論上的「天人合一」。無論孟子所講何種路徑的「天人合一」，能與天相通的只能是「性」。因爲，孟子的「性」就是「合內外於一」的，它既能內達於「心」又能外通於「天」。

不過，比孔子更進一步的是，在孟子思想中除了這種與天相通的「性」之外，孟子還特意在功夫論上另立了一個能致「萬物皆備於我」（《孟子·盡心上》）的「誠」的修養境界。如《孟子·離婁上》說：

孟子曰：「居下位而不獲於上，民不可得而治也。獲於上有道，

〔註69〕同前，第72頁。

〔註70〕同前，第73頁。

不信於友，弗獲於上矣。信於友有道，事親弗悅，弗信於友矣。悅
親有道，反身不誠，不悅於親矣。誠身有道，不明乎善，不誠其身
矣。是故誠者，天之道也；思誠者，人之道也。」

關於這種能「合天人於一」的「誠」，也同樣出現在《禮記・中庸》一書，只
是表述略有細微差別而已，如《中庸》說：「誠者，天之道也；誠之者，人之
道也。誠者，不勉而中，不思而得，從容中道，聖人也。」在這裏，《中庸》
一方面說「誠者，天之道也」，另一方面又說「誠者……聖人也」，合而言之，
就是郭店儒簡《五行》篇的「聖人知天道也（簡26～27）」的觀點。只不過，
《中庸》還把這種修身「至誠」的「聖人」何以又能「知天道」的思想作了
進一步的深入發揮，這就是：

唯天下至誠，爲能盡其性；能盡其性，則能盡人之性；能盡人
之性，則能盡物之性；能盡物之性，則可以贊天地之化育；可以贊
天地之化育，則可以與天地參矣。

從上述探究的這種「天人合一」的關係式中，我們不難看出這種由孔子經郭
店儒簡，再到孟子、《中庸》的這條思想路徑的演進軌迹。而在這種「天人合
一」的關係式中，其扮演著與「人」能合的那個「天」，均爲「道德之天」。

（三）心性之天：天人亦一亦二

在「天人關係」這一中國傳統哲學之首要問題上，傳統的主流觀點基本
上不外乎是沿著上述的「天人有二」與「天人合一」之二重維度來展開關於
「天人關係」的探究。然而，龐樸先生卻認爲，從邏輯上講，還應該存在著
一種介乎「天人有二」與「天人合一」之間或超乎其上的天人關係式，龐先
生稱之爲「天人非一非二，亦一亦二」。關於這一點，龐先生在他的《天人三
式——郭店楚簡所見天人關係試說》一文中曾明確指出說：

邏輯地說來，兩論（即「天人合一」與「天人有分」——筆者
注）之間，似乎應該還有一論，方才滿足對立兩極之間可能存在的
所有關係，那就是：天人非一非二，亦一亦二；或者叫做二而不一，
不二不一。〔註71〕

在這裏，龐先生說這種「天人非一非二，亦一亦二」的天人關係式乃是從「邏

〔註71〕龐樸：《天人三式——郭店楚簡所見天人關係試說》，《龐樸文集》（第二
卷），第61頁。

輯上說來」的，而在通篇全文中龐先生卻隻字未提所謂的「邏輯」，這就多少
有點令人困惑了：龐先生在這裏所謂的「邏輯」究竟是何種邏輯呢？若要消
除這個困惑，我們還必須借助龐樸先生的其它相關文獻來探究這種「邏輯」
的真面目。在另一篇龐先生撰寫的《一分為三——中國哲學的貢獻》一文中，
龐先生就明說了他所基於的「邏輯」乃是一種中國哲學所獨特的「中國式的
思維方式」，即龐先生本人所發現的那個「一分為三」的邏輯。對此，龐先生
說道：

> 中國式的思維方式不是一分為二的。一分為二只是它思維過程
> 的一個階段。與分析相對，有綜合；中國哲學並不主張用綜合去取
> 代分析，而是「綜合」其綜合與分析，此之謂整體性思維。與天人
> 相分相對，有天人合一，中國哲學也並不用天人合一來排斥天人相
> 分，而是「合一」其合一與相分，這才是天人之學。

接著，龐先生進一步舉證說：

> 就是說，在一分為二之後，還要合二而一。這個合成的一，已
> 是新一，變原來混沌的一而成的明晰的一。在儒家，叫做「執兩用
> 中」；在道家，叫做「一生二，二生三」，或者叫「得其環中，以應
> 無窮。」

為了同非此即彼的一分為二的思維方法相比較，也為了同西方哲學中近似的
論斷相呼應，我們也可以稱這種中國式的思維方式叫「一分為三」。〔註72〕

至此，似乎已不難明白，龐先生從「邏輯」上所說的這個「天人非一非
二，亦一亦二」的天人關係式，其所謂的「邏輯」乃是一種中國哲學所特有
的「一分為三」的邏輯。正是基於這種「一分為三」的邏輯，龐先生進而推
論出：郭店儒簡在「天人」關係式上應該還存在著第三重「介乎其間或超乎
其上」的維度。對此，龐先生又說：

> 於明確區分天人為二與合併天人為一的說法之外，更有一種不
> 太明確的介乎其間或超乎其上的說法，表現於當時的探究心性的議
> 論之中。〔註73〕

順乎這種「一分為三」的邏輯，龐先生還憑藉著郭店儒簡的具體材料來進一

〔註72〕龐樸：《一分為三——中國哲學的貢獻》，《龐樸文集》（第四卷），第 267 頁。
〔註73〕龐樸：《天人三式——郭店楚簡所見天人關係試說》，《龐樸文集》（第二卷），
第 66～67 頁。

步地解構這重「天人非一非二，亦一亦二」的天人關係式。

首先，龐先生指出，先秦時所謂的「性」，主要是「人性」，而這個「人性」本來又是有著自然性與社會性的不同，但在先秦人關於人性的諸多議論中，這兩者常常又是不加區別地混繞在一起的。如孟子與告子辯性時，一個說的是「食色，性也」的自然性，而另一個說的則是「人無有不善」的社會性，這就是一個明顯地將人性中兩方面相混繞的例子。像這種伴有自然性與社會性相混的「人性」，在郭店儒簡中也是很明顯的，如《性自命出》篇說：

　　凡人雖有性……。喜怒哀悲之氣，性也。及其見於外，則物取之也。（簡 1～2）

　　道始於情，情生於性。始者近情，終者近義，知情者能出之，知義者能入之。（簡 3～4）

　　四海之內，其性一也。其用心各異，教使然也。（簡 9）

在上述所論的「四海同一」且流露為「喜怒哀悲之氣」的性，無疑是人的自然性。可龐先生又承上文材料接著說：「由這個自然的人性，生出情來，再由所生的情，發而成道，終結為義。這個道義，即人道和禮義，常然已經不再是自然的了；但它確係由人的自然屬性生發出來，一路上沒有受過任何超自然力量的干預，也不像上章所述，是形於內或不形於內的形上天理之所形，也是明白無誤的。」〔註 74〕因此，龐先生說，這裏論「人性」時絲毫不涉及天或天道，而且類似這種「人道」範圍的論述，還可見諸郭店儒簡的其它文獻，如《語從一》說：

　　人之道也，或由中出，或由外入。（簡 19～20）

　　由中出者，仁、忠、信。由【外】【入】【者】，【禮】、【樂】、【刑】。（簡 21）

　　仁生於人，義生於道。或生於內，或生於外。（簡 22～23）

在這裏，僅以仁忠信為「人道」，也不稱其為「德」，龐先生說，「僅就這點來看，便已經將天和天道的作用，排除出人道建構之外了。」可就在這裏，龐先生又筆鋒一轉，接著說道：「可是事情還有另外一面。」那麼，這「另外一面」是什麼呢？龐先生緊接著又回到了《性自命出》篇的如下命題：

　　性自命出，命自天降；道始於情，情生於性。（簡 2～3）

〔註74〕龐樸：同上，第 67 頁。

上述命題在沿著「性」從「人道」往上追溯時產生了一條依次發生的系列。龐先生指出，在這條依次發生的系列中出現了五個要素，即天→命→性→情→道。在這五要素中，「其中屬於人的人性、人情、人道三者，受制於前兩個屬天的要素天和命；整個系列從而判分爲天人兩大範圍，構成降與所降的關係。」不過，正是對這「前兩個屬天的要素天和命」，龐先生卻做出了與眾不同的新看法。龐先生說：

> 現在我們感興趣的是，天既能降命，那麼這個天，便是能夠發號施令的生死予奪的神格的天，是至上的主宰；它較之上兩章所見的命運意義的、道德意義的天，要更爲悠久得多，神氣得多，也權威得多。

> 但是，唯其悠久神氣與權威，這種意義的天，到了戰國時代，倒反而往往是虛懸一格。與表現爲世、時、遇的命運之天不同，也與形於內外的道德之天不同，此時主宰之天通常只是一個象徵性的存在，而沒有任何實際內容或實際作爲。譬如這裏的能降命的天和天所降的命，便沒有什麼具體面目，不主張什麼也不反對什麼，只是虛晃一槍，爲性的出場鳴鑼開道而已。〔註75〕

然而，就是這個「虛懸虛晃」的「象徵性」的「天」，龐先生仍然堅持認爲，它也「幾乎是不可少的」。其道理在於：「它如果不是宣佈喜怒哀悲本來出自天，像《性自命出》那樣；便會要宣佈喜怒哀悲本身便是天，像莊子那樣。總之它得從天開始，即從大家所公認的開始處開始，來構建自己的學說體系，其中便包括某種式樣的天人關係。」〔註76〕

　　以上就是龐樸先生運用「一分爲三」這種中國哲學式的思維邏輯來解構蘊涵於郭店儒簡中的「某種式樣的天人關係」──即「天人非一非二，亦一亦二」的演繹過程。在這裏龐先生不僅沒有否認中國傳統「天人關係」之主流的「天人有分」與「天人合一」，而且，還在這種主流觀點的基礎上有所提煉與昇華，進而要求我們在面對中國傳統哲學的天人之學上，既要著眼於「天人有分」的同時，還要善於察覺其「天人合一」的一面；反之，在著眼於「天人合一」的同時，也應該清醒地意識到其有「天人有分」的另一面。這個既有「分」又能「合」的天人關係式把握，它在理論上不僅不矛盾，而且是相

〔註75〕龐樸：同上，第69頁。
〔註76〕同上，同頁。

輔相成的，兩者共同構成了中國傳統天人關係問題的完整內涵。只不過，龐先生的高明之處，乃在於他能從這種天人既「分」又「合」的真實態勢中，再借助其「一分為三」的邏輯來進行一種思辨上的抽象，並因此解構出了一種能夠整合「天人有分」與「天人合一」之對立於一爐的「天人非一非二，亦一亦二」的天人關係式。儘管由龐先生解構出來的這種「天人非一非二，亦一亦二」的天人關係式乃是一種邏輯上的推導或純思辨上的把握，但它又的確是真實存在的，不僅在理論思辨中存在著，而且也存在於一般的現實生活之中。一般人之所以意識不到這種「天人非一非二，亦一亦二」之關係式的存在，實在只能歸因於「弗思而已矣，思則得之」。

　　龐先生這種「天人非一非二，亦一亦二」的天人關係式，還可以幫助我們解決孔子與孟子兩人在天人關係問題上所面臨的某些似是而非的「矛盾」現象。

　　在《論語》中載孔子弟子子貢之言：

　　　　子貢曰：夫子之文章，可得而聞也。夫子之言性與天道，不可
　　得而聞也。（《論語・公冶長》）

然而，考諸《論語》一書，孔子並非不言「性與天道」也，實乃「不詳言」也。為此，傅斯年就《論語》中孔子之言「性與天道」之章節做過統計，共列舉了十四條。為此，傅斯年先生也曾對孔子這種「不詳言」「性與天道」之用意有過探析，他說：

　　　　夫罕言天道，是《論語》所記，子貢歎之。或問禘之說，孔子
　　應之曰，「不知也，知其說則於天下猶運之掌。」是其於天也，猶極
　　虔敬而尊崇，蓋以天道為禮之本，政事為禮之用，然而不願諄諄言
　　之者，言之詳則有時失之誣，言之詳則人事之分量微，此皆孔子所
　　不欲也。與其詳言而事實無徵，何如虔敬以寄託心志？故孔子之不
　　詳言，不可歸之記錄有闕，實有意如此耳。〔註77〕

由此可知，孔子之不言「性與天道」亦只局限於子貢而已矣。在孔子看來，「中人以上，可以語上也；中人以下，不可以語上也。（《論語・雍也》）」清人劉寶楠亦就孔子此言而正義說：「孔子罕言利、命、仁、性與天道，弟子不可得而聞，則是不可語上。觀所答弟子、諸時人語，各有不同，正是因人才知量為語之，可知夫子循循善誘之法。若夫性質既愚，又不能自勉於學問，是夫

〔註77〕傅斯年：《性命古訓辯證》，第 124 頁。

子所謂『下愚』，非惟『不可語上』，且並不可語之矣。」〔註78〕再考諸孔子本人而言，這種「天」與「人」的關係在孔子身上又是非常恰當地圓融而得體的，如《論語》載：

> 子曰：「莫知我也乎！」子貢曰：「何爲其莫如知子也？」子曰：
> 「不怨天，不尤人，下學而上達。知我者其天乎！」（《論語‧憲問》）

這則恰好出自孔子與子貢的對話，再與子貢歎言的「夫子之言性與天道，不可得而聞也」互參，其深意實可玩味！在傅斯年先生看來，「孔子之言性與天道，一如其政治論之爲過渡的，轉變的。」〔註79〕蓋孔子之不詳言「性與天道」，其用意乃在於規導人們注重於「人道」之政（正）事〔註80〕且兼備一種「不怨天，不尤人」的「天人」相通達的圓融心來盡己行義而已。關於這一點，傅斯年先生也有過這樣一番見解，他說：

> 凡事求其在我，而不責其成敗於天，故曰「不怨天」；盡人事
> 而聽天命焉，故曰「丘禱之久矣」。此義孟子發揮之甚爲明切，其辭
> 曰，「修身以俟之」，又曰，「順受其正」，又曰，『盡其道而死者，正
> 命也。』此爲儒家天人論之核心。〔註81〕

在這裏，傅先生指出「修身以俟命」爲「儒家天人論之核心」，要其旨固秉於清人阮元之舊說，亦屬孔、孟先儒一貫之本義。然而，從儒家天人論之核心中這個「修身以俟命」的宗旨，我們同樣可以離析出早期儒家在天人關係問題上的基本範式，茲仍以前述《論語》中孔子師徒的語錄爲例：

> 子曰：「莫知我也乎！」子貢曰：「何爲其莫如知子也？」子曰：
> 「不怨天，不尤人，下學而上達。知我者其天乎！」（《論語‧憲問》）

在這則語錄裏的「不怨天，不尤人」可看做是孔子對待「天人」問題的圓融與通達。「不怨天」是說，本於「人道」之事，應竭盡人事而已，自當與「天」無關，用孟子的話來說，就是「有性焉，君子不謂命也」；「不尤人」說，本於「天道」之事，固應「聽天命」以「順受其正」而已，自當與「人」無關，用孟子的話來說，就是「有命焉，君子不謂性也（《孟子‧盡心下》）」。這種

〔註78〕劉寶楠：《論語正義》（上），第 236 頁。

〔註79〕傅斯年：《性命古訓辯證》，第 121 頁。

〔註80〕注：在孔子看來，政事實乃正事也。這從孔子說的「政者，正也。子帥以正，孰敢不正？（《論語‧顏淵》）」和「苟正其身矣，於從政乎何有？不能正其身，如正人何？（論語‧子路）」中均可證之。

〔註81〕傅斯年：《性命古訓辯證》，第 123 頁。

酷似「不怨天」與「不尤人」的「天人二分」格局，孔子卻又能在心性上圓
融其「天人二分」的格局於一種無礙之境的「不怨天，不尤人」的身心和諧
之中──即「天人合一」也。孔子這種能通達「天人有分」與「天人合一」
的身心和諧，有人很容易將其歸諸孔子本身的矛盾，並認爲這種矛盾實來自
孔子的「天道」觀，如前傅斯年先生考察所述，孔子在「天道」觀上乃是一
個綜合了春秋時代之矛盾的集大成者。然而，若僅僅專注著孔子在天道觀上
的這重矛盾的話，這還僅是一種表象性的把握，更深層次的把握則是，我們
還應該在心性上做到消解這種矛盾，或在邏輯上超拔出這重矛盾，眞正地做
到像孔子那樣能夠圓融「天人有分」與「天人合一」於一己之身的那種「不
怨天，不尤人」的身心和諧之境。這種能從邏輯上超拔出這重矛盾的，就是
龐先生發現的那種「一分爲三」的邏輯；而那種能夠從心性上消解這種「天
人有分」與「天人合一」之矛盾的，莫過於龐先生揭示的那種「天人非一非
二，亦一亦二」的「心性之天」。在孔子看來，只要能在心性上達到一種「不
怨天，不尤人」的「天人非一非二，亦一亦二」的身心和諧的話，就能夠在
應世上做到「下學而上達」。這裏的「下學」即「人道」六藝之類也，或郭店
儒簡《五行》篇那種仁義禮智「四行和謂之善」的「爲善」之學也，「善，人
道也」；「上達」即「天道」「天命」也，或郭店儒簡《五行》篇那種「形於內」
的仁義禮智聖之「德之行五和謂之德」的「爲德」之學也，「德，天道也」。
郭店儒簡《五行》篇還說：「唯有德者，然後能金聲而玉振之」（簡20），其說
的「有德者」即孔子所謂的那個能「不怨天，不尤人」的「知我者其天乎」
的聖者，其說的「金聲而玉振之」，即孔子所言的「下學而上達」也，如《五
行》篇亦說：「金聲而玉振之，有德者也。金聲，善也。玉音，聖也。善，人
道也。德，天【道】【也】。唯有德者，然後能金聲而玉振之。（簡 19～20）」
孔子這種「下學而上達」的必然之則，除了上述這種「天人」之學外，還體
現其核心範疇的「仁」之特性上。如前引牟宗三先生之言，無論是孔子的「仁」
也好，還是孟子的「性」也罷，它們都「一定和天相通的，一定通而爲一，
這個仁和性是封不住的。」〔註82〕

〔註82〕牟宗三：《中國哲學十九講》，第 73 頁。

第二章　內聖篇

　　本篇旨在探討儒家關於道德修養的一系列理論，其主要內容涉及到了早期儒家關於「成聖」問題的「聖」德觀、以郭店儒簡為代表的貴「情」說、孔子「與命與仁」的君子修養論和以狂狷精神為君子特質的「中行」氣象，最後將附帶探究關於傳統士大夫氣節修養的核心 —— 即廉恥觀。

　　關於早期儒家的「聖」德，主要是從郭店儒簡「聖」「智」並舉的角度來討論早期儒家關於「聖」的特質。並重點沿襲著從孔子的「從心所欲而不逾矩」到郭店儒簡的「聖之思也輕」，再到《孟子》、《中庸》裏那種「不勉而中，不思而得，從容中道」的「誠者」這樣一種早期儒家「聖」道之衍變的內在理路。

　　關於郭店儒簡為代表的貴「情」說，主要是以揭示郭店儒簡《性自命出》篇的「道始於情」命題來解讀早期原始儒家關於心性思想的一大特色。通過將郭店儒簡「情與文相對待為義」與孔子「文質彬彬」的對照式考察，可以揭示出：《性自命出》篇的「情」，實際上源自於孔子「尚質」的傳統，是孔子「仁」學中側重於人心內在真性情的流露。

　　關於孔子「與命與仁」的君子修養說，重點旨在詮釋儒家君子人格構成所蘊涵的「與仁」「與命」之二維結構：「與仁」是維繫儒家君子人格之「安身」的內在價值取向，即「仁者安仁」；「知命」則是陶鑄其君子人格的一種外在認同，即「樂天知命故不憂」。也正是這個「與仁」和「與命」的恰當結合，開出了儒家君子所據以安身立命的「常樂我淨」，即「君子無入而不自得焉」。

關於狂狷精神與中行氣象，主要是通過對《論語‧子路》「不得中行」章的解讀，來重點剖析歷代學者對孔子關於「狂」「狷」精神氣質的誤讀；並同時指出說，對此「狂」「狷」精神氣質的恰當解讀，還是真正洞悉孔子「中行」乃至整個儒家「中道」思想的一把關鍵鑰匙。

關於傳統士大夫氣節修養的廉恥觀，文章主要是從「內聖」與「外王」的慣性思維入手，全方位分析了作為古代官德的「廉」：它不僅包含了傳統士大夫自我修身的內在德性——即「廉恥，士君子之大節也」，還有其國家治理上的事功作用——即「廉者，政之本也」。這種集「內聖」修養與「外王」事功的統一，才是對古代士大夫「廉」德的完整把握。

一、聖思也輕：早期儒家的「聖」德觀

郭店儒簡在論及五種「形於內」的「德之行」時指的是「仁義禮智聖」之「五德」。這不僅有別於孟子那種「父子有親，君臣有義，夫婦有別，長幼有敘，朋友有信」（《孟子‧滕文公上》）的「五倫」說，也有別於後來漢儒提倡「仁義禮智信」的「五常」說。在這「仁義禮智聖」到「仁義禮智信」的「五德」轉化中，作為重要德目的「聖」，究竟有何具體的內涵？它為何又在後來的德目衍變中被「信」德所置換了呢？要解答這些中國歷史文化上的謎團，我們必須對這個作為儒家早期之重要德目的「聖」有一個完全、徹底的瞭解才行。

（一）

今之「聖」的繁體作「聖」，其「聖」之原形從耳從口，作「耵」。在字源學上，此「聖」字與「聲」（「聲」）「聽」（「聽」）二字相通。《風俗通》說：「聖者，聲也。」段玉裁《說文》注曰：「聲、聖字古相假借。」郭沫若《兩周金文辭大系》說：「『耵』，古『聖』字，亦即古『聲』字，從『口』『耳』會意。」黃侃《說文通箋》則說：「聽疑與聖同。」這是以「聽」訓「聖」。另見鄒曉麗著《基礎漢字形義釋源》中說：「從造字之初看，以耳就口的說法更符合歷史情況。是『聽』的初文，從語言學角度看，聖應是由聽派生出來的一個詞。本義接近於『聰』，聰明人（見裘《要》132 頁）」〔註 1〕。龐樸先生

〔註 1〕鄒曉麗：《基礎漢字形義釋源——〈說文〉部首今讀本義》（修訂本），北京：

亦專就「聖」之字形與「聲」「聽」二字的相通關係做過如下辨析，他說：

按「聖」字，從字形上看，無非是出於口而入於耳的意思，著
重其「出於口」的方面，便是「聲」，著重其「入於耳」的方面，則
是「聽」。聽與聲，一個是主觀，一個是客觀；一個是能，一個是所。
有聲而無聽則不知其為聲，有聽而無聲亦不成其為聽，二者相依而
不可分離；造字之初用一個符號來表示這同一關係中的兩種意思，
在行文中並不致引起多大誤會，而又顯示了兩種意思的實在關係，
倒是很有見地的。〔註2〕

不過，龐先生又特別強調說，聖雖也是一種聽，卻又不同於一般人普通意義
上的聽：「普通的聽覺只能聞聲知聲、聞末知末，而聖卻表現在『聞聲知情』
（《風俗通》）、『聞其末而達其本』（《韓詩外傳》卷5）。」〔註3〕據文獻記載，
儒家的孔子就具備這種「聞聲知情」的能力，如《韓詩外傳》（卷5）載孔子
是「操文王之聲，知文王之為人」，帛書《五行篇》亦有「孔子之聞輕者之擊
而得夏之盧」之語。因此，根據這個不同於一般的「聞聲知情」、「聞其末而
達其本」的聽，我們可以說，「聖」首先是指人在「聽」的方面有著非常的能
力，即所謂「聖者聞志（之）耳而知其所以為物者」（帛書《五行篇》）。據《說
文》的「聖，通也。」我們也可以說，聖的這種非常之聽，就是「通」。另據
王侃《說文箋識》中說：「聖：聖同徹。或同聽。」〔註4〕對這個「徹」字，
據《說文・攴部》說：「徹，通也。」又按劉寶楠《論語正義》釋《論語・雍
也》「如有博施於民而能濟眾」章的「聖」時，也專就《說文》的「聖」「通」
互訓有過一番這樣的發揮：

「聖」訓「通」，並見《說文》，為最初之誼。通之為言無疑滯
也，無阻礙也。是故通乎天地、陰陽、剛柔之道，而後可以事天察
地；通乎人仁義之道，而後可以成己以成物。若我於理義有未能明
曉，我於人有未能格被，是即我之疑滯阻礙，而有所不通矣。如此
者，以之自治，則行事乖戾；以之治人，則多所拂逆。桀、紂、盜
跖之行，無惡不作，然推究其失，只是不通已極耳。是故天地交為

中華書局，2007年，第39頁。
〔註2〕龐樸：《儒家辯證法研究》，《龐樸文集》（第一卷），濟南：山東大學出版社，
　　　　2005年，第487頁。
〔註3〕同前，同頁。
〔註4〕王侃：《說文箋識》，北京：中華書局，2006年，第82頁。

泰，天地不交爲否。泰者，通也，治象也。否者，不通也，亂象也。
通與不通，天下之治亂繫之。博施濟眾，無一人不遂其欲，以我性
情通於人，並使人無乎不通，故夫子以爲聖，以爲堯舜猶病。聖、
仁本用原同，故己達達人，達亦爲通，特聖爲成德之名。仁則尚在
推及時言，仁道大成，方可稱聖。〔註5〕

據劉寶楠的理解，「聖」，除了具備「通」的能力之外，還必須達「仁」，所謂
的「仁道大成，方可稱聖」。到這裏，「聖」又多了另外一種內涵，那就是「成
德之名」之謂「聖」。而這種「成德之名」的「聖」是離不開孔子的「仁」。
所謂的「仁」，在孔子那裏，即「夫仁者，己欲立而立人，己欲達而達人」（《論
語・雍也》）。在孔子思想中，這種「仁道大成」的「聖」，可不是一朝一夕所
能促就的，而是一種直達「死而後已」的終身大業，借用其弟子曾子的話來
說，就是「士不可以不弘毅，任重而道遠。仁以爲己任，不亦重乎？死而後
已，不亦遠乎？（《論語・泰伯》）」

至此，我們對儒家的「聖」大致可做一番這樣的歸納說：「聖」首先是一
種「聞聲知情」的「通」的能力，是「智之事」；其次，它還同時又是一種「仁
道大成」的「德」，是「仁之事」。正是這種「智之事」與「仁之事」的恰當
結合，才能稱得上「聖」。而具備這種「聖」德的人，就是所謂的「聖人」。
如孔子說的「從心所欲而不逾矩」（《論語・爲政》）與孟子的「動容周旋中禮
者，盛德之至也」（《孟子・盡心下》），這皆是就儒家對於修養之最高境界的
「聖人」而言的。

（二）

關於「聖」乃「智」與「仁」的結合，在儒家文獻《孟子》一書中曾是
有過記載的：

昔者子貢問於孔子曰：「夫子聖矣乎？」孔子曰：「聖則吾不能，
我學不厭而教不倦也。」子貢曰：「學不厭，智也；教不倦，仁也。
仁且智，夫子既聖矣。」（《孟子・公孫丑上》）

其實，像子貢這種「仁且智」之謂「聖」的解讀，也是很符合「聖」字本身
所特有的「會意」式造字法原理的。如在繁體「聖」字上部是「耴」，其從左

〔註5〕劉寶楠：《論語正義》（上），北京：中華書局，1990年，第249頁。

的「耳」即「聞聲知情」的「聰」，用子貢之言，乃屬「學不厭」的「智」之事；其從右的「口」，即子貢所謂「教不倦」的「仁」之事。這種兼備了「學不厭」的「智」之事（「從耳」）與「教不倦」的「仁」之事（「從口」）的突出人物——即「壬」（tǐng）者就是所謂的「聖」了。此「聖」下部的「壬」字，在《說文》中有兩解，一曰「善也」，二曰「象物出地挺生也。」這種造字式的訓「聖」之法，在古文字學界也有類似的見解，如鄒曉麗在《基礎漢字形義釋源》中解「聖」字即說：

> 以耳就口，博學多聞的意思。或說聽得多且宣揚之（誨人不
> 倦）。字形從「壬」（tǐng）表示挺立突出。〔註6〕

基於此，我們可從「聖」之字形的演變上作這樣一番推論，這就是：今之「聖」的古字爲「耶」，其意與「聲」「聽」相通。其從耳的「聽」，即預示了後來「學不厭」的「智」之事；從口的「聲」，則預示了後來「教不倦」的「仁」之事。其字最初僅是用來表示一般人那種「聲」與「聽」的能力。後來，則爲了標誌這種高出於一般人那種「聲」與「聽」之能力的突出者（「壬」），才有了我們現在所能見到的這個底部加「壬」的「聖」字。對此，錢穆先生也說道：「聖字古人所指甚泛，自孔子後，儒家始尊聖人爲德之最高者。」〔註7〕不僅如此，爲了表示這種「聖」之「聲」與「聽」在能力上的差別，或者「聖」者所兼具之「仁且智」的高下水平，其「聖」之本身也就有了一番精神境界上的參差序列，如孟子所說「聖之清」、「聖之任」、「聖之和」與「聖之時」之分即屬一例，據《孟子·萬章下》載：

> 孟子曰：「伯夷，聖之清者也；伊尹，聖之任者也；柳下惠，
> 聖之和者也；孔子，聖之時者。」

在孟子看來，只有像孔子這樣的「聖之時者」，才可夠得上是「聖」的最高境界。這種「聖之時」，其實就是孔子所謂「無可無不可」之用時觀的體現，如《論語·微子》載：

> 逸民：伯夷、叔齊、虞仲、夷逸、硃張、柳下惠、少連。子曰：
> 「不降其志，不辱其身，伯夷、叔齊與！」謂「柳下惠、少連，降
> 志辱身矣。言中倫，行中慮，其斯而已矣。」謂「虞仲、夷逸，隱

〔註6〕鄒曉麗：《基礎漢字形義釋源——〈說文〉部首今讀本義》（修訂本），第39頁。

〔註7〕錢穆：《論語新解》，北京：三聯書店，2002年，第225頁。

居放言，身中清，廢中權。」「我則異於是，無可無不可。」

那麼，怎麼理解孔子這種「無可無不可」之「聖之時」的真正涵義呢？賅言之即是，該像伯夷那樣守「聖之清」時，就「清」；該像伊尹那樣行「聖之任」時，就「任」；該像柳下惠那樣做「聖之和」時，就「和」。一切皆因「時」而宜，這就是孔子的「聖之時」。在《論語》中，體現了孔子這種應時而宜的「聖之時」，則有如下語錄：

> 子曰：「君子之於天下也，無適也，無莫也，義與之比。」（《論語‧里仁》）

> 子曰：「甯武子，邦有道則智，邦無道則愚。其知可及也。其愚不可及也。」（《論語‧公冶長》）

> 子謂顏淵曰：「用之則行，舍之則藏，唯我與爾有是夫！」（《論語‧述而》）

> 子曰：「富而可求也，雖執鞭之士，吾亦為之。如不可求，從吾所好。」（《論語‧述而》）

> 子貢曰：「有美玉於斯，韞匵而藏諸？求善賈而沽諸？」子曰：「沽之哉！沽之哉！我待賈者也。」（《論語‧子罕》）

> 子曰：「直哉史魚！邦有道，如矢。邦無道，如矢。君子哉遽伯玉！邦有道，則仕。邦無道，則可卷而懷之。」（《論語‧衛靈公》）

到後來的孟子那裏，則對孔子這種「聖之時」又有了一番概括，那就「孔子之謂集大成。」其詳見《孟子‧萬章下》說：

> 孔子之謂集大成。集大成也者，金聲而玉振之也。金聲也者，始條理也；玉振之也者，終條理也。始條理者，智之事；終條理者，聖之事也。智，譬則巧也；聖，譬則力也。由射於百步之外也，其至，爾力也；其中，非爾力也。

孟子這個「孔子之謂集大成」的說法，實即《論語》中達巷黨人說的：「大哉孔子！博學而無所成名」（《論語‧子罕》）。孔子本人說的「志於道，據於德，依於仁，游於藝」（《論語‧述而》）也是這種「集大成」的明證。可是，孟子在論述「聖之時」這種「金聲而玉振之」的「集大成」時，其明顯的一個特點則是「智」「聖」並舉。其實，類似孟子這種「智」「聖」並立的做法，在郭店儒簡中已見諸端倪了。這在郭店儒簡《六德》和《五行篇》中均可見之：

何謂六德？聖、知也，仁、義也，忠、信也。聖與智就矣，仁與義就矣，忠與信就【矣】。(《六德》簡 1～2)

見而知之，智也。聞而知之，聖也。明明，智也。赫赫，聖也。「明明在下，赫赫在上」，此之謂也。(《五行》簡 25～26)

聖、知，禮樂之所由生也，五【行】【之】【所】【和】也。(《五行》簡 28～29)

在早期儒家文獻中，類似這種「聖」「智」並舉的現象，龐樸先生亦曾注意到了。在《儒家辯證法研究》一書中，龐先生曾指出說，聖與智，它們不僅是「儒學的兩個範疇」，而且還是「一對範疇，彼此相反相成」〔註8〕。儘管龐先生在論證這種發現時，引證的是《孟子》的「始條理者，智之事；終條理者，聖之事也。智，譬則巧也；聖，譬則力也」和儒家反對派《老子》的「絕聖棄智」之類的既成文獻，可據現今新出土的郭店儒簡文獻來看，卻又更具說服力地再次佐證了龐先生的這種看法。如《六德》篇提到的「聖與智就矣」，就明確顯示了「聖」「智」是「一對範疇」，而《五行》篇中的「明明，智也。赫赫，聖也。『明明在下，赫赫在上』」，則明確地展現了它們還是一對「相反」的範疇。關於「聖」「智」這種「相反」的範疇關係，還體現在二者具有的那種「思」──即「智之思」與「聖之思」之程度的反差上，如在《五行》篇中說：

仁之思也精，精則察，察則安，安則溫，溫則悅，悅則戚，戚則親，親則愛，愛則玉色，玉色則形，形則仁。

智之思也長，長則得，得則不忘，不忘則明，明則見賢人，見賢人則玉色，玉色則形，形則智。

聖之思也輕，輕則形，形則不忘，不忘則聰，聰則聞君子道，聞君子道則玉音，玉音則形，形則聖。(簡 12～16)

上述簡文中這種「智之思也長」與「聖之思也輕」的對應關係也是很顯而易見的，儘管這種「長」與「輕」的對應雖不甚工整，但據郭齊勇先生分析說，簡文中的「智之思」是與禮教有關，而「聖之思」則與樂教有關〔註9〕。而「禮」

〔註 8〕龐樸：儒家辯證法研究》，《龐樸文集》(第一卷)，第 486 頁。
〔註 9〕郭齊勇：《郭店楚簡身心觀發微》，《郭店楚簡國際學術研討會論文集》，武漢：湖北人民出版社，2000 年，第 205 頁。

與「樂」在早期儒家文獻中也常常是以一對範疇而出現的〔註10〕。當然，最能明確來論證這種「聖」「智」之對應且對立關係的當屬孟子，如前文孟子說「智」乃「始條理」、「聖」乃「終條理」就屬明證。此外，再從上述所引「仁」「智」「聖」三者並立的現象，我們不僅容易發現其中殘存的那種以子貢爲代表的「仁且智」之謂「聖」的做法，而且我們還不難找出，「仁」「智」「聖」三者的區分乃在於其本身所具的「思」之不同特徵上：即「仁之思也精」、「智之思也長」和「聖之思也輕」。像這種由「仁」→「智」→「聖」的序列，也是符合孔子「下學而上達」的進學之階的。在這裏，問題的關鍵是如何解讀「聖之思也輕，」尤其是該句中的「輕」字。

（三）

在郭店楚簡中的「輕」字共出現過三次，在《緇衣》篇「故上不可以褻刑而輕爵」（簡28）中「輕」字書寫爲「䡝」。在《五行》篇的「不聖，思不能輕」（簡11）中書寫爲「䡝」，在「聖之思也輕」（簡15）句中書寫是「䡝」。從書寫字形的相似性來看，三處當爲一字無疑，今之整理者皆釋爲「䡝」字。由於該「䡝」字在《說文》中無考，於今之傳世字書中亦無見，故其字義待考。今之釋爲「輕」字，乃整理者據帛書《五行》而借之。在帛書《五行》之「說」部云：「聖之思也輕。思也者，思天也；輕者尚矣。」此「尚」通「上」，其訓見於《廣雅·釋詁一》：「尚，上也」。故帛書《五行》「說」部方才有「輕者尚（上）矣」的解詁。從其「思也者，思天也」可知，「聖之思也輕」當然就含有「聖」者上達以思天的意思。這種解讀不僅是符合郭店儒簡《五行》篇「聖人知天道也」（簡26～27）之說，而且還與孔子的「君子上達」（《論語·憲問》）的價值取向不謀而合。在孔子那裏，所謂的「君子上達」就是要求於君子能上達於「天」或「天道」，即孔子自言的「五十而知天命，六十而耳順，七十而從心所欲不逾矩」（《論語·爲政》）是也。《論語》載孔子自述其一生的進階之學時，曾說：

> 子曰：「吾十有五而志於學，三十而立，四十而不惑，五十而知天命，六十而耳順，七十而從心所欲不逾矩。」（《論語·爲政》）

錢穆先生對孔子此番自述，曾作如此解讀說：「學者所能用力，亦在志學與立

〔註10〕注：其詳情可參見龐樸著《儒家辯證法研究》中關於「禮樂」部分的論述。

與不惑之三階程。至於知天命以上，則非力所及，不宜妄有希效」〔註11〕。其實，對於這種「聖」者「知天命以上」而「非學者所能用力」的思想，在儒家之對立面的道家學派老子那裏倒能找到某種依據，這就是老子所說的「為學」與「為道」之區別的那個「為學日益，為道日損」（老子·第48章）。由於「聖」之「思」的對象為「天」或「天道」，它是屬於「非學者所能用力」的「為道日損」的層面，故曰「聖之思也輕」。此處的「輕」作「輕鬆」解，也是說得過去的〔註12〕。像孔子所言的「從心所欲而不逾矩」，也可謂是對這種「聖之思也輕」的一種很好的注腳。對此，錢穆先生的解讀也是恰如其分的，如在《論語新解》釋「從心所欲不逾矩」時，錢先生即說：

> 聖人到此境界，一任己心所欲，可以縱己心之所至，不複檢點管束，而自無不合於規矩法度。此乃聖人內心自由之極致，與外界所當然之一切法度規矩自然相洽。學問至此境界，即己心，即道心，內外合一。〔註13〕

對這個「聖之思也輕」一句，龐樸先生在其《竹帛〈五行〉篇校注》中是援引了《禮記·中庸》所謂的「誠者，不勉而中，不思而得，從容中道，聖人也」來解讀的〔註14〕。確實，無論是《孟子》還是《中庸》，均是秉持了一種「誠者，天道也」的立場。學至於「誠」的境界即「聖人」時，就能做到「不勉而中，不思而得，從容中道」。因此，龐先生這種以《中庸》的「誠者」來解「聖之思也輕」的做法，不僅很恰當，還從另一個層面揭示了郭店儒簡的「聖」與後來孟子及《禮記·中庸》之學理衍變的內在脈絡。很明顯，從孔子的「從心所欲而不逾矩」到郭店儒簡的「聖之思也輕」，再到《孟子》、《中庸》裏那種「不勉而中，不思而得，從容中道」的「誠者」，其「聖」道之衍變的內在理路是清晰而明瞭的。

（四）

沿襲上述這種對「聖之思也輕」的闡釋，還有助於我們正確解讀傳世文

〔註11〕錢穆：《論語新解》，第29頁。

〔註12〕注：像這種把「聖之思也輕」的「輕」作「輕鬆」的觀點，另可參見孫開泰著《〈郭店楚墓竹簡·五行〉篇校釋》，載《簡帛研究》2001年（上冊），桂林：廣西師範大學出版社，2001年版，第141頁。

〔註13〕錢穆：《論語新解》，第29頁。

〔註14〕龐樸：《竹帛〈五行〉篇校注》，《龐樸文集》（第二卷），第122頁。

獻中的某些疑點。

一則文獻來自郭店儒簡《五行》篇的開頭：

> 五行：仁形於內謂之德之行，不形於內謂之行；義形於內謂之德之行，不形於內謂之行；禮形於內謂之德之行，不形於內謂之【行】；【智】形於內謂之德之行，不形於內謂之行；聖形於內謂之德之行，不形於內謂之德之行。（《五行》簡1～4）

對於上述文獻中最後一句「聖形於內謂之德之行，不形於內謂之德之行」本為楚簡原文，然而，整理者卻因其在句法格式上與前四句不同而斷定後句中「不形於內謂之德之行」的「德之」二字為衍文。〔註15〕而龐樸先生卻獨具慧心地認為，此最後的「德之」二字非衍文，其在格式上的不同表述，正說明了「聖」德與前面「仁義禮智」之四德的不同，龐先生的看法是：

> 蓋「聖」乃一種德行（héng），不是善行（xíng）；只能形於內，不能「不形於內」。縱或有眾不能形聖德於內，亦無損其為「德之行」；故曰「不形於內謂之德之行。」〔註16〕

> 不僅如此，龐先生還因此就簡本《五行》中這種聖德來補充帛書本中的相應缺失文字，認為帛書本中缺漏不全的聖德，也應做「聖形於內謂之德之行，不形於內謂之德之行。」

介乎上述二說之間，還有一種企圖調和二說的「騎牆派」則認為「兩個版本（指簡本《五行》與帛本《五行》。—— 筆者加。）不存在誰對誰錯的問題，文本的差異正反映了不同時代的儒者對聖德的不同理解。」〔註17〕

現在，倘若據上述「聖之思也輕」的解讀來權衡的話，龐先生的看法無疑是恰當的。〔註18〕至於那些疑「德之」二字為衍文的整理者，實在於「聖」

〔註15〕 參見荊門市博物館：《郭店楚墓竹簡》，北京：文物出版社，1998年，第151頁。李零本亦從此說。

〔註16〕 龐樸：《竹帛〈五行〉篇校注》，《龐樸文集》（第二卷），第119頁。

〔註17〕 陶磊：《思孟之間儒學與早期易學史新探》，天津：天津古籍出版社，2009年，第94頁。

〔註18〕 注：臺灣的謝君直先生對此也持有與龐樸先生同樣的看法。他說：「筆者不認為簡文《五行》『聖不形於內謂之德之行』的『德之』二字是衍文，理由是：首先，由於帛書本此書殘缺，只剩『之行』二字，在它們的前面是否沒有『之德』二字，並無法確定；再者，根據上文的分析，《五行》不只強調了仁義禮智聖形於內的重要性，而且還有『聖不形於內』依然是『德之行』的表述，此即意謂從人道到天道的連貫性，並由此呈現道德價值的整體性。」—— 見

德之義理上有其把握不精的疏漏。至於那種「騎牆派」的看法，則純屬臆斷之論。原因在於，只要稍微瀏覽過帛書《五行》原文的同仁皆知，帛書本《五行》中關於「聖」德之原文殘缺，其可辨之原文僅有「聖刑（形）於內……之行」的殘語。今之所見的帛書本釋文「聖形於內謂之德之行，不形於內謂之行」之語，乃是後來整理者據郭店簡本《五行》篇補綴出來的。

一則文獻來自於《孟子》，如《孟子·盡心下》說：

> 孟子曰：「口之於味也，目之於色也，耳之於聲也，鼻之於臭也，四肢之於安逸也，性也，有命焉，君子不謂性也。仁之於夫子也，義之於君臣也，禮之於賓主也，智之於賢者也，聖人之於天道也，命也，有性焉，君子不謂命也。」

上述這段文獻在句法上應是很齊整的，唯有「聖人之於天道也」一句在格式上與前文「仁之於夫子也，義之於君臣也，禮之於賓主也，智之於賢者也」在對仗上不甚工整。因此，歷史上曾有人質疑「聖人之於天道也」一句中或有衍文，如朱熹在《四書集注》中就說：「或曰『者』當做否，『人』衍字。」〔註19〕惜其語氣終究流於或然。至清人俞樾則公然肯定此「人」為衍字，在《群經平議》中，他說：「樾謹按《集注》曰：或云『人』衍字，其說是也。古人每以聖、知對言。老子曰：『絕聖棄智』，《國語·楚語》曰：『其知能上下比義，其聖能光遠宣明』。並其例也。此云：『知之於賢者，聖之於天道也』，猶《萬章》篇曰：『始條例者，知之事；終條例者，聖之事。』皆以聖、知對言。『聖』下不得有『人』字。後人妄加之耳。」〔註20〕依俞樾之說，《孟子》中此句原文實際上應是「聖之於天道也。」

龐樸先生從郭店儒簡《五行》篇首章中關於五種「德行」的論述出發，也同樣肯定了俞樾之說的合理性，對此，龐先生的理由是：

> 從文義來考究，孟子這句話，看來正應該做「聖之於天道也」。因為，聖與仁、義、禮、智一樣，原是一種德行，有淵博通達、聞聲知情等意思；……現在在《盡心下》中，它所率領的這句話同「仁」、「義」、「禮」、「智」所率領的四句話排比併列，自然也當用其德行

氏著《郭店楚簡儒家哲學研究》，〔臺北〕萬卷樓圖書股份有限公司，2008 年 8 月初版，第 63 頁。

〔註19〕朱熹：《四書章句集注》，北京：中華書局，1983 年，第 370 頁。

〔註20〕俞樾：《群經平議》，《春在堂全書》（第一冊），南京：鳳凰傳媒出版集團，2010 年，第 551～552 頁。

的意義，而非「聖人」無疑；「人」字顯係某個時候偶然羼進去的。
至於「聖之於天道也」何解，由聖如何連到天道，答案在前引的《五
行》首章中。〔註21〕

（五）

在正確解讀了上述相關儒家文獻之後，對於郭店儒簡的「聖」德，仍然
有些尚待澄清的疑惑。這就是：在郭店儒簡的「聖」德除了與上述所謂的「天
道」有關之外，它還另具有一重「人道」的解讀意義，這就是郭店儒簡《六
德》篇中的「聖也者，父德也」（簡 21）。那麼，對於這種作爲「父德」的
「聖」又該做何理解呢？

根據前文我們已探究的「仁且智」之謂「聖」的子貢式解讀，可知「聖」
德之核心主旨是「仁」與「智」的恰當結合，其中的「仁」以愛之，「智」
以明之。然而，就我們整體的人之「類」來說，能夠具備這種「仁」以愛之，
「智」以明之之資格的，只能是「天」，即所謂「天生百物，人爲貴」（《語
從一》簡 8）。不僅如此，「天」生「人」以「仁」，亦教「人」以「智」，此
即《尚書・泰誓》與《孟子・梁惠王下》中所說的「天降下民，作之君，作
之師，惟曰其助上帝寵之」。就人類之總體而言，是這樣的。可是具體到每
一個體的人來說，能夠充當這種「仁」以愛之，「智」以明之之任的，則非
「父」職莫屬。在《六德》中，能夠體現這種「父」職的「仁」以愛之且兼
「智」以明之之任的，即有如此簡文說：「既生畜之，又從而教誨之，謂之
聖。聖也者，父德也」（簡 20～21）。可見，對每一個體的人來行使這種「仁
且智」的「天」之任的，只有「父」職莫屬了。類似這種以「父德」配「天」
的思想，在儒家早期文獻中也很常見，茲引幾則如下：

> 乾，天也，故稱乎父；坤，地也，故稱乎母。（《易・說卦傳》）

> 曾子曰：「敢問聖人之德，無以加於孝乎？」子曰：「天地之性
> 人爲貴。人之行莫大於孝，孝莫大於嚴父，嚴父莫大於配天，則周
> 公其人也。」（《孝經・聖治章第九》）

既然「嚴父莫大於配天」，因此，對於人之子而言，事父亦如事天也。故《禮
記・喪服》直言曰：「父，至尊也。……父者，子之天也。」《禮記・哀公問》

〔註21〕龐樸：《竹帛〈五行〉篇與思孟「五行」說》，《龐樸文集》（第二卷），第 157
頁。

亦載孔子曰：「是故仁人之事親也如事天，事天如事親。」

　　其實，關於這種「父德」之謂「聖」的說法，亦同樣見諸儒家其它文獻之中，如《說苑·建本》中說：

　　　　天之所生，地之所養，莫貴乎人。人之道莫大乎父子之親，君臣之義。父道聖，子道仁，君道義，臣道忠。賢父之於子也，慈惠以生之，教誨以成之，養其誼，藏其偽，時其節，慎其思。子年七歲以上，父爲之擇明師，選良友，勿使見惡，少漸之以善，使之早化。

上述這裏不僅明確提出了與郭店儒簡《六德》篇中「聖也者，父德也」如出一轍的「父道聖」，而且，其說的「賢父之於子也，慈惠以生之，教誨以成之，養其誼，藏其偽，時其節，慎其思。子年七歲以上，父爲之擇明師，選良友，勿使見惡，少漸之以善，使之早化」諸語，還正可看做是對《六德》中「既生畜之，又從而教誨之，謂之聖。聖也者，父德也」之句的闡釋或注腳。

　　最後，再簡單地提及那個由「仁義禮智聖」到「仁義禮智信」的「五德」轉化中，作爲重要德目的「聖」爲何又被「信」所置換的歷史謎案。鑒於此問題前輩學人早已有過高論，而我之見解亦無出乎其右者，故略轉引其說如下，以作爲本篇之結語：

　　　　且說仁義禮智聖這五行，在後來的發展中發生了一些變化。首先是「聖」德，慢慢有了神聖的意義，飛升而去。剩下的空缺，由「信」來補足。這大概是漢初的事。本來在戰國時代，縱橫捭闔，「信」並不大被重視，例如孟子便說過：「大人者，言不必信，行不必果，惟義所在。」（《孟子·離婁下》）漢代大一統以後，情況方有所不同。

〔註22〕

二、道始於情：郭店儒簡的貴「情」說

　　郭店竹簡儒家文獻涉及的心性思想主要體現在《性自命出》篇，最能代表該篇心性說的哲學命題是：「道始於情，情生於性。性自命出，命自天降」（《性自命出》簡3）。在這個由「天→命→性→情→道」的邏輯結構中，「情」

〔註22〕龐樸：《另有一種五行——漫談郭店楚簡之四》，《龐樸文集》（第二卷），第96頁。

只是其理論鏈條中的一個環節而已，並且從發生學而言，又是「情生於性」，而「性」又是什麼呢？「喜怒哀悲之氣，性也」（簡2）。因此，援引荀子的話，似乎可以說「性之好惡喜怒哀樂謂之情」（《荀子・正名》）。然而，在《性自命出》篇卻另有「好惡，性也」（簡4）的簡文，顯然，這又與荀子把「性之好惡喜怒哀樂謂之情」的觀點迥然有別。那麼，我們究竟該如何領會《性自命出》篇所講的「情」呢？對於該篇所提出的「道始於情」命題又應作何解讀呢？正確把握這一命題，對於我們瞭解整個先秦儒家的「情」論有何思想意義呢？現將分別析之如下。

（一）

關於《性自命出》篇的「情」字，一些學界同仁曾做過細緻的分析式考察。如郭沂先生認為，「道始於情」一語只有結合《中庸・天命》章的「中」論，才能得到更深切的理解。他說：

> 《天命》是這樣說的：「喜怒哀樂之未發，謂之中；發而皆中節，謂之和。……和也者，天下之達道也。」據此看，《性自命出》的「情」，即為《天命》的已發之「喜怒哀樂」。而已發之「情」，當有「中節」和不「中節」的區別，只有「發而皆中節」之「情」，才可「謂之和」，從而謂之「道」。〔註23〕

郭沂先生這種援引《中庸・天命》篇的「喜怒哀樂」之「已發」且「皆中節」來釋《性自命出》篇的「情」，這已明顯地帶有了一種強後者（《性自命出》）以從前者（《中庸》）的意味。其實，《性自命出》篇的「情」僅是強調了那種「喜怒哀樂」之「已發」而無關乎「中節」與否的。而且，正是因為有了這種不「中節」之「已發」的「情」，才使「禮」的節製成為必要。這就是所謂的「禮作於情」（《性自命出》簡18～19）。

類似於這種以「喜怒哀樂」之「已發」來釋「情」的觀點還見諸龐樸和陳來兩位先生。如龐先生說：「氣（指《性自命出》中「喜怒哀悲之氣」或《逸周書・官人》中「民有五氣」——筆者注）誠於中，形發於外，性和情，只有未發已發的差別」。〔註24〕陳來先生亦說：「《性自命出》這一段材料表達的

〔註23〕 郭沂：《思孟心性論及相關問題》，載《儒家思孟學派論集》，濟南：齊魯書社，2008年版，第252頁。

〔註24〕 龐樸：《孔孟之間——郭店楚簡中的儒家心性說》，《龐樸文集》第二卷，濟

哲學立場是『以氣說性』，認為性是人的喜怒哀悲之氣，但作為性的喜怒哀悲之氣是『內』而不『見於外』，見於外者應屬情。內外之分表示性情之分。」〔註25〕其實，若僅僅著眼於這種「情」「性」界限之分的層面來強調這種氣之「已發」與「未發」的區別，這種劃分有時確實也是必要的。然而，若就「情」之本身這種自內向外的本然流露過程——即「情動」來說，則又是無關乎那種「已發」與「未發」的截然劃分，而是「設內外皆得」的。如《性自命出》下篇中即有這樣的語句：「苟有其情，雖未之為，斯人信之矣。未言而信，有美情者也。（簡51）」顯然，這裏所講的「情」當屬「未發」。關於「情」無關乎「已發」「未發」的區分，我們還可從郭店儒簡《六德》篇中找到確證，如《六德》有言：「君子言信言爾，言誠言爾，設內外皆得也。（簡36～37）」這裏把「信」與「誠」並列而言，均是「設內外皆得」的，根據「信，情之方（《性自命出》簡40）」〔註26〕或《禮記·表記》中的「信近情」來看，這個「情」也是「設內外皆得的。」由此可知，那種作為「性」的「喜怒哀樂之氣」一旦誠於中，則必定會形於外而為「情」的。據此還可推知，後來孟子的「形色，天性也（《孟子·盡心下》）」與「有諸內，必形諸外（《孟子·告子下》）」的這種「身心合一」觀念可能亦正來源於此。關於這一點，我們不僅可從上博簡「詩」論的那種「樂無隱情」（《孔子詩論》簡1）說來佐證之，而且從郭簡儒簡《性自命出》篇來看，作為「喜怒哀樂」之「性」的那種「氣」還必然會以這樣或那樣的方式展現出來，「凡性，或動之，或逆之，或交之，或厲之，或絀之，或養之，或長之。（《性自命出》簡9～10）」因此，單就「情動」這種自內向外之生發的流露過程而言，其「形發於外」的「已發」是「情」，而那種「氣誠於內」的「未發」也應是「情」，所謂的「未言而信，有美情者也」即是，曾子的「正顏色，斯近信矣」（《論語·泰伯》）亦是。

對於郭店儒簡的「情」，學界還有另外一種「情」「欲」不分的看法，故而在「性」與「情」的關係上，持一種「性之欲，情也」的觀點。〔註27〕其實，

南：山東大學出版社，2005年版，第23頁。

〔註25〕陳來：《郭店楚簡〈性自命出〉與儒學人性論》，《竹帛〈五行〉與簡帛研究》，北京：生活·讀書·新知三聯書店，第80頁。

〔註26〕類似這種「信」「情」並列的情況，在孔子《論語》中即有「上好信，則民莫敢不用情」（《論語·子路》）的表述。

〔註27〕《禮記·樂記》言：「人生而靜，天之性也；感物而動，性之欲也。」有學者認為，此處「性之欲」之「欲」即「情」。——文見陳立《白虎通疏證》之《性情》中「六情也，何謂也」之注曰：「性之欲，情也。」

這種以「欲」釋「情」的觀點多半是承襲了漢代以來那種已受過「陰陽」學說影響的春秋公羊學的思維方式。這可從許慎《說文解字》裏關於「情」「性」二字的解釋中窺探出來。在《說文・心部》裏，許慎對「性」「情」二字是並列而解的，如解「性」是「性，人之陽氣，性善者也」；解「情」則是「情，人之陰氣，有欲者也。」很明顯，這種把「性」與「情」並列而論的做法，與郭店儒簡《性自命出》中「情生於性（簡3）」或「情出於性（簡40）」的說法不符。儘管，郭店儒簡亦有「欲生於性（《語叢二》簡10）」的說法，但只能說明：「欲」乃是「情」的一種，而並不意味著，「情」和「欲」是一回事。而且，郭店儒簡中雖然亦有以「氣」論「性」的說法，如「喜怒哀悲之氣，性也」，但並未出現類似於《說文》中那種以「氣」論「情」的表述。其實，對於這種「情」「欲」不分的觀點，湯一介先生曾做過這樣一番辨析，他說：

> 故對「情」「欲」之意義不可不辨。我看，「情」和「欲」實應有所分別。照先秦儒家看，「情」與「欲」雖均由「性」感物而動而生，喜怒哀樂等雖見之於外，但並不包含佔有的意思；而「欲」則包含著佔有的意思。但在先秦典籍中，對「情」和「欲」並未做明確之分疏，無論「情」或「欲」本身都不能說是善是惡，都要看它們是否合「理」。〔註28〕

綜合上述關於「情」的相關考察，不難得出這樣一個基本共識，那就是：當前學界對於郭店儒簡之「情」的探究往往多著眼於「愛、欲、智、慈、惡、喜、慍、懼」等心理呈現的層面，並同時認為，這種發自於人之內在「性之氣」的諸多心理活動具有無善無惡的「非道德」自然屬性。不可否認，郭店儒簡《性自命出》篇的「情」確實是包含了這樣一種「非道德」的心理活動特質，然而，郭店儒簡的「情」還有另外一層更為關鍵的含義卻一直未能引起我們廣大學者的關注——這就是在先秦儒家文獻中那種作為與「文」相對待的「情」。甚至可以說，正確審視這種與「文」相對待的「情」，才是真正解構先秦儒家「情」論的根本密鑰。

（二）

關於「情」「文」相對待的表述，在郭店儒簡中有兩處簡文：

〔註28〕湯一介：《論「道始於情」》，《我的哲學之路》，北京：新華出版社，2006年版，第114頁。

　　禮，因人之情而爲之節文者也。(《語叢一》簡 31、97)

　　文依物以情行之者，或由其闢，或由其不盡，或由其可。(《語
　叢三》簡 44、42、43)

這第一處簡文另見於傳世文獻《禮記·坊記》中，原文是：「禮者，因人之情
而爲之節文者，以爲民坊者也」。而且，《禮記》中還不乏這種「文」「情」相
對待出現的語句，如《表記》曰：

　　其君子尊仁畏義，恥費輕實，忠而不犯，義而順，文而靜，寬
　而有辨。

　　上文中的「文而靜」一句，鄭玄注：「靜，或爲情」。王引之也說：「情，
正字也。靜，借字也。文而情者，外有文章而內誠實也。情與文相對待爲義。」
爲了證明這種「情與文相對待爲義」的結論，王氏還援引了《禮記》與《荀
子》的其他相關例句來印證，他說：

　　下文曰：「知禮樂之情者能作，識禮樂之文者能述。」又曰：「情
　深而文明。」《荀子·禮論》篇曰：「至備，情文俱盡；其次，情文
　代勝。」又曰：「三年之喪稱情而立文。」又曰：「得之則治，失之
　則亂，文之至也；得之則安，失之則危，情之至也。」此云：「樂由
　中出故情，禮自外作故文。」皆以情文相對待爲義也。〔註29〕

然而，儘管王氏能夠揭示這種「情與文相對待爲義」的發現，卻仍然無助於
我們從義理上來把握「情」字的實質性內涵。爲此，我們還必須借助先秦儒
家的其他文獻來「以經解經」。

　　在《論語》中，「情」字僅出現兩處，一處是「上好信，則民莫敢不用情」
(《論語·子路》)，另一處是「曾子曰：『上失其道，民散久矣。如得其情，
則哀矜而勿喜』(《論語·子張》)」。前一句的「信」「情」並列，可釋《性自
命出》篇的「信，情之方也」和《禮記·表記》中的「信近情」、「情可信」
之語。後一句的「情」字則與《大學》篇的「無情者不能盡其辭」同，據《禮
記》鄭玄注：「情，猶實也」。可是，我們若轉而對《論語》中的「文」進行
考察的話，則又會發現，在《論語》中的「文」字也有一個與之相對待的詞
偶而出現過，只不過，這個與「文」相對待的詞不是「情」而是「質」。茲引
兩處文獻以證之：

─────────────────
〔註29〕王引之：《經義述聞》卷十五，南京：江蘇古籍出版社，2000 年版，第 366
　　　頁。

　　　　子曰：「質勝文則野，文勝質則史。文質彬彬，然後君子。」（《論語・雍也》）

　　　　棘子成曰：「君子質而已矣，何以文爲？」子貢曰：「惜乎！夫子之説君子也，駟不及舌。文猶質也，質猶文也。虎豹之鞟，猶犬羊之鞟。」（《論語・顏淵》）

結合《論語》中這種「質」與「文」的「相對待爲義」，再來反觀包括郭店儒簡在內的先秦其他儒家文獻中那種「情」「文」相對待爲義的表述方式，我們不難發現，以郭店儒簡爲代表的這種先秦儒家所注重的「情」實際上源自於孔子尚「質」的傳統。

　　關於孔子尚「質」的傾向，在《論語》、《禮記》、《孔子家語》及《孔叢子》中均有記載。最典型的記載則是在《孔子家語》中：

　　　　孔子常自筮其卦，得賁焉，愀然有不平之狀。子張進曰：「師聞卜得賁卦，吉也。而夫子之色有不平，何也？」孔子對曰：「以其離耶。在《周易》，山下有火謂之賁，離下艮上，離爲火，艮爲山。非正色之卦也。夫質，黑白宜正。今得賁，非吾兆也。賁，飾。吾聞丹漆不文，白玉不雕，何也？質有餘，不受飾故也。」（《孔子家語・好生第十》）（文中小字爲魏時王肅所注。）

孔子自筮得「賁」卦而不悅，以其卦主「飾」，視其「非正色之卦也」、「非吾兆也」。其尚「質」之深意昭然已揭了。在《論語》中最能體現孔子這種尚「質」傾向的則是有關「先進」與「後進」的語錄：「子曰：先進於禮樂，野人也。後進於禮樂，君子也。如用之，則吾從先進。（《論語・先進》）」孔子之所以「從先進」之「野人」而「用之」，其根本則在於「野人」貴「質」尚「樸」。

　　若再按照孔子思想中那種「仁」「禮」並舉的做法來詮釋「文」與「質」的話，孔子所尚的「質」是屬於「仁」的層面，這種「仁」乃是發自於人之內心本能的一種眞性情的流露——即孔子所謂的「質直」〔註30〕；而孔子所講究的「文」則屬於「禮」（含「樂」）層面，這種「禮」是必須要與人之內心眞性情的「仁」相契合，所謂的「人而不仁如禮何？人而不仁如樂何？（《論語・八佾》）」，否則，這種「禮」就很容易淪爲一種「虛文」。由此可見，孔子的「禮」既有其注重內心之質的「仁」的一面，又有其崇尚外物之飾的「文」

───────────────────

〔註30〕　《論語・顏淵》載孔子言曰：「夫達也者，質直而好義，察言而觀色，慮以下人。在邦必達，在家必達。」

的一面。然而，孔子的「禮」還有一個最根本的特性就是：代表著那種「禮」
的外物之「飾」的「文」，它必須要與源自於人內心之實的「質」——即「仁」
相一致，這才是所謂的「文質彬彬」。而《論語》中子貢所論的「質猶文也，
文猶質也」，也正是著眼於這個「文質彬彬」的層面來說的。關於孔子論「禮」
的這一層涵義，我們還可從《論語》中「林放問禮之本」的語錄中揣度出來：

　　　林放問禮之本。子曰：「大哉問！禮，與其奢也寧儉。喪，與
　　其易也寧戚。」（《論語・八佾》）

錢穆先生在釋讀這則《論語》時，特有如下一番按語，他說：「禮有內心，有
外物，有文有質。內心為質為本，外物為文為末。林放殆鑒於世之為禮者，
竟務虛文，滅實質，故問禮之本。然禮貴得中，本末兼盡」〔註 31〕。此處，
錢先生所解讀的「禮貴得中，本末兼盡」，就是孔子告誡君子習「禮」時要做
到「文質彬彬」。這種「文質彬彬」的「禮」乃是根源於人內心之實的「質」
——即「仁」之真性情的流露。這種來自於人內心之「仁」的真性情流露，
實即《性自命出》中的「情」。所以，從這個意義上說，郭店儒簡中又有「禮
生於情（《語叢二》簡 1）」的論斷，也只有在這個意義上，才能更好地理解這
個「因人之情而為之節文」的「禮」。這裏的「因人之情」，就是要求「禮」
既要符合作為人內心之「仁」的這種「質直」（真性情的流露）——即「因人
之情」也；同時，又要求作為「禮」的外物之飾的那種「文」，也能保持一種
「文不勝質」「質不勝文」的「得中」——即「文質彬彬」的「節文」！只有
領會了這個「節文」以合於「質」之後的那個「情」，才能真正地把握這種「文
質彬彬」的「得中」，也才能正確地理解「文猶質也，質猶文也」和「文而靜
（情）」的涵義。這種作為人心內在之「質」——即「仁」之真實流露的「情」
又同時兼蓄了「實」的涵義，即前文鄭玄《禮記・大學》注的「情，猶實也」。
《大學》中的「無情者不能盡其辭」，這裏的「無情者」就是「無實者」，就
是指這個人在說話時無內在之「質」、無內心之「仁」的真實流露。說白了，
這就是郭店儒簡中常出現的那個「從為從心」的「𢝊」，釋文作「憍」，即「僞」
也。「情」乃內心之「仁」的真實流露，故不能有「僞」，「凡人僞為可惡也（《性
自命出》簡 48）」。人若有「僞」，「察其見者，情焉失哉？（《性自命出》簡
38）」故孔子說：「無情者不能盡其辭也」。

〔註31〕錢穆：《論語新解》，北京：生活・讀書・新知三聯書店，2002 年版，第 55～
56 頁。

　　至此，綜合上述之考察，我們不妨可以進行這樣一番歸納，這就是：郭店儒簡以《性自命出》篇爲代表的重「情」說，其與孔子之一貫尚「質」的傳統是一脈相承的。〔註32〕它是人之所以爲人的那個內在之「仁」的一種近乎本能的眞實流露，換言之，它是一種發自於人之內心本能的率眞之「性」。這種率眞之「性」的眞「情」流露，也就是《中庸》所謂的「率性」。「『率性之謂道』，後來《中庸》開篇的這第二句話，大概是應該以楚簡的思想來解釋，方才可以捉住要領的。」〔註33〕由此可見《性自命出》篇的重「情」說對《中庸》「率性之謂道」的直接影響。由於這種「情」實乃直指人心內在之「仁」的一種切乎本能的眞實流露，故而它既是「設內外皆得」而無關乎內外之別的，又是無善惡之分而屬於非道德領域的一種「苟爲其情，雖過不惡（《性自命出》簡50）」的自然情論。

（三）

　　領會了《性自命出》篇這種儒家的至「情」論，還有助於我們來正確地解讀先秦儒家文獻的諸多困惑。一個典型例子就是在《論語‧子路》篇由孔子提出的那個以「父爲子隱，子爲父隱」爲內涵的「親親相隱」原則的「直」。在孔子看來，父子之間有著血緣上的天然紐帶關係，「父慈子孝」的「親親」之仁愛也應是本乎天性天成的，故而《語叢三》才有「父無惡」（簡1）的說法。因此，任何對這種「親親」之天性的破壞肯定不是儒家「仁愛」之本然要求的「直」，而是一種矯「情」的掩飾，也就是郭店儒簡中頻頻出現的那個「憍」了。類似於這種「苟以其情，雖過不惡」的情形在《孟子》中也多有記載。茲以例舉如下：

　　　　1、問曰：「周公何人也？」

<hr>

〔註32〕關於「情」與孔子之「仁」的這層關係另可參見港臺新儒家唐君毅著《中國哲學原論‧原道篇》。在該著中，唐先生說：「孔子此答仲弓問仁，而以『出門如見大賓，使民如承大祭』爲言；則是謂仁之見於政，必表現爲對人民有一至禮極敬之情。」（唐君毅：《中國哲學原論‧原道篇》卷1，香港新亞書院研究所1973年版，第94頁。）據此亦有學者認爲，唐先生的這種詮釋是「強調情方爲仁的實質」或「情爲仁的實質，不由禮的制約而生」。（吳啓超：《論唐君毅先生對「克己復禮爲仁」的詮釋》，載《人文論叢》，馮天瑜主編，武漢大學出版社2007年版，第389頁。）

〔註33〕龐樸：《孔孟之間——郭店楚簡中的儒家心性說》，《龐樸文集》第二卷，第23頁。

曰：「古聖人也。」

曰：「使管叔監殷，管叔以殷畔也，有諸？」

曰：「然。」

曰：「周公知其將畔而使之與？」

曰：「不知也。」

「然則聖人且有過與？」

曰：「周公，弟也；管叔，兄也。周公之過，不亦宜乎？」（《孟子·公孫丑下》）

2、萬章曰：「舜流共工於幽州，放驩兜於崇山，殺三苗於三危，殛鯀於羽山，四罪而天下咸伏，誅不仁也。象至不仁，封之有庳。有庳之人奚罪焉？仁人固如是乎——在他人則誅之，在弟則封之？」

曰：「仁人於弟也，不藏怒焉，不宿怨焉，親愛之而已矣。親之，欲其貴也；愛之，欲其富也。封之有庳，富貴之也。身爲天子，弟爲匹夫，可謂親愛之乎？」（《孟子·萬章上》）

顯然，在孟子看來，周公使兄管叔監殷，舜封弟象於有庳，皆是出於兄弟間的「親親」之「悌」，是「情」之所至的「質直」，故「雖過不惡」矣。同樣，在《孟子·盡心上》中虛擬出來的那種舜父瞽瞍殺人，舜棄天下而助父出逃的「爲父絕君」之例，亦符合這種「凡人情爲可悅也」的當然之「情」。由此，甚至可以推論說，《性自命出》篇的這種重「情」論，幾乎到了可以說是「情者，人也」的程度。以至於在孔子主張禁絕的「鄭聲」之「樂」（「放鄭聲」），也因爲其「入撥人之心也夠」的任「情」之極而到了令人「非其聲而從之」（《性自命出》簡 27）的地步。這樣也就出現了另外一種「情文代勝」的「失衡」局面——即這種發自於人心本能之眞實流露的「情」與其形於外而飾的「文」之間往往難以「得中」，如孔子的「鄭聲淫」就是一例，在這時，就需要「禮」的節制了。這種「禮」的功能就是以「文」節「情」，所謂的「禮，因人之情而爲之節文也」。正是爲了防範這種縱「情」已過的「淫」，「禮」的節制才成爲一種必要，所以，郭店儒簡《性自命出》篇又有「禮作於情」（簡 18）說，《語叢二》中還有「禮生於情」（簡 1）的名言。在某種特定的語境下，甚至也可以說，這種「禮作於情」或「禮生於情」實屬「道始於情」的另一種說

法而已。對此，上博楚簡《性情論》篇的整理者也持如是觀，茲引之如下：

> 「道始於情，情生於性」（第二簡）與《郭店楚墓竹簡·語叢二》「情生於性，禮生於情」句相類，「道始於情」對應「禮生於情」，可見簡文所言的「道」就是「禮」，「禮者，人道之極也。（《荀子·禮論》）」〔註34〕

筆者認為，這裏實際上還關涉到一個「道」和「禮」之兩大哲學範疇究竟存在著多大程度的義理重疊性。在《性自命出》篇中另一處關於「禮作於情」的簡文或許能提供一絲線索，原文為：

> 禮作於情，或興之也，當事因方而制之。其先後之序則宜道也。
> 又序為之節，則文也。〔註35〕（簡 18～20）

這裏講到「禮」的作用即有「道」有「文」。況且，就「道」的本義多作「行」解，如《說文》中有「所行，道也」，而郭店儒簡《語叢三》亦有「禮，行之也」（簡 36）的簡文。可知，「禮」「道」兩字多有義理上的相互重疊之處，就其在《性自命出》中所指向的「情」之作用而言，確是可以相互置換或作「禮道」來並行連用的。

從上述「禮」「道」之文獻疏證與義理結構的詳情分析來看，「道始於情」的「道」有時是指「禮」而言的。這種「『道』是指『人道』，不是指總括『天道』與『人道』的『道』。」〔註36〕故《性自命出》篇中又言：「道四術，唯人道為可道也。（簡 14～15）」而且，從這種「道始於情」與「禮作於情」（《性自命出》簡 18）或「禮生於情」（《語叢二》簡 1）諸論斷來看，這種以「道」冠名的「禮」，又是符合孔子的「禮後」說的，如《論語·八佾》說：

> 子夏問曰：「『巧笑倩兮，美目盼兮，素以為絢兮。』何謂也？」
> 子曰：「繪事後素。」曰：「禮後乎？」子曰：「起予者商也，始可與言詩已矣。」

既然「道」即孔子的「禮」之名，而這種「情」乃是人心內在之「仁」的一種本能的真實流露，因此，「『道始於情』應是孔子『仁學』十分有意義的內容」。〔註37〕據此，自然亦不難得出，《性自命出》篇這種重「情」論，仍不

〔註34〕《上海博物館藏戰國楚竹書·一》，馬承源主編，上海：上海古籍出版社，2001 年版，第 217 頁。

〔註35〕後一句釋文多本皆有出入，此取李零本。

〔註36〕湯一介：《論「道始於情」》，《我的哲學之路》，第 110 頁。

〔註37〕同前，第 111 頁。

外乎是因襲了孔子「仁」學中側重於人心內在眞性情之流露的那種尙「質」傳統的延深與拓展而已。

三、與命與仁：安仁知命與君子自得

自古以來，玉成君子人格乃是儒家修身學問的至德要道。享譽儒家「成仁」之名的士人君子，一方面既毫不隱晦「富與貴，是人之所欲」的世俗功名，另一方面又正視謀富求貴手段的正當性而始終秉持「不義而富且貴，於我如浮雲」（《論語・里仁》）的曠達情懷。正是這種介乎「入世」事業與「出世」曠達之間的「無可無不可」（《論語・微子》），陶鑄了「君子無入而不自得焉」（《禮記・中庸》）的獨立人格，如孔子說：「君子固窮；小人窮，斯濫矣」（《論語・衛靈公》），孟子說：「尊德樂義，則可以囂囂矣。故士窮不失義，達不離道。窮不失義，故士得己焉；達不離道，故民不失望焉（《孟子・盡心上》）」。據此經典描繪，儒家君子的人格形象乃是一副能夠「固窮」且又「不願乎其外」的「囂囂」自得者。換言之，這種「無入而不自得焉」的君子境界，正是宋明新儒學追求的那個「孔顏之樂」。作爲陶冶儒家君子人格的「孔顏之樂」，單就其自我心性的內在修養來說，大致不外乎孔子的「與命」和「與仁」（《論語・子罕》）之二維結構，如孟子評價孔子云：「孔子進以禮，退以義，得之不得曰『有命』《孟子・萬章上》。在這裏，孔子的「進以禮，退以義」，即「與仁」也，因爲「禮」「義」皆從「仁」出，如郭店竹簡《五行》篇說：「仁，義禮所由生也」；孔子的「得之不得曰『有命』」，即「與命」也。在此，若援引孟子的思維模式，其「仁」是「求之在我者也」，其「命」則是「求之在外者也」（《孟子・盡心上》）。以下，本文將沿襲這種「與仁」與「與命」的君子人格構成來嘗試著解構儒家君子所據以安身立命的內在棲居和外在認同。

（一）求仁與安仁

仁，它不僅是儒家君子必須恪守的道德底線，如「君子去仁，惡乎成名」（《論語・里仁》），而且，它還是人與動物相區別的一種內在德性規定，所謂「仁者人也」（《禮記・中庸》），如孟子說：「仁也者，人也，合而言之，道也」（《孟子・盡心下》）。孟子這個「合而言之，道也」，是指「人」依「仁」行，

就是「道」。因此，儒家經典一方面指出，這個依「仁」而行的「道」是人們不可須臾離棄的，「道不可須臾離也，可離非道也」（《禮記·中庸》）；在另一方面，對於士人君子究竟該如何依於「仁」而合於「道」的問題，孔子還提出了一種簡便易行的「爲仁之方」——「忠恕」之道。考諸孔子本意，「忠恕」之道可從兩方面來解讀：一是消極的「恕」道，即「己所不欲，勿施於人」（《論語·衛靈公》），在孔子看來，人們若能依「恕」道來「爲仁」的話，這是最容易的，故孔子說：「有能一日用其力於仁矣乎？我未見力不足者」（《論語·里仁》）與「仁遠乎哉？我欲仁，斯仁至矣」（《論語·述而》）；二是積極的「忠」道，即「己欲立而立人，己欲達而達人」（《論語·雍也》）。曾子指出，這種「己立立人，己達達人」來施「仁」於天下的事業，實在是極難之事，所以他說：「士不可以不弘毅，任重而道遠。仁以爲己任，不亦重乎？死而後已，不亦遠乎？」（《論語·泰伯》）這是立足於積極的「忠」道來解讀施「仁」之至難。對此盡「忠」施「仁」之難，陳柱揭示說，其緣由即在於「人之數豈易盡？愛人之道豈易窮乎？則仁之道誠亦最難盡矣。故《論語》載諸子問時人之仁，孔子皆對以『未知』」〔註38〕。基於孔子「爲仁」的「忠恕」之道，劉師培曾如此概括孔子的學說，他說：「吾觀孔子之道，大抵以仁爲歸，以忠恕爲極則。」〔註39〕

綜上所述，儒家孔子思想的核心與精髓就是「仁」。孔門後學，無論是孟子的「良知良能」，還是宋明新儒學的「存天理」或「致良知」，都是圍繞著這個「仁」字來做道德文章和修養功夫的，所以，程顥又說：「學者須先識仁」（《河南程氏遺書卷第二上》）〔註40〕。從這個意義上說，儒家修身學問的「爲人」，本質上就是「爲仁」，「爲仁」乃是君子修身的關鍵環節，所謂「修身以道，修道以仁」（《禮記·中庸》）。無論「夫子之道，忠恕而已矣」（《論語·里仁》）還是「堯舜之道，孝悌而已矣」（《孟子·告子下》），本質上皆屬「爲仁」。不僅如此，儒家的士人君子還是不能在頃刻間違背「仁」的，「造次必於是，顛沛必於是」，這是因爲「君子去仁，惡乎成名」（《論語·里仁》）。因此，「成仁」就成了儒家士人君子的終極道德追求，即「志士仁人，無求生以

〔註38〕陳柱：《原儒上》，見《子二十六論》，廣西師範大學出版社，2008 年 10 月版，第 24 頁。
〔註39〕《劉師培學術論著》，勞舒編，浙江人民出版社，1998 年版，第 7 頁。
〔註40〕《二程集》（上），中華書局 2004 年版，第 16 頁。

害仁，有殺身以成仁」（《論語·衛靈公》）。

重要的是，儒家君子這種始乎「固窮」而終乎「殺身」的「成仁」，並非是由絲毫外力脅迫的一種「不得已」，而純屬一種「爲仁由己，而由人乎哉」（《論語·顏淵》）的個體道德自覺。從內在根源上說，作爲個體道德自覺的「仁」並不是外來的，而是「我固有之」〔註41〕的一種先驗存在。據此，孟子又將這種君子自覺「爲仁」的道德修養，概括爲「求之在我者也」的一種「反己內求」。其實，孟子這種「求之在我者也」的「爲仁」，本質上仍屬於孔子的「爲己之學」，如孔子說：「古之學者爲己，今之學者爲人」（《論語·憲問》）。關於「爲己」與「爲人」，錢穆曾解讀說：「孔子所謂爲己，殆指德行之科言。爲人，指言語、政事、文學之科言。孔子非不主張學以爲人，惟必有爲己之本，乃可以達於爲人之效。」又說：「孔子曰：『己欲立而立人，己欲達而達人。』己立己達是爲己，立人達人是爲人。孔門不薄爲人之學，惟必以爲己之學樹其本，未有不能爲己而能爲人者。」〔註42〕

錢穆將此處的「爲己」之學歸入孔門「四科」之一的「德行」，並指出其爲言語、政事、文學三科之本，這是符合儒家修身次第的，如《禮記·大學》說：「自天子以至於庶人，壹是皆以修身爲本」，察諸「修身以道，修道以仁」的邏輯次第，儒家的修身學問就是一個要求君子永不懈怠地「敦於反己」的「爲己」以「成仁」的過程。這裏的「成仁」，按《易·繫辭》的說法，又是「成性」，所謂「成性存存，道義之門」。

既然這種「敦於反己」的修身以「成仁」就是「成性」——即成就君子自我本性的一種自得與自足，那麼，君子致力於這種「仁」道的「爲己」過程，必然就是心安理得的「仁者不憂」（《論語·憲問》）。至此，「成仁」「成性」的君子修養業已內化爲君子自我成就的一種心境，對此，錢穆說：「仁乃一種心境，亦人心所同有，人心所同欲。桃杏之核亦稱仁，桃杏皆從此核生長，一切人事可久可大者，皆從此心生長，故此心亦稱仁。若失去此心，將如失去生命之根核。淺言之，亦如失去其可長居久安之家。故無論外境之約與樂，苟其心不仁，終不可以久安。安仁者，此心自安於仁，如腰之忘帶，

〔註41〕注：語見《孟子·告子上》曰：「仁義禮智，非由外鑠我也，我固有之也，弗思耳矣」。
〔註42〕錢穆：《論語新解》，讀書·生活·新知三聯書店，2002年版，第374頁。

足之忘履，自然安適也。」〔註43〕錢穆以「此心安於仁」來解讀「仁者安仁」，這是非常契合孔子原意的，如《論語・陽貨》載宰我問「三年之喪，期以久矣」時，孔子曾以「女安則爲之」來回應。

由上述分析可知，「仁者安仁」乃是維繫儒家君子人格之「安身」的內在價值取向，這屬於孔子所言的「與仁」。可是，相應於「天下嚷嚷，皆爲利來；天下熙熙，皆爲利往」的逐利市井之徒，「與仁」的士人君子們仍然能夠自矜其「不義而富且貴，於我如浮雲」的高風亮節，甚至甘作世俗難容的「喪家之犬」也樂天無怨，究其緣由，我們還必須深入儒家君子人格之「知命」層面去探賾索隱。

（二）知命與希聖

倘若把「仁者安仁」視爲維繫儒家君子人格之「安身」的內在棲居，那麼，「知命」則是陶鑄其君子人格的另一種外在認同，故孔子又說：「不知命，無以爲君子」（《論語・堯曰》）。如前已述，「求仁而得仁」的「爲己」「成性」功夫，它僅是初步奠定了成就儒家君子之自足與自得的「內聖」修養，事實上，作爲一門指導人們如何入世的行事哲學，儒家的「內聖」從來就不是孤立的，而與其「汲汲用世」的「外王」事功密不可分。不僅如此，以寓諸事功的價值理念來展現君子人格的道德境界，恰是儒家行事哲學的終極目的，故孔子說：「我欲托之空言，不如載之行事之深切著明也。」〔註44〕所以，從這個意義上說，作爲儒家「內聖」修養的「成仁」「成性」，不論其形上的道德光輝如何炫目，也要訴諸其形下的「踐形」途徑以轉化爲「外王」事功，如方東美說：「儒家中人，不管道德成就多高，還必須『踐形』，把價值理念在現實世界、現實人生中完全實現。」〔註45〕

當這種內在形上學的「成仁」「成性」一旦轉化爲「外王」事功時，儒家的士人君子就必須去挑戰諸多由主觀人爲與客觀自然所構築的外在境遇的考驗，其結果要麼是事與願違的無奈，要麼是人定勝天的喜悅。總之，人對外在境遇的挑戰，往往會導致某些非人力所能完全駕馭的意外，甚至陷入「求

〔註43〕同上，第84頁。
〔註44〕焦循：《孟子正義》（上），中華書局1987年版，第11頁。
〔註45〕方東美：《原始儒家道家哲學》，中華書局2012年版，第17頁。

仁」而未必「得仁」的現實窘境，這就涉及到了儒家所謂的「天」或「命」〔註
46〕，如孟子說「莫之為而為者，天也；莫之致而至者，命也。」（《孟子·萬
章上》）孟子認為，與那個「求仁而得仁」的「求之在我者」不同，這個似乎
能在冥冥之中左右人事之是非成敗的「命」，則是屬於「求之在外者也」，它
代表了人對於以異己力量而存在的外在境遇的一種認同態度。孟子說：「求之
有道，得之有命，是求無益於得也，求之在外者也」（《孟子·盡心上》）。在
孟子看來，人對待作為外在境遇之異己力量的「命」是不能強求的，原因在
於「是求無益於得也」，所以，人充其量只能是「知命」，如孟子在回應自己
因嬖人所阻而不得於魯平公時，曾如此反思自己：「行或使之，止或尼之，行
止非人所能也。吾之不遇魯侯，天也。臧氏之子，焉能使予不遇哉？（《孟子·
梁惠王下》）」這裏，將自己「不遇魯侯」的實際原因歸之於「天」，而非小人
之羈絆，孟子的自我反思即是一種典型的「知命」論。

　　同樣，孔子曾說「五十而知天命」（《論語·為政》），並將「知天命」視
為繼「十五志學」、「三十而立」及「四十不惑」之後的一種人生境界。對孔
子這番「知天命」的人生境界，錢穆解讀說：「天命指人生一切當然之道義與
職責。道義職責似不難知，然有守道盡職而仍窮困不可通者。何以當然者而
不可通，何以不可通而仍屬當然，其義難知。遇此境界，乃需知天命之學。」
〔註47〕這裏，錢穆將「天命」與人生「當然之道義與職責」關聯起來，這與
孔子那種「道不可行，已知之矣」（《論語·微子》）卻仍能一如既往地「知其
不可而為之」的強烈使命意識是非常妙合神凝的，實際上，只有結合了孔子
在「知命」乃至於「立命」後的「一切當然之道義與職責」的使命感，才能
真切領悟他那番「知我者其天乎」（《論語·憲問》）的良苦用心。《論語》中
曾有兩則記載了孔子身陷厄境時的抒懷，足可窺見孔子「知天命」境界背後
的終極信仰。茲引其文如下：

　　　　子曰：「天生德於予，桓魋其如予何！」（《論語·述而》）

　　　　子畏於匡，曰：「文王既沒，文不在茲乎？天之將喪斯文也，
　　後死者不得與於斯文也；天之未喪斯文也，匡人其如予何？」（《論

〔註46〕注：「天」「命」二字在孔子那裏常可互用或連用，如《論語憲問》說：「知我
　　　者其天乎」、「道之將行也與，命也；道之將廢也與，命也。公伯寮其如命何」、
　　　「畏天命」和《論語顏淵》說：「死生有命，富貴在天」等。
〔註47〕錢穆：《論語新解》，讀書·生活·新知三聯書店，2002年版，第27頁。

語‧子罕》)

類似孔子這般人生厄境的洗禮，不僅是砥礪君子人格的人生坎險，如孟子的「天將降大任於是人也」、張載的「貧賤憂戚，庸玉汝於成」，還是覺悟士人君子「知天命」的菩提種子，如文王囚羑里、陽明貶龍場等。因此，清人劉寶楠曾將上述孔子「微服過宋」與「畏於匡」的人生厄境詮釋為「聖性天授，吉無不利」的「知命」境遇，其文云：「夫子聖性，是天所授，雖遭困厄，無損聖德，故曰『吉無不利』也。此夫子據天道福善之理，解弟子憂懼之意，若微服而過，則又知命所宜然矣。」〔註48〕

如果說，孔子「求仁而得仁」的「為仁」之學，所解決的乃是「人之何以為人」的「安仁」問題，屬於儒家「為己之學」的「人道」，那麼，「知命」則屬於士人君子「仁以為己任」的一種擔當，所解決的乃是「人何以成聖」的「希聖」問題，屬於儒家「立命之學」的「天道」。其中，「知天命」是屬於儒家「成聖」境界的「高山仰止，景行行之」，錢穆指出說：「學者所能用力，亦在志學與立與不惑之三階段。至於知天命以上，則非用力所及，不宜妄有希效。」〔註49〕可是，儒家君子的進學之階並未止於這種「非用力所及，不宜妄有希效」的「知天命」就徘徊不前了，而是沿襲這種「高山仰止，景行行之」的「成聖」境界並始終秉懷「雖不能至，心嚮往之」的敬畏而永不懈怠地「希聖」乃至「希天」。對於士人君子這種情不自己的自覺「希聖」情結，孟子揭示說：「是故君子有終身之憂，無一朝之患也。乃若憂則有之：舜，人也，我亦人也。舜為法於天下，可傳於後世，我由未免為鄉人也。是則可憂也，憂之如何？如舜而已。若夫君子所患則無矣。非仁無為，非禮無行也，如有一朝之患，則君子不患矣（《孟子‧離婁下》)。」其言下之意是，君子以「希聖」為終生之憂，除此之外，君子並無任何患得患失之煩惱。儒家聖人經歷這番「知天命」而通達的「無憂」聖境，就是孔子所謂的「與命」，如孔子說：「不怨天，不尤人，下學而上達。知我者其天乎？（《論語‧憲問》)」

（三）無怨與自得

接下來，仍需澄清的是，構成儒家君子人格的「(天)命」與「仁」二者本來就是相互貫通的，這一方面因為，源自「人生一切當然之道義與職責」

〔註48〕劉寶楠：《論語正義》(上)，中華書局1990年版，第173頁。
〔註49〕錢穆：《論語新解》，讀書‧生活‧新知三聯書店，2002年版，第29頁。

的「天命」本是一種「仁以爲己任」的責任感召；另一方面還因爲，孔子的「仁」還是「合外內於一」的，用牟宗三的話，這個「仁」是「封不住的」，它必須與「天」相通，他說：「儒家有個天來負責存在，孔子仁和孟子的性是一定和天相通的，一定通而爲一，這個仁和性封不住的。」〔註50〕其實，牟宗三說「仁」一定和「天」相通，援引理學家的觀點，就是程顥那個「仁者渾然與萬物同體」（《河南程氏遺書卷第二上》）〔註51〕，說到底，也是孟子那個「萬物皆備於我矣」（《孟子・盡心上》）。在這裏，孟子這個「我」，並非單個的肉體生命，而是指被賦予了道德眞生命的「仁者」，即君子也。因此，從這個意義上說，儒家君子是可以獨立於任何外在境遇而本然自足的，他不僅能自立於險惡的自然環境，像舜「納於大麓，烈風雷雨弗迷」（《尚書・舜典》），還能自淨於污穢的「五濁惡世」以「出淤泥而不染」。因此，這種本性「自足」的君子，不管被拋於何種人生境地，都能樂天知命而怡然自得，正如《禮記・中庸》所言：「君子素其位而行，不願乎其外。素富貴，行乎富貴；素貧賤，行乎貧賤；素夷狄，行乎夷狄；素患難行乎患難，君子無入而不自得焉」。孔穎達曾在疏解「君子無入而不自得焉」時說：「言君子所入之處，皆守善道。」〔註52〕言外之意，君子永遠是「至德不移」的大丈夫，所謂「窮達以時，德行一也」（《郭店楚簡・窮達以時》）。在此，鄭玄曾將「自得」注解爲「所向不失其道」〔註53〕。由此可知，儒家的君子自得，事實上，乃是一種君子「素其位」且「得其樂」的人生境界。這個「素其位」就是前文的「安仁」，「得其樂」就是君子已「知命」的「孔顏之樂」。這兩者的結合孕育了儒家君子所據以安身立命的「常樂我淨」。

結合「與命」「與仁」的心性構成，儒家君子的「常樂我淨」仍然可相應地分解爲「求仁而得仁」的「無怨」和「樂天知命」的「不憂」。茲先考諸「求仁而得仁」的「無怨」，其語出《論語・述而》：

> 冉有曰：「夫子爲衛君乎？」子貢曰：「諾，吾將問之。」入，曰：「伯夷，叔齊何人也？」曰：「古之賢人也。」曰：「怨乎？」曰：「求仁而得仁，又何怨？」出，曰：「夫子不爲也。」

〔註50〕牟宗三：《中國哲學十九講》，上海古籍出版社，1997年，第73頁。
〔註51〕《二程集》（上），中華書局2004年版，第16頁。
〔註52〕《禮記正義》（下），上海古籍出版社2008年版，第2002頁。
〔註53〕同上，第2000頁。

伯夷、叔齊並爲孤竹君之二子，其父將死時，曾遺命立幼子叔齊，叔齊讓其兄伯夷，結果是，伯夷尊父命逃去，叔齊亦不立而逃之。時人皆以爲二子有怨，唯孔子不以爲然，不僅直言伯夷、叔齊乃「古之賢人」，而且還道出了兄弟倆「相讓於國」俱是「求仁而得仁」的「無怨」。對此「求仁而得仁」，錢穆曾嘗試過一番心理分析，他說：「父命叔齊立爲君，若伯夷違父命而立，在伯夷將心感不安，此伯夷之能孝。但伯夷是兄，叔齊是弟，兄逃而己立，叔齊亦心感不安，遂與其兄偕逃，此叔齊之能弟。孝悌之心，即仁心。孝悌之道，即仁道。夷齊在當時，逃國而去，只求心安，故曰求仁而得仁，何怨也。」此外，他還指出「求仁而得仁」中的「仁字亦可做心安解。」〔註 54〕錢穆對伯夷、叔齊這番心理分析基本上因襲了孔子那個「仁者安仁，知者利仁」（《論語・里仁》）的原則。

至於「樂天知命」的「不憂」，我們還須借鑒宋代新儒學那個「孔顏之樂」的君子境界來略作深入探究。其「孔顏之樂」的語境最初載諸《論語》如下兩節語錄：

> 子曰：「飯蔬食，飲水，曲肱而枕之，樂亦在其中矣。不義而富且貴，於我如浮雲。」（《論語・述而》）

> 子曰：「賢哉回也！一簞食，一瓢飲，在陋巷，人不堪其憂，回也不改其樂。賢哉回也！」（《論語・雍也》）

到宋代，「孔顏之樂」問題源於周敦頤向程顥、程頤兄弟二人授學時首次提出。據二程回憶說：「昔受學於周茂叔，每令尋顏子、仲尼樂處，所樂何事」（《河南程氏遺書卷第二上》）〔註 55〕。在這裏，問題的關鍵乃在於對「所樂何事」的追問，其答案不妨先循述於程門語錄：

> 鮮于侁問伊川曰：「顏子何以能不改其樂？」正叔曰：「顏子所樂者何事？」侁對曰：「樂道而已。」伊川曰：「使顏子而樂道，不爲顏子矣。」（《河南程氏外書卷第七》）〔註 56〕

在這則語錄裏，程頤明顯是反對門人所理解的顏子之「樂」在於「道」的「樂道」說。對此，陳來亦指出說：「『道』並不是樂的對象，樂是人達到與道爲一的境界所自然享有的精神的和樂。把道當做樂的對象是把道學的精神境界

〔註 54〕錢穆：《論語新解》，讀書・生活・新知三聯書店 2002 年版，第 178 頁。
〔註 55〕《二程集》（上），中華書局 2004 年版，第 36 頁。
〔註 56〕《二程集》（上），中華書局 2004 年版，第 395 頁。

降低爲一般的審美性活動。」〔註57〕既然孔顏之「樂」不在「樂道」，這個「所樂何事」的眞正答案只能是「解鈴還得繫鈴人」——即回到問題的發起者周敦頤本人身上去尋找。在此，茲引《通書》的兩則相關材料以證之：

> 顏子「一簞食，一瓢飲，在陋巷，人不堪其憂，而不改其樂」。夫富貴，人所愛也，顏子不愛不求，而樂於貧者，獨何心哉？天地間有至貴至富可愛可求而異乎彼者，見其大而忘其小焉爾。見其大則心泰，心泰則無不足。（《通書·顏子第二十三》）〔註58〕

> 君子以道充爲貴，身安爲富，故常泰無不足，而銖視軒冕、塵視金玉，其重無加焉爾。（《通書·富貴第三十三》）〔註59〕

依據上述材料可知，在周敦頤看來，顏回之樂的關鍵不在於貧賤本身，而是一種能夠超拔世俗富貴的「見其大而忘其小者」的人生境界。儒家君子一旦領略了這種超乎世俗富貴的人生境界，就能體悟出一副「以道充爲貴，以身安爲富」的「心泰」，「心泰則無不足」矣。據此可知，作爲一代「道學宗主」的周敦頤之所以首倡「孔顏之樂」，其根本用意乃在於重新標示出一條與佛老之學相區別的新儒學發展方向——即求聖人之道的新學問路徑。關於這一點，陳來曾有一番高屋建瓴的評價，他說：「周敦頤那種超越富貴利達而又與隱逸不同的人格風範，極高明而道中庸，開了一代新風氣。由於求這種境界既不需要出世修行，也不需要遁迹山林，是在倫理關係中奉行社會義務的同時實現的，因而是對佛道思想的批判改造。他的尋孔顏樂處的思想使古代儒家博施濟眾和克己復禮爲內容的仁學增添了人格美和精神境界的內容，對後來理學的人生追求產生了深遠的影響。」〔註60〕

在上述材料中，周敦頤解讀「孔顏之樂」的「見其大而忘其小」，實際上源於孟子的「先立乎其大者，則其小者不能奪也」（《孟子·告子上》）的「大人」境界，其「見其大則心泰」亦即孔子的「君子坦蕩蕩」（《論語·述而》）。例如，從孟子對虞舜那種淡定無憂的刻畫中，亦可窺見這種「見其大則心泰，心泰則無不足」的「知天命」而「不憂」的君子境界，其情狀載諸（《孟子·盡心下》）：

〔註57〕陳來：《宋明理學》，華東師範大學出版社2004年版，第36頁。
〔註58〕《周敦頤集》，中華書局2009年版，第31頁。
〔註59〕同上，第38頁。
〔註60〕陳來：《宋明理學》，華東師範大學出版社2004年版，第36頁。

　　　　孟子曰：「舜之飯糗茹草，若將終身焉；及其為天子也，被袗
　　衣，鼓琴，二女果，若固有之。」

其實，儒家君子這種「知天命」而「不憂」的人生境界，援引《易傳》的話，
就是「樂天知命故不憂」，其詳情尚可參見馮友蘭的解讀，他說：「不管將來
或過去有無意外，或意外之幸不幸，只用力以作其所欲作之事，此之謂以力
勝命。不管將來或過去之有無意外，或者意外之幸不幸，而只用力以作其所
應作之事，此之謂以義制命。如此則不因將來成功之不能定而憂疑，亦不因
過去失敗之不可變而悔尤。能如此謂之知命。知命可免去無謂底煩惱，所以
《易·繫辭》說：『樂天知命故不憂』」。〔註61〕

　　總之，通過這種「無怨」與「不憂」的心性修煉而永不懈怠的話，方可
收穫儒家君子所以安身立命的「常樂我淨」。儒家君子這種「常樂我淨」的最
高聖境，借用孔子的形象描述，就是一種「不怨天，不尤人」（《論語·憲問》）
和「在邦無怨，在家無怨」（《論語·顏淵》）的個體身心和諧。不過，孔子還
特別指出了，要真正地通達個體身心和諧的「無怨」，士人君子除了做到「與
命」「與仁」之外，還必須恪守一項重要的前提──即「罕言利」，故孔子又
說「放於利而行，多怨」（《論語·里仁》）。因此，歸納本文關於修習儒家君
子之要訣，實可訴諸孔子的一句語錄，這就是「子罕言利，與命與仁」（《論
語·子罕》）。一個能知曉「罕言利」且「與命」「與仁」的君子，縱然寓居「五
濁惡世」依然能夠孤懷「舉世混濁而我獨清，眾人皆醉而我獨醒」的「常樂
我淨」。這樣，孔子所崇尚的那個「曲高和寡」的至德君子也就名至實歸了，
此之謂「人不知而不慍，不亦君子乎」（《論語·學而》）。

四、不狂不狷：狂狷精神與中行氣象

　　《論語·子路》篇：「子曰：『不得中行而與之，必也狂狷乎！狂者進取，
狷者有所不為也。』」關於本章的解讀文獻，最早見諸「亞聖」孟子與弟子萬
章的一則師門對話，其原文詳載於《孟子·盡心下》：

　　　　萬章問曰：「孔子在陳曰：『盍歸乎來！吾黨之小子狂簡，進取，
　　不忘其初。』孔子在陳，何思魯之狂士？」

　　　　孟子曰：「孔子『不得中道而與之，必也狂獧乎！狂者進取，

〔註61〕 馮友蘭：《貞元六書》（上），華東師範大學出版社1996年版，第196頁。

　　獧者有所不爲也。』孔子豈不欲中道哉？不可必得，故思其次也。」

　　　「敢問何如斯可謂狂矣？」

　　　曰：「如琴張、曾晳、牧皮者，孔子所謂狂矣。」

　　　「何以謂之狂也？」

　　　曰：「其志嘐嘐然，曰，『古之人，古之人。』夷考其行，而不
　　掩焉者也。狂者又不可得，欲得不屑不絜之士而與之，是獧也，是
　　又其次也。」

或許正是囿於孟門師徒這番對話，歷代各《論語》注家們對於本章主旨的解
讀皆未乖離「亞聖」之大體，可是，對於該語境中涉及的某些「具體而微」
的細節領悟上，卻仍然難免白璧微瑕之嫌，其結果終究又與孔子思想體系中
那個「吾道一以貫之」的基本精神交相牴牾。稽古揆今，其細節主要集中在
對於「中行」和「狂獧」的恰當理解上。

（一）

　　茲先釋「狂獧」二字。單就構字法而言，「狂獧」二字皆從「犬」部，
其本義均似「動物」之屬。如《爾雅·釋鳥》釋「狂」字有兩條，一曰：「狂
（或作「䳺」），茅鴟，怪鴟。」又曰：「狂，夢鳥。」而「獧」字卻未曾見
諸最早辭書《爾雅》，《說文·犬部》小徐本中亦無「獧」字，大徐本別增一
「獧」篆，書爲「𤝔」，段玉裁注：「獧、獝古今字。今《論語》作『獧』，《孟
子》作『獧』。大徐別增『獧』篆，非。」又《說文·心部》釋「懁」字曰：
「懁，急也。從心，睘聲。讀若絹。」段玉裁注曰：「《論語》『獧』，《孟子》
『獧』，其實當作『懁』。」因此，僅憑現有辭書來即「文」訓「義」的話：
「狂」之本義原指一種性情兇猛的怪鳥，而「獝」或「獧」則屬一描述心理
狀態的動詞，只因其後接一「者」字而名詞化了。可是，倘若察諸「狂獧」
二字在《論語》本章的具體語境，孔子眼裏的「狂獧」實際上指代了現實生
活中兩類精神氣質的人——即「狂者」與「獧者」，如孔子又說「狂者進取，
獧者有所不爲也」〔註62〕，這裏顯然又對「狂獧」作了明確的注腳。那麼，
在現實生活中，「狂者」究竟有何特徵表現呢？如孟子曾經例舉孔門弟子之

〔註62〕又，程樹德說，此「狂者進取二句係注文，不知何時闌入正文」。見《論語集
　　　釋》（下），第931頁。

琴張、曾皙、牧皮等皆屬此類「狂者」。這裏，問題的關鍵是如何恰當類比這類「狂者」所代表的精神氣質。對此，孟子又如此解說：「其志嘐嘐然，曰，『古之人，古之人。』夷考其行，而不掩焉者也」。「嘐」，《說文・口部》云：「嘐，誇語也。」「嘐嘐」，據焦循《孟子正義》引趙岐注，乃是指那些言必稱「古之人」的「志大言大者也」。這裏「古之人」迭出，依焦循解釋說：「既欲之而又慕之，故重言『古之人』」，其「志大言大」之表現有二：其一，就心口而言，即是「在心欲之不已，則形於口者亦不已」〔註63〕；其二，就踐行而言，則是「夷考其行，而不掩焉者也」。「夷考」，焦循引作「考察」解。「掩」與「奄」通，據《說文・大部》云：「奄，覆也。」由此亦可推斷出，所謂「狂者」乃是指那種心繫「古之人」而行常懈怠的志大才疏之輩。關於這種「狂者」的精神氣質，孔子在別處也有論述，如《論語・公冶長》載：「子在陳，曰：『歸與！歸與！吾黨之小子狂簡，斐然成章，不知所以裁之。』」此處文獻與前引《孟子》所載「萬章問」略有出入。「狂簡」之「簡」字，各注家皆作「大」解。如趙岐《孟子章句》注曰：「簡，大也。狂者，進取大道而不得其正者也。」在此，倘若再以孟子之意來解讀孔子的話，其「吾黨之小子狂簡，斐然成章」，即孟子所謂「其志嘐嘐然，曰，『古之人，古之人』」的「志大言大者也」，如《禮記・中庸》的「生乎今之世，反古之道」者是也；「不知所以裁之」，即孟子所謂「夷考其行，而不掩焉者也」。正因爲這種「狂者」常常行不掩志——即志行不合「符節」，所以，他們雖然能心志於「進取大道」而往往在行動上又是「不得其正者也」，如孔子直言子路那番「暴虎馮河，死而無悔者，吾不與也」（《論語・述而》）即屬其例，故孔子崇尚「中行」以「與之」，這裏的「與」字可作「相與」解，如《老子》38 章的「與善仁」與《孟子・公孫丑上》的「相與相輔之」皆屬明證。

另一種「狷者」卻與這種勇於「進取大道」的「狂者」在精神氣質上差池甚遠，用孟子的話，乃是指代那種於「大道」皆「有所不爲」的「不屑不絜之士」。因此，單論其「入道」之品格，其相對勇於「進取大道」的「狂者」而言，「狷者」只能位居「又其次也」。關於「狷」者，焦循《孟子正義》引顏師古注：「狷，介也」，並疏云：「故此注以狷爲有介之人。有所不爲，則有所介畫，不忘爲，故不以不絜爲絜也。不絜是污穢之行，能恥之賤之，是不

〔註63〕焦循：《孟子正義》（下），中華書局，第 1028 頁。

絜此不絜之行也。」〔註64〕根據這種解讀，孔子所謂「有所不爲」的「狷者」，乃是指代那種「隱居放言，身中清、廢中權」（《論語‧微子》）之類的遁世隱士，如《論語‧微子》中所提及的虞仲、夷逸即屬其列。不過，在對待「狷者」這種「有所不爲」的問題上，後世注家仍有分歧，如朱熹曾指出「狷者有所不爲」乃是因爲「狷者知未及而守有餘」〔註65〕之故。在朱熹看來，「狷者」的「有所不爲」，僅僅是囿於該「狷者」本身資質方面的智識有限，所以這種「有所不爲」並非眞正「不爲」也，實乃「不能」也。對於朱熹這種以「智識」來釋讀「狷者」的「有所不爲」，後世注家亦有異議，如程樹德引《四書辨疑》說：「有所不爲者，能爲而不爲也。智未及者，不能爲而不爲也。夫狷者之爲人，踽踽獨行，涼涼無親，世俗指爲孤僻古執者是也。於可交之人，亦有所不交；可取之物，亦有所不取。易於退而難於進，貪於止而吝於行，此乃有所不爲之謂也。若論其極，伯夷、叔齊即其人也。特其情好與眾不同，非有關於智不智也。果以智未及而不能爲者爲狷，則天下之狷者多矣，夫子何難於此哉？」〔註66〕顯然，這是另一種從人之「性情」（即「情好」）方面來解讀「狷者有所不爲」的觀點。筆者認爲，要眞正洞悉孔子的「狷者有所不爲」究竟是依「智識」還是從「性情」，還必須要對孔子的「中行」另有一番精妙徹悟。

（二）

首先，必須附帶指出的是，《論語》本章的「中行」二字，與其別處的引文略有出入，如《孟子》「萬章問」中作「中道」，《後漢書‧獨行傳》序曰：「孔子曰：『與其不得中庸，必也狂狷乎』」，該處引文又作「中庸」。儘管在這些文獻中已出現了「中行」「中道」「中庸」三個說法，然而，就它們所對應的「狂狷」之具體語境而言，皆可將它們理解爲一種擇乎「中庸之道」的行事智慧。如錢穆先生說：「中行，行得其中。孟子所謂中道，即中行。退能不爲，進能行道，兼有二者之長。後人捨狂狷而別求所謂中道，則誤矣。」〔註67〕按錢穆的理解，無論是孔子的「中行」還是孟子的「中道」，皆不能脫離「狂

〔註64〕同上，第 1029 頁。
〔註65〕朱熹：《四書章句集注》，中華書局 1983 年版，第 147 頁。
〔註66〕程樹德：《論語集釋》，中華書局 1990 年版，第 932 頁。
〔註67〕錢穆：《論語新解》，第 344 頁。

狷」之特定語境，即不能「捨狂狷而別求所謂中道」也。又如《論語正義》釋「中行」時，劉寶楠即據凌鳴喈《論語解義》說：「中行者，依中庸而行者。」〔註68〕這裏的「中庸」，乃是指導儒家君子們之日常行事的一種應世技竅，如孔子說：「君子中庸，小人反中庸（《禮記‧中庸》）」。在孔子看來，這種「中庸」的應世技竅不僅是一種德行之極致，如「中庸之爲德也，其至矣乎（《論語‧雍也》）」，還更是一種「極高明而道中庸」（《禮記‧中庸》）的智慧，如「天下國家可均也，爵祿可辭也，白刃可蹈也，中庸不可能也」（《禮記‧中庸》）。朱熹《論語集注》注解「中庸」說：「中者，無過、不及之名也。庸，平常也。」馮友蘭一直認爲，對「中庸兩個字，以及孔子朱子這幾句話，在現在有些人的心目中，是非常迂腐可厭底，不過這些人大概皆未瞭解所謂中庸的本義。」〔註69〕那麼，儒家這個「中庸的本義」究竟是什麼呢？馮友蘭認爲，這個「中」就是孔子所講的「過猶不及」；這裏的「庸」，就是程頤說的「不易之謂庸」，不易即不可改易，實際上就是社會中人人不得不遵行的公律──即「常」或「常道」。

結合馮友蘭這種「中庸的本義」，我們又參照孔子所謂「過猶不及」的一貫思路再來反觀這個「依中庸而行」的「中行」。按照孔子「過猶不及」的「中行」之道，人們在具體踐行這番「依中庸而行」的智慧時，是必須深諳嫻熟「執兩用中」的應世技竅。在這方面，孔子極度推崇古聖明君虞舜堪稱「依中庸而行」的典範，如《禮記‧中庸》曾引孔子之言：「舜其大知也與！舜好問而好察邇言，隱惡而揚善，執其兩端，用其中於民，其斯以爲舜乎！」由虞舜之「中行」可知，人們在具體行事時若要擇乎「中行」以「用其中於民」的話，必先「執其兩端」。具體到《論語》本章裏，那個與「中行」相對待的「兩端」就是「狂」與「狷」。問題在於，我們究竟該如何秉持於「狂」、「狷」之兩極來「用其中」呢？因爲，遵循形式邏輯的格式，此處的「中行」可以分解成兩種「執其兩端」的文字形式：即「不狂不狷」與「既狂又狷」。可是，這兩種「不A不B」或「既A又B」的語言格式儘管在形式邏輯上是完全成立的，但是，一旦落實到具體語言情境的義理分析時，卻又往往令人無所適從，以致於在日常應事實踐中，也就更加無從駕馭這種「不狂不狷」或「既狂又狷」的「中行之道」了。這裏，問題的實質已經深入到了需要對儒家的

〔註68〕劉寶楠：《論語正義》（下），中華書局，第541頁。
〔註69〕馮友蘭：《貞元六書‧新世訓》，華東師範大學出版社，1996年版，第429頁。

「中道」思想作出全面而深刻的細節領悟，這又不得不牽涉到孔子那個因「時」而「中」的「守正待時」處世觀了。如孔子對弟子顏淵說：「用之則行，舍之則藏，唯我與爾有是夫！」（《論語·述而》）孔子曾用「無可無不可」（《論語·微子》）來自詡其「有道則見，無道則隱」的「守正待時」處世觀。所以，孟子也直言孔子是「聖之時」（《孟子·萬章下》）。焦循在注釋「聖之時」說：「聖人之道，以時爲中」〔註70〕。他這種「以時爲中」的「時」「中」互訓，無疑也是非常契合儒家關於「中道」、「中庸」原意的，如《禮記·中庸》援引孔子之言曰「君子之中庸也，君子而時中」。正是鑒於「時」與「中」兩者間這種「若即若離」的內在關係，有時則乾脆表述爲「時中」。

一旦通曉了孔子的「時中」以後，再來直面孔子這個亦「狂」亦「狷」的「中行」時，自然也會頓生一股豁然冰釋的明朗：即孔子所謂的「中行」，乃是「狂之時」與「狷之時」的恰當結合。借用現代語言來表述就是，該「狂」時就「狂」，該「狷」時就「狷」，一切因時而宜（即「中」）者也。只有這樣，才能真正理解孔子心目那個「不狂不狷」或「既狂又狷」的「中行」。其實，孔子這種因時而宜的「時中」處世之道，在《論語》它處亦有流露，茲引幾例以證之：

> 子曰：「……天下有道則見，無道則隱。」（《論語·泰伯》）

> 子貢曰：「有美玉於斯，韞櫝而藏諸？求善賈而沽諸？」子曰：「沽之哉！沽之哉！我待賈者也。」（《論語·子罕》）

> 子曰：「……君子哉蘧伯玉！邦有道，則仕；邦無道，則可卷而懷之。」（《論語·衛靈公》）

> 子曰：「可與言而不與言，失人；不可與言而與之言，失言。知者不失人，亦不失言。」（同上）

其中，《論語》中最能體現孔子「中行」之精義的，則莫過於如下一則對話：

> 子路問：「聞斯行諸？」子曰：「有父兄在，如之何其聞斯行之？」冉有問：「聞斯行諸？」子曰：「聞斯行之。」公西華曰：「由也問聞斯行諸，子曰：『有父兄在』；求也問聞斯行諸，子曰：『聞斯行之』。赤也惑，敢問。」子曰：「求也退，故進之；由也兼人，故退之。」（《論語·先進》）

〔註70〕焦循：《孟子正義》（下），中華書局1987年版，第918頁。

上述對話中，孔門弟子冉有應屬「有所不爲」的「狷者」，故孔子說：「求也退，故進之」；而子路則屬勇於「進取大道」的「狂者」，故孔子說：「由也兼人，故退之」。至於那個能隨心所欲地既「進之」又「退之」的「時中」君子，正是孔子樂意相與的「中行」之士。無獨有偶，《禮記・中庸》同樣地也有一處與《論語》「聞斯行諸」章交相輝映的行文發揮，其文如下：

> 子路問強。子曰：「南方之強與？北方之強與？抑而強與？寬柔以教，不報無道，南方之強也，君子居之。衽金革，死而不厭，北方之強也，而強者居之。故君子和而不流，強哉矯！中立而不倚，強哉矯！國有道，不變塞焉，強哉矯！國無道，至死不變，強哉矯！」

文中孔子所言「南方之強」者，即屬那種「不及強」的「狷者」，而「北方之強」者無疑應屬那種「過強」的「狂者」，至於文中稱道的那種「和而不流，強哉矯！中立而不倚，強哉矯！國有道，不變塞焉，強哉矯！國無道，至死不變，強哉矯」的「君子之強」，也正是孔子所嚮往的「中行」之強——即「強之中」也。對於孔子這番時「狂」時「狷」的「中行」眞諦，北宋程顥的見解可謂醍醐灌頂，如在解讀上述《中庸》「子路問強」時，程顥曾說：「此章言強之中。南方之強，不及強者也；北方之強，過強者也。南方，中國也，雖不及強，然犯而不校，未害爲君子。北方任力，故止爲強者，能矯以就中，乃得君子之道。自『和而不流』以下，皆君子自矯其強者也。」（《二程集・中庸解》）

（三）

最後，再附帶就《論語》本章所涉及的「狂」「狷」之品格略作一番必要的澄清。在此，茲引兩說以析之。一派是將「狂狷」與孔子的「過猶不及」相關聯，此說以饒雙峰爲代表；另一派則認爲「狂狷非過與不及」，此說以錢穆爲代表。

現今文獻所載饒雙峰的觀點出自王船山的《讀四書大全說》。據王船山的引用，「雙峰說狂、狷各有過、不及處，自是諦當。然看他下『過、不及』語，俱因『中』字反形而出，則是中行、狂、狷，如三叉路，狂、狷走兩邊，中行在中央相似。」〔註71〕在船山看來，雙峰的見解雖是「但有影響」，卻

〔註71〕王船山：《讀四書大全說》，第402頁。

「了無實義」。其理由在於：「蓋狂、狷兩分，中行中立，則是相敵之勢；聖道之別，復有兩道。其視中行，既已狹隘而不足以冒天下之道；其視狂、狷直爲異端背道而旁馳也。」因此，船山認爲，「中行」並非與「狂」「狷」兩邊相「中立」——即「過、不及之不與中參立」〔註72〕，而應該是包含「狂」（「進取」）「狷」（「有所不爲」）在內的，所謂「中行者，若不包裹著『進取』與『有所不爲』在內，何以爲『中行』？進取者，進取乎斯道也；有所不爲者，道之所不可爲而不爲也。中行者，進取而極至之，有所不爲而可以有爲耳。」〔註73〕

與饒雙峰這種將「狂」、「狷」與「過」、「不及」相關聯的看法所不同的是，錢穆則認爲「狂狷非過與不及，中行非在狂狷之間」，並特意強調指出：「《中庸》『賢者過之，不肖者不及』，不能移說此章之中行。」〔註74〕錢穆這個「中行非在狂狷之間」的說法，顯然已與饒雙峰迥異而直接指向了船山那個「包裹著『進取』與『有所不爲』在內」的「中行」了。在對孟子所謂「聖之任」與「聖之清」的分析上，錢穆即表達了對孔子之「中行」與「狂狷」的深刻見解：「伊尹聖之任，狂者也。伯夷聖之清，狷者也。狂狷皆得爲聖人，惟不如孔子仕止久速之時中。時中，即時時不失於中行，即時而狂時而狷，能不失於中道。」〔註75〕

從上述例析可知，不論是王船山那個「包裹著『進取』與『有所不爲』在內」的「中行」，還是錢穆那個「中行非在狂狷之間」的表述，他們始終沒有乖離孔子那個因時而宜的「時中」觀。更何況，無論是王船山還是錢穆，他們在「入道」品格上都一致肯定了「狂狷」皆屬「美才」，而非隱怪鄉愿之流的「德之賊」也。因此，在事關「中行」與「狂」「狷」三者的品格排序上，他們都與孟子一致：首推「中行」爲上；勇於「進取大道」的「狂者」應居「其次」，故孔子在陳，亦常思魯之狂士也；至於那種能明察乎「道之所不可爲而不爲」的「狷者」則難免不淪爲如接輿、長沮、桀溺之類的避世隱士，故「又其次也」。由此可知，對於孔子的「狂」與「狷」，本已不是一個簡單的「性情」或「智識」所能參悟透徹的，而是必須兼兩而裁宜之。

〔註72〕同上，第403頁。
〔註73〕同上，第402頁。
〔註74〕錢穆：《論語新解》，第345頁。
〔註75〕同上，第344～345頁。

　　最後，從儒家思想本身的傳承脈絡來看，孔子關於「中行」與「狂狷」的闡述仍然是有所秉承的「述而不作」，其出處載諸《尚書・洪範》中關於「乂用三德」的論述：

> 三德：一曰正直，二曰剛克，三曰柔克。平康正直，強弗友剛克，燮友柔克。沉潛剛克，高明柔克。

孫星衍說：「強弗友者，《廣雅・釋詁》云：『友，親也。』言其性剛毅，不可親。剛克之人有是性。」「燮友者，《釋詁》云：『燮，和也。』言柔克之人有是性。」《洪範》指出的這個「強弗友」的「剛克之人」，正是後來孔子的「狂者」，那個「燮友」的「柔克之人」類似孔子的「狷者」，至於那個既能「沉潛剛克」又能「高明柔克」的「正直」，孫星衍注：「正直者平康，是得其中正，不須剋制也」，〔註76〕實即孔子所謂的「中行」也。

五、知恥達廉：廉恥觀與士大夫氣節

　　「廉」不僅是古代官德的核心，還是評判一官之廉能與一國之廉政的關鍵德目。在中國傳統士大夫知識分子的修身哲學中，養「廉」與知「恥」通常是相提並論的，故宋代歐陽修說：「廉恥，士君子之大節」（《廉恥說》）。在中國傳統社會中，這種被視為「士君子之大節」的「廉」，它不僅整合了中國傳統士大夫之自我完善的「內聖」人格——即在一方面自覺形成了中國傳統士大夫（包括儒家孔子所謂「君子」人格）的內在德性，無論是儒家孔子所倡導的「君子固窮，小人窮斯濫矣」的君子節操，還是孟子所弘揚的「富貴不能移，貧賤不能移，威武不能屈」的大丈夫氣概，均離不開這種士大夫個體那種以「廉」德為核心的品格修養；在另一方面，隨著傳統士大夫知識分子晉身入仕機會的逐漸增加，這種已被「內化」為士大夫個體品格的「廉」，也日益煥發了其社會治理方面的事功作用——即「外王」的一面。如兩千多年前，齊國政治家晏嬰在談及「廉政」時說：「廉者，政之本也，民之惠也；貪者，政之腐也，民之賊也」（《晏子春秋・內篇》）。這已把「廉」的事功作用提到了「政之本」、「民之惠」的高度。同樣，春秋時另一著作《管子》中則有「禮義廉恥，國之四維，四維不張，國乃滅亡」的論述，這也公然把「廉」上陞到了關係國之存亡的「四維」之一。因此，本文將主要從這種「內聖」

〔註76〕 孫星衍：《尚書今古文注疏》，中華書局 2004 年版，第 307 頁。

修養與「外王」事功的傳統解構方式來全面考察這種作爲古代官德範疇的「廉」。

（一）「廉」範疇的道德維度

　　先秦儒家典籍關於「廉」的論述最早出現在《儀禮·鄉飲酒禮》：「設席於堂廉東上」，漢代經學家鄭玄注曰：「側邊曰廉」。許愼《說文解字》說：「廉，仄也，從廣，兼聲。」段玉裁《說文解字注》曰：「此與廣爲對文，謂偪仄也。廉之言斂也。堂之邊曰廉，天子之堂九尺，諸侯七尺，大夫五尺，士三尺，堂邊皆如其高。賈子曰：『廉遠地則堂高，廉近地則堂卑』是也。堂邊有隅有棱，故曰廉。廉，隅也。又曰：廉，棱也，引申之爲清也，儉也，嚴利也。」由此可知，廉之本義爲古人堂屋之側邊，其特點是有隅有棱，引申義即爲清、儉、嚴利之類的行爲品格。對於段氏的「廉之言斂也」，徐灝注箋說：「『廉』有『收斂』義，故《釋名》曰：『廉，斂也。』堂廉之石平正修潔而又棱角峭利，故人有高行謂之『廉』，其引申之義爲『廉直』、爲『廉利』、爲『廉能』、爲『廉靜』、爲『廉潔』、爲『廉平』。」關於這種作爲行爲品格之引申義的「廉」，丁福保《說文解字詁林》也曾引戴侗之言申述說：「《皐陶謨》曰『簡而廉』，《孟子》曰『頑夫廉』，《管子》曰『禮義廉恥』。廉者恥於貪冒而不爲，故俗習專以不貪爲廉，不貪特『廉』之一隅也。」

　　作爲儒家之道德範疇的「廉」，它最早出現在《周禮·天官·小宰》中：「以聽官府之六計，弊群利之治。一曰廉善，二曰廉能，三曰廉敬，四曰廉正，五曰廉法，六曰廉辨。」鄭玄注曰：「既斷以六事，又以廉爲本。善，善其事，有辭譽也。能，政令行也。敬，不解於位也。正，行無傾邪也。法，守法不失也。辨，辨然不疑惑也。」按經學家鄭玄的解釋，這些「以廉爲本」的「六事」，不僅涉及到官員應該具有的必備爲政之才，在其個體道德品格上還應該兼備起碼的爲政之道。只有這樣，方可稱得上是一名合格的官吏。這就是《周禮》中最早關於「以廉爲本」的官德記載。不僅如此，在《周禮》中，對於如何衡量一個人的廉能、廉法等，還曾設計了一整套完整而具體的細密考覈方案。這無疑既極大地拓寬了當時執政者對於廉政的正確理解，也爲歷代統治者屬行切實的廉政制度提供了基本思路。事實上，後世統治者對官員廉政的考量，都不外乎以上述「六廉」爲基本內容的框架體系。由此可知，「廉」作爲道德觀念的出現，最早大約在西周時期已正式形成。

　　與「廉」相連並用的另一個文字則是「潔」。顧名思義，潔，就是潔白，不污。將其義衍伸到有關人之品格描述時，往往是說，其人清白的人品沒有受到玷污。在傳世文獻中，最早關於「廉」「潔」二字連用的，是屈原的《楚辭》。如《楚辭·招魂》有「朕幼清以廉潔兮」，又在《楚辭·卜居》中有「寧廉潔正直以自清乎」。東漢著名學者王逸在《楚辭章句》中對此「廉潔」二字注釋說：「不受爲廉，不污爲潔」。

　　儘管「廉」「潔」二字經常行文連用，可在儒家道德哲學中，「廉士」與「潔士」又是區別明顯的。如在《孟子》一書中，曾記載了一位時人普遍公認的「廉士」——陳仲子，孟子卻不以爲然，並認爲陳仲子還夠不上「廉士」的標準。其事見《孟子·滕文公下》：

　　　　匡章曰：「陳仲子豈不誠廉士哉？居於陵，三日不食，耳無聞，目無見也。井上有李，螬食實者過半矣，匍匐往，將食之；三咽，然後耳有聞，目有見。」

　　　　孟子曰：「於齊國之士，吾必以仲子爲巨擘焉。雖然，仲子惡能廉？充仲子之操，則蚓而後可者也。夫蚓，上食槁壤，下飲黃泉。仲子所居之室，伯夷之所築與？抑亦盜跖之所築與？所食之粟，伯夷之所樹與？抑亦盜跖之所樹與？是未可知也。」

這則故事是說，當時有個叫匡章的人說，陳仲子能夠稱得上「廉士」了吧。（他因視其兄之祿爲不義之祿而不食，以其兄之室爲不義之室而不居，獨自避兄離母，居於於陵。）在於陵時，他餓了三天，以致於耳鳴眼花了。附近的井邊有一顆李子，雖已被蟲子螬食過半了，仲子仍然爬過去撿食，三口以後，耳目方有感覺。孟子則說，我不否認仲子是齊人中的佼佼者（「巨擘」），但仍不能說仲子夠得上是「廉」。爲什麼呢？孟子以爲，若要世人效法仲子之操行的話，除非變爲蚯蚓後才能做到。因爲，蚯蚓上食地面幹土，下飲地下泉水。即便這樣，仲子可能連蚯蚓也不如。試問問：仲子在於陵所居的房子，究竟是伯夷這樣的潔士還是像盜跖那樣的強盜建造的呢？仲子所吃的穀米，究竟是伯夷還是盜跖所種植的呢？所以，在這些都沒能弄清的情況下，實在很難說仲子就稱得上「廉」了。至於其中的道理，孟子則在其他地方談到了。如在《孟子·盡心上》即載道：

　　　　孟子曰：「仲子，不義與之齊國而弗受，人皆信之，是舍簞食豆羹之義也。人莫大焉亡親戚君臣上下。以其小者信其大者，奚可

哉？」

在這裏，孟子是說，若以不正當手段取得齊國以讓與陳仲子，他是不肯接受的。但即便這樣，其行為也只能屬於那種舍簞食豆羹之類的「小義」，相對於其拋親棄君那種人倫「大義」而言，陳仲子實在又是因「小」失「大」了。

從上述引文可知，儒家所謂的「廉」，它絕對不是那種棄國與家之雙重責任而不顧的個人潔癖，而必須是兼顧道德責任與人倫義務的完全擔當。關於這一點，孔子弟子子路曾表述得很明確，在《論語・微子》篇，子路說：「不仕無義。長幼之節，不可廢也；君臣之義，如之何其廢之？欲潔其身，而亂大倫。君子之仕也，行其義也。」孟子之所以肯定陳仲子的操守，卻不贊同其為「廉士」，乃在於仲子僅做到「欲潔其身」，而亂「大倫」了。子路的「君子之仕，行其義也」，已在不經意中一語道破了儒家士大夫們出仕做官的真諦——即做官只是一種實現士大夫價值觀——「行其義也」的手段而已，而非弄權竊財也。因此，從這個意義上說，「廉」和「潔」當然是有所區別的，即「潔」只是一種個人欲潔其身的癖好，是一種生活態度；而「廉」則在此基礎上有所提升，已成為一種道德節操了。

（二）「內聖」之廉：廉恥，士君子之大節

在中國古代歷史長河中，無論是晉身為仕的賢達，還是歸隱民間的潔士，他們均一如既往地崇尚一種共同美德，那就是「廉」。而且，有時越在世衰道微的末世，這種士大夫之「廉」格的境界也越為高遠，且更令後人「高山仰止，景行行止」。例如，楚國三閭大夫屈原即是先例。屈原雖身處濁世，又值小人當道，不逢明君，仍然能「憂愁幽思而作《離騷》」以明其廉志。對其寄寓在《離騷》中那番「志潔」「行廉」的高風亮節，司馬遷在《史記》中曾有如下一番溢美之辭：

　　《國風》好色而不淫，《小雅》怨誹而不亂。若《離騷》者，可謂兼之矣。上稱帝譽，下道齊桓，中述湯、武，以刺世事。明道德之廣崇，治亂之條貫，靡不畢見。其文約，其辭微，其志潔，其行廉，其稱文小而其指極大，舉類邇而見義遠。其志潔，故其稱物芳。其行廉，故死而不容。自疏濯淖污泥之中，蟬蛻於濁穢，以浮游塵埃之外，不獲世之滋垢，皭然泥而不滓者也。推此志也，雖與日月爭光可也。（《史記・屈原賈生列傳》）

總攬戰國時類似屈原這種充任諸侯之大夫者，可謂車載斗量，不可勝計，而太史公何以獨樹屈原以彪炳史冊呢？其無非是為了標榜屈原身上那種可「與日月爭光」的廉行潔志以昭明後世罷了！

當然，為了表現個人這種「廉潔」志行，並非全然就要傚仿屈原那樣寓死明節。有時，只需像陶淵明或者周敦頤那樣託物言志就可以了。

晉人陶淵明，少時習儒，頗懷濟世之志，但由於生不逢時，其所生活的年代正是東晉與劉宋政權交替之際，政治昏暗、社會動蕩、民族矛盾激化，這當然使他的理想與現實發生了極大的衝突。可是，陶淵明並未媚俗阿世，而是淡出仕途，歸隱田園，「閒靜少言，不慕榮利」，「常著文章自娛，頗示己志」，以「五柳先生」自號，最終以修身名節而著稱於世。

梁代蕭統在《陶淵明集序》中，對陶淵明的歸隱之志有過如此一番讚賞，他說：「（陶淵明）眞志不休，安道苦節，不以躬耕為恥，不以無財為病，自非大賢篤志，與道污隆，孰能如此乎！」〔註77〕這可謂對陶淵明人品作了極高的評價。設想陶淵明若不識時而退，而是強志以入世、媚俗，安能有如此之高潔廉行享譽後世？所以，孔子說：「君子疾沒世而名不稱焉」（《論語・衛靈公》）。陶淵明可謂是身在沒世而名揚於後人的典範了。

與陶淵明一樣，宋代理學開山祖師周敦頤也曾通過其《愛蓮說》來寄寓其高逸的廉品潔操。現錄其《愛蓮說》如下：

> 水路草木之花，可愛者甚蕃。晉陶淵明獨愛菊，自李唐來，世人甚愛牡丹。予獨愛蓮之出淤泥而不染，濯清漣而不妖。中通外直，不蔓不枝，香遠溢清，亭亭淨植，可遠觀而不可褻玩焉。
>
> 予謂：菊，花之隱逸者也；牡丹，花之富貴者也；蓮，花之君子者也。噫！菊之愛，陶後鮮有聞；蓮之愛，同予者何人？牡丹之愛，宜乎眾矣！〔註78〕

在《愛蓮說》這番自喻中，周敦頤明確指出說，由於物換星移，他已不能再像陶淵明那樣甘作隱逸田園的君子了，而是必須入世行事以弘道了。可是，世俗社會難免泥沙俱下，魚龍混珠，可是，周敦頤仍然堅定，始終保持像「蓮之出淤泥而不染」那樣，做個塵世中的高廉之士。據時人對他的親見耳聞，周敦頤不僅在心境上始終保持了這份「出淤泥而不染」的蓮趣——即「潔」，

〔註77〕陶淵明：《陶淵明集》，逯欽立校注，中華書局1979年版，第10頁。
〔註78〕周敦頤：《周濂溪集》，商務印書館，民國二十五年初版，第139頁。

而且還在生活中恭敬地篤行了一種「中通外直」的蓮行 ── 即「廉」。現暫錄
時人潘興嗣替周敦頤撰寫的墓誌銘中，有如下一段記載：

> 君（指周敦頤）奉養至廉，所得俸祿，分給宗族，其餘以待賓
> 客，不知者以為好名，君處之裕如也。在南昌時得疾暴卒，更一日
> 一夜始甦。視其家，服御之物，止一敝篋，錢不滿數百，人莫不歎
> 服，此予之親見也。〔註79〕

憑時人這段「親見」可知，周敦頤不僅為官至廉，還居家甚儉，不異世人「以
為好名」而自安。其孤風遠操，寓懷塵埃之外的潔品廉行，堪令後人景仰！
後儒黃庭堅追懷其品行而贊曰：「茂叔人品甚高，胸中灑落，如廣風霽月。」
〔註80〕

　　在中國傳統士君子看來，君子要行「廉」，還必須在道德意識上能夠「知
恥」，故孟子說：「人不可以無恥，無恥之恥，無恥矣。」又說：「恥之於人大
矣，為機變之巧者，無所用恥焉。不恥不若人，何若人有？（《孟子·盡心上》）」
在孟子看來，這種知恥心，乃是衡量一個人是否有德的基點，因為一個毫無
知恥感的人，是很少能夠做到行為廉直、心地清白的，所謂鮮恥必寡廉也。
例如，在中國歷史上流傳千古的「志士不食盜泉之水，廉者不受嗟來之食」
的典故，皆是這種「知恥而後廉」的範例。在中國古聖先賢的認識中，恥與
廉之關係如此密不可分，因此，才有所謂「廉恥」並立的說法，如歐陽修說：
「廉恥，士君子之大節也」。而且，在某些歷史學家眼裏，這種廉恥心的有無
甚至還是決定一國民族文化之生命力強弱的關鍵。如牟宗三先生在考察中國
唐末五代時期為何總是出現走馬觀花式的短命王朝，認為其根本的原因，則
是由於身處該時代的人們普遍地喪失了一種最起碼的道德廉恥感。對此，牟
先生說：「到了唐末五代，這也是中國歷史中最黑暗的一個時期。五代不過五
十多年，卻有梁唐晉漢周五個朝代。每個做皇帝的，原先都想萬世一系地往
下傳，而每個朝代卻至多不過十幾年，可見五代這段時期是個很差勁的時代，
更重要的是，這個時代的人喪盡了廉恥。所以，一個民族糟蹋文化生命，同
時就牽連著糟蹋民族生命。什麼叫糟蹋文化生命呢？在這裏表現的即是人無
廉恥。五代人無廉恥，代表人物即是馮道」〔註81〕。那麼，在文中牟先生提

〔註79〕同上，第 201 頁。
〔註80〕同上，第 169 頁。
〔註81〕牟宗三：《政道與治道》，廣西師範大學出版社 2006 年版，第 5 頁。

到的這個馮道究竟又是怎樣一位無廉恥之人呢？原來，馮道雖然身處五代亂世，卻刷新了中國歷史上以宰相身份侍奉皇帝最多的記錄。《舊五代史》說他是「事四朝，相六帝」，《新五代史》說他是「事四姓十君」。據統計共有四朝五姓八帝，即後唐明帝、閔帝（皆李姓），後晉高祖、出帝（皆石姓），後漢高祖、隱帝（皆劉姓），後周太祖（郭姓），後周世宗（柴姓）。正是由於馮道一生不斷地委身於如此多異姓皇帝，當然不可避免地成為後代史學家們所詬病的對象，並譏諷他是「事四朝，相六帝，可得為忠乎！夫一女二夫，人之不幸，況於再三者哉！」（《五代史·馮道傳》）

明末思想家顧炎武也對馮道這種不顧廉恥的醜態如此評論說：「《五代史·馮道傳》論曰：『禮、義、廉、恥，國之四維；四維不張，國乃滅亡。』善乎管生之能言也！禮、義，治人之大法；廉、恥，立人之大節。蓋不廉則無所不取，不恥則無所不為。人而無恥，則禍亂壞亡，亦無所不至。況為大臣而無所不取，無所不為，則天下其有不亂，國家其有不亡者乎？然而四者之中，恥尤為要，故夫子之論士曰：『行己有恥。』孟子曰：『人不可以無恥。無恥之恥，無恥矣。』又曰：『恥之於人大矣！為機變之巧者，無所用恥焉。』所以然者，人之不廉而至於悖禮犯義，其原皆生於無恥也。故士大夫之恥，是謂國恥。吾觀三代以下，世衰道微，棄禮義，捐廉恥，非一朝一夕之故。故而松柏後凋於歲寒，雞鳴不已於風雨，彼昏之日，固未嘗無獨醒之人也。（顧炎武：《日知錄·廉恥》）」

（三）「外王」之廉：廉則政興

從前述可知，在傳統中國社會的修身學問裏，「廉」不僅已日漸成為在家士大夫修身的普遍美德，即「廉為德本」，同時，對於那些已晉身為仕的政府官吏來說，「廉」既成了薰習其吏治作風的基本德目，又是實現其理想政績的共同法寶，因此，清代康熙曾說：「吏治之道，惟清廉為重」（《清史稿·聖祖本紀》）。清末中興大臣曾國藩修身銘的「八本堂」中就有「一本」是「居官以不要錢為本」。因此，從這種政治外王的事功層面來講，完全又可以說成是「廉者，政之本也」（《晏子春秋·內篇雜下》）。

在儒家看來，所謂「廉」就是不取身外之物、不貪不義之財，所以孟子才說：「可以取，可以無取，取傷廉」（《孟子·離婁下》）。對於為政者來說，只有保持清廉不貪，才能做到行直無私，無私就能做到公平。否則，一旦私

心萌動，以權謀私的話，難免會利令智昏而徇私枉法了，故古人又言「公生明，廉生威」，此可堪稱亙古為政的「不易」之道。不僅如此，如果為政者正直清廉，為民之表率，則百姓傚仿、民風自然淳樸；反之，如果為政者紛紛貪腐成風、以權謀私，勢必上行下效，以致舉國貪賄之風蔓延，民風日敗，政教必失。故《禮記‧緇衣》說：「下之事上也，不從其所令，從其所行。上好是物，下必有甚焉者矣。故上之所好惡，不可不慎也，是民之表也。」「上之所好惡」，是說為上者的所好所惡，直接左右著老百姓一舉一動，如為上者好貪，則下民必投其所好而行賄；如為上者好廉，則下民必戒奢以潔身。關於這一點，明代開國君主朱元璋認識得尤為深刻，據明代余繼登《典故紀聞》中談到朱元璋個人生活起居情況時，曾錄有這樣一則朱元璋告誡身邊侍臣的話，他說：「人君不能無好尚，要當慎之。蓋好功則貪名者進，好財則言利者進，好術則遊談者進，好諛則巧利者進。夫偏於所好者，鮮有不累其心，故好功不如好德，好財不如好廉，好術不如好信，好諛不如好直。夫好得其正，未有不治；好失其正，未有不亂，所以不可不慎也。」〔註 82〕明太祖朱元璋這番話，可謂徹悟了《禮記‧緇衣》篇「上好是物，下必有甚焉者矣」的真精神。反之，漢武帝對這番治國真精神的貫徹卻略為遜色。史書載，漢武帝統治之初，由於繼續推行文、景的廉平政治，遂致漢朝國力蒸蒸日上。可到了其執政晚期則因居功自大而荒淫無度，遂又加劇了漢王朝迅速地極盛而衰。史載漢武帝後期臨朝是，「自見功大威行，遂從嗜欲，用度不足，乃行一切之變，使犯法者贖罪，入穀者補吏，是以天下奢侈，官亂民貧，盜賊並起，亡命者眾。（《漢書‧武帝紀》）」道家老子《道德經》第五十八章論及君民關係時說：「其政悶悶，其民淳淳；其政察察，其民缺缺。」這裏的「悶悶」，指的是淡泊名利的無為政治，為上者淡泊名利的話，則民風淳樸，漢初的「文景之治」可謂得益於此；「察察」，即苛稅繁多的有為政治，則民必機詐狡黠，即「缺缺」也，此乃漢武帝後期政治的真實寫照。所以，老子接著又說：「是以聖人方而不割，廉而不劌，直而不肆，光而不耀。」言下之意，就是告誡明智的統治者在處世時應該適可而止，做到方正、廉潔、光明正大，但又不過度傷及他人他物。說白了，就是要為政清廉，由此可知，清廉對於統治者之政興與淳民的雙重意義。所以，自古至今，廉潔不僅是對為官者要求的基本道德，還是實現其居官政績的一大治國重器。其中道理，我們還得從維繫

〔註82〕余繼登：《典故紀聞》，中華書局 1981 年版，第 68 頁。

統治者政權之穩定的根本性問題 —— 即官（君）民關係來入手。

　　官（君）民關係問題，一直是歷代統治者尤爲關注的執政焦點。按中國傳統政治觀來衡量，民心向背問題，不僅關涉到一國政權的合法性，還決定著其政權長治久安的穩定性程度。而其民心向背的關鍵則又歸因於統治者能否做到勤政愛民、爲政清廉，借用宋代包拯的話來形容，這就是「廉者，民之表也；貪者，民之賊也」（《包拯集·疏·乞不用髒吏》）。清代思想家顧炎武在其《日知錄·大臣》中揭示官吏失德貪利與欺君誤國之關係時，曾說：「人臣之欺君誤國，必自其貪於貨賄也。」顯然，在顧炎武看來，傾國朝野，只要有清官廉吏當政，則國泰民安；一旦貪官污吏專權，則勢必禍國殃民。

　　因此，舉凡歷史上那些善理國政的開明統治者無不通曉這種「廉者，政之本也」、「吏不廉平，則治道衰」（《漢書·宣帝紀》）的執政道理，如法家韓非曾直言：「明主治吏不治民」（《韓非子·外儲說》），例如清代康熙帝曾認爲，吏治是否嚴明，官員是否清廉，關係到國家政治的清明、政權的興衰、人心的向背。因此，在其《康熙政要》一書，他曾再三告誡臣下居官要清廉：「朕惟致治雍熙，在於大小臣工，悉尙廉潔，使民生得遂。」又說：「官以清廉爲本」，「人臣服官，首重廉恥之節」，「廉恥之道已虧，豈能修舉職業，克副任使？」由此出發，康熙還規勸臣下應勉力做一名清官，他又說：「爾等爲官，以清廉爲第一。爲清官甚樂，不但一時百姓感仰，即離任之後百姓追思，建祠尸祝，豈非盛事」（《清聖祖實錄》卷二百一十）。不僅如此，康熙還經常到各地巡視，以察舉並提拔清官。如兩江總督于成龍、傅拉塔、河道總督小于成龍等，均是因爲他們居官清廉而從低級官吏被委以重任的。康熙本人也正因爲善於賞識和提拔清官廉吏而被譽爲一代聖祖。

　　不僅康熙一朝如此，舉凡歷史上那些諸如「文景之治」、「貞觀之治」或「開元盛世」等盛世輝煌的出現，無一不與其朝野上下盛行的清廉政治密切相關。僅以漢代的「文景之治」爲例。首先，漢初最高統治者在屬行休養生息的黃老無爲政治中，親身目睹了舉國奉行清廉節儉的政治所帶來的國富民強效果。這一點，司馬遷《史記·平準書》中如此總結道：「漢興七十餘年之間，國家無事，非遇水旱之災，民則人給家足，都鄙廩庾皆滿，而府庫餘貨財。京師之錢累鉅萬，貫朽而不可校。太倉之粟陳陳相因，充溢露積於外，至腐敗不可食。眾庶街巷有馬，阡陌之間成群，而乘字牝者儐而不得聚會。守閭閻者食粱肉，爲吏者長子孫，居官者以爲姓號。故人人自愛而重犯法，

先行義而後絀廉恥焉。」有鑒於漢初屬行節儉所帶來的這種經濟效益，漢初統治者如漢文帝即說：「天下之亂，在朕一人」，並親自以身作則，率先在克勤克儉、廉潔從政方面甘爲群臣典範。如文帝在位 23 年，其宮室、園林、車駕、服飾皆無任何增加。本來他曾經想過修建一個露臺以供自己休息遊樂，可召工匠一計算，發覺需耗費上百斤黃金的開銷，文帝頓時打消了這一念頭，並告訴身邊近臣說：「百斤，中民十家之產。吾奉先帝宮室，常恐羞之，何以臺爲！（《史記・孝文本紀》）」漢文帝不僅率先帶頭屬行節儉，而且親自拒賄以禁群臣之納獻。又據《資治通鑑・漢紀五・孝文皇帝上》記載漢文帝之事說：「時有獻千里馬者，帝無貪欲，不爲所動，……還其馬，與道里費，而下詔曰：『朕不受獻。其令四方毋求來獻。』」

除了身體倡廉奉潔之外，漢文帝本人還非常注重對官吏隊伍的廉政建設。早在文帝即位第二年，就曾頒詔要求「舉賢良方正能直言極諫者」（《漢書・文帝紀》）。在文帝十二年還特別頒詔以表彰孝悌、力田、三老和廉吏，詔書說：「孝悌，天下之大順也；力田，爲生之本也；三老，眾民之帥也；廉吏，民之表也。」這種公然標稱「廉吏，民之表也」並大力表彰廉吏的做法，堪爲漢文帝施政的一大創舉，這對激勵漢代官吏的廉潔意識無疑起到了積極的推動作用。據史家考證，漢文帝這些倡廉選吏舉措，實際上離不開另一心腹大臣賈誼的薦舉，在賈誼上書給文帝的著名奏疏《陳政事疏》（又名《治安策》）中，就曾懇切陳詞了應該大樹官吏的廉恥之德。在奏疏中，賈誼這樣直書：「廉恥不立，且不自好，苟若而可，故見利則逝，見便則奪。主上有敗，則因而挺之矣；主上有患，則吾苟免而已，立而觀之耳，有便吾身者，則欺賣而利之耳。人主將便於此？群下至眾，而主上至少也，所託財器職業者粹於群下也。俱亡恥，俱苟妄，則主上最病。（《史記・賈誼傳》）」其大意是說，明主應大令臣下樹立廉恥之德，否則，容易助長臣下的私心，以致上下貪欲成性，最終危害君上的統治。漢文帝對賈誼這份奏疏不僅「深納其言」，且不遺餘力地大肆推行，從而使得西漢初期官場廉潔成風，並湧現了一批名垂青史的清官廉吏，以致於史家形容漢代政治是「吏治蒸蒸，不至於奸，黎民艾安」（《史記・酷吏列傳第六十二》）。

當然，除了本文這種基於傳統道德哲學之「內聖」「外王」的思維方式來解構古代「廉」德範疇之外，古人對於「世之廉者」也存在有更細緻的劃分，如明代薛瑄所著《從政錄》說：「世之廉者有三：有見理明而不妄取者，有尚

名節而不苟取者，有畏法律保祿位而不敢取者。見理明而不妄取，無所為而然，上也；尚名節而不苟取，狷介之士，其次也；畏法律保祿位而不敢取，則勉強而然，斯又為次。」但是，不管出於何種關於「世之廉者」的劃分，我們仍然不難得出相似的歷史結論，這就是：廉，乃立身之基，齊家之始，治國之源，從政為民之根本！

（四）傳統士大夫的養廉之方

在中國古代歷史長河中，無論是晉身入仕的賢達，還是歸隱民間的潔士，「廉」一直是這些古代士大夫們普遍崇尚的美德，所以，宋儒歐陽修才說：「廉恥，士君子之大節也」（《廉恥說》）。這種將「廉恥」並列的做法，堪稱中國古聖先賢們論「廉」的一大特色。這是因為，按照中國傳統士君子的修身哲學，士君子要行「廉」，首先必須在道德意識上具備「知恥」心，一個主觀心理上毫無羞恥意識的人，其在外在行為上是很少能做到廉直的，即鮮恥必寡廉也。譬如，在中國歷史上流傳千古的「志士不食盜泉之水，廉者不受嗟來之食」的典故，就屬這類著名的「知恥而後廉」的範例。關於這「廉」「恥」二者的內在關係，明末思想家顧炎武曾有過深刻論述，他說：「『禮、義、廉、恥，國之四維；四維不張，國乃滅亡。』善乎管生之能言也！禮、義，治人之大法；廉、恥，立人之大節。蓋不廉則無所不取，不恥則無所不為。人而無恥，則禍亂壞亡，亦無所不至。況為大臣而無所不取，無所不為，則天下其有不亂，國家其有不亡者乎？然而四者之中，恥尤為要，故夫子之論士曰：『行己有恥。』孟子曰：『人不可以無恥。無恥之恥，無恥矣。』又曰：『恥之於人大矣！為機變之巧者，無所用恥焉。』所以然者，人之不廉而至於悖禮犯義，其原皆生於無恥也。」（《日知錄‧廉恥》）

正是因為「廉」德對於塑造傳統士大夫人格的重要性，在中國傳統社會裏，「廉」不僅已成為那些在家士大夫們修身養德的根本，所謂的「廉為德本」，同時，對於那些已晉身為仕的大多數官吏們來說，「廉」德與「廉」能還成了他們實現其理想政治的共同法寶，即「廉者，政之本也，民之惠也；貪者，政之腐也，民之賊也」（《晏子春秋‧內篇》）。如《東漢詔令》說：「吏不廉平，則治道衰」，清代康熙曾說：「吏治之道，惟清廉為重」（《清史稿‧聖祖本紀》）。對此，先秦法家代表人物韓非直言說：「明主治吏不治民」（《韓非子‧外儲說》）。

　　古今中外，大凡「明主治吏」的手段無非兩種：一是嚴懲於既後的法律，一是防患於未然的道德。這兩者的結合，說白了，也就是儒家孔子提出的「德」「刑」並重的治國思想。不過，在這「德」「刑」二者關係上，孔子卻秉持著一種「德」主「刑」輔的執政立場，如孔子說：「道之以政，齊之以刑，民免而無恥。道之以德，齊之以禮，有恥且格」（《論語·爲政》）。這就形成了早期儒家「爲政以德」政治觀的理論雛形。

　　儒家這個「爲政以德」的政治觀，不僅包括施政綱領上的「德」主「刑」輔立場，而且還體現在對官員選拔與任用的道德考量上。自古至今，中國社會對於政府官吏的選拔一直是比較注重人品與德行的。如清康熙說：「國家用人，當以德器爲本，才藝爲末。（《御製文二集》）」其實，康熙這種「當以德器爲本，才藝爲末」的用才之道，北宋司馬光早已總結出來了，如他在《資治通鑒》第一卷「評智伯之亡」時說道：「才德全盡，謂之聖人；才德兼無，謂之愚人。德勝才，謂之君子；才勝德，謂之小人。凡取人之術，苟不得聖人、君子而與人，與其得小人，不若得愚人。」在司馬光看來，人之才、德兩者是本與末、統治與被統治的關係，即「才者，德之資也；德者，才之帥也」。司馬光總結的這個「取人之術」，曾一直主導了中國古代上千年的選官之道。至於這番「取人之術，苟不得聖人、君子而與人，與其得小人，不若得愚人」的道理，司馬光又揭示說：「自古昔以來，國之亂臣，家之敗子，才有餘而德不足，以至於顛覆者多矣。」在中國歷史上，類似這種對官吏德行的關注，最早始於先秦時期，如《左傳·桓公二年》說：「國家之敗，由官邪也；官之失德，寵賄章也」，《尚書·商書·說命》也言「惟治亂在庶官」。

　　在這些古代官德的系列考量中，「廉」無疑是其中最核心的一項內容。關於「廉」的涵義，借用孟子的話，就是「不苟取」，即「可以取，可以不取，取傷廉」（《孟子·離婁下》），如漢代劉向也說：「臨官莫如平，臨財莫如廉」（《說苑·政理》）。劉向這一思想，還被繼後的統治者作出了深入發揮，如唐朝武則天在其著名的官德手冊《臣軌》中就提出了「廉平之德，吏之寶也」的觀點，其文說：「理官莫如平，臨財莫如廉。廉平之德，吏之寶也。非其路而行之，雖勞不至；非其有而求之，雖強不得。」即清廉與公平之德，乃是衡量廉吏的重要標準，一切官吏應時刻堅信以「廉」爲正路，不僅如此，「清廉」還是爲政者得以善終全身的法寶，即「知者不爲非其事，廉者不求非其有，是以遠害而名彰也。故君子行廉以全其眞，守清以保其身。（《臣軌·卷

下‧廉潔章》)」

任何一位道德哲學家，其提出的任一種道德德目並不是抽象的，而是同時皆有一套相應地能夠保障德性修養的踐行之方。如以孔子提出的「仁」德為例，作為孔子思想之核心的「仁」德，它並不是一種簡單的「仁者愛人」的抽象表述，相反，為了保障其「仁」德的日常踐行——即所謂的「為仁之方」，孔子還特地提出了「忠恕」之道。這個「忠恕」之道包括兩個方面，首先是從積極的方面來說的，這就是自己有某種要求需要滿足，也推想他人也有這種要求需要滿足，這就是所謂的「忠」道。《論語》的表述是：「夫仁者，己欲立而立人，己欲達而達人，能近取譬，可謂仁之方也已」(《論語‧雍也》)。其次是從消極方面來說的，即我不願他人如何對待我，我也就不要這樣對待他人，這就是所謂的「恕」道，即「己所不欲，勿施於人」(《論語‧顏淵》)。「忠」「恕」這兩方面的結合，就是孔子所說的「為仁之方」。一個人只要踐行了這個「為人之方」，也就是達到了孔子的「仁」德。所以，孔子的弟子曾參曾概括說：「夫子之道，忠恕而已矣」(《論語‧里仁》)。

同樣地，作為中華傳統美德的「廉」，它也理所當然地是可以見諸日常行事的，而且，對於那些力行「廉」德的士君子，也本來自有一套「養廉之方」。只不過，與孔子那套直接且系統的「為仁之方」相比較而言，這套源自傳統士大夫修身學問中的「養廉之方」則又顯得較為零星與分散了。儘管如此，我們仍然可以將其大致歸納並概括為四個方面，這就是：潔己、節儉、去奢與自足。下面將依次詳析如下。

1、潔 己

養廉的第一步應是「潔己」，這似乎已是一種毋庸置疑的修身常識了。如《孟子‧萬章下》中提到那個「目不視惡色，耳不聽惡聲。非其君不事；非其民，不使。治則進，亂則退。橫政之所出，橫民之所止，不忍居也。思與鄉人處，如以朝衣朝冠座於塗炭也」的伯夷，就可堪稱是一為謹於「潔己」的廉士。不過，這種「潔己」觀不單單僅是體現在諸如伯夷之類的個體行為上，還應該更廣泛地體現在類似周敦頤那番「出污泥而不染」的心境上。所以，在這種意義上講，這個「潔」應包括兩重含義：即「潔」行與「潔」心。作為一種道德操行的「潔己」，無疑應是「潔」心與「潔」行的「身心合一」。否則，那種心行不一的假廉偽潔之人，只能稱之「偽善」。例如歷史上晉武帝司馬炎曾在告誡大臣時，總是希望他們能「揚清激濁」，做到力行「潔己」。

《晉書‧武帝傳》一再讚揚武帝常「親率王公卿士耕籍田千畝」，還下過反貪立廉的詔書說：「若長史在官公廉，慮不及私，正色直節，不飾名譽者，及身行貪穢，讒黷求容，公節不立，而私門日富者，謹察之。揚清激濁，舉彈違，此朕所以垂拱總綱，責成於良二千石也。於戲戒哉！」這似乎很容易給人一種表象：晉武帝應是一個躬儉廉明的表率！可事實上，他的生活極端奢侈，又荒淫無度，誠如其大臣尚書左丞傅成上疏所言，是「奢汰之費，甚於天災」（《晉書‧傅成傳》）。

　　到了宋明時期，由於心性哲學的發達，按照當時士大夫們關於「身心合一」的修身標準來衡量這種「潔」心與「潔」行的養廉之方，一個人要學會養廉的話，先得養心，即從修持「潔己」之心做起，一旦守住了這顆「潔己」之心，用儒家《大學》的話，這就叫做「知本」。有了這顆潔己的心，就能在行為上做到像孔子那樣「隨心所欲而不逾矩」了。換言之，只要人的心地是潔白的，自能修持成像周敦頤《愛蓮說》所形容的那種「出污泥而不染，濯清漣而不妖」的「蓮」節，同時，也容易經受住各種外界世俗的染習而不為其污，用柳下惠的話，這就是「爾為爾，我為我，雖袒裼裸裎於我側，爾焉能浼我哉？」（《孟子‧萬章下》）

2、節　儉

　　勤與儉，歷來都是中國古聖先賢治國持家的生財之道。儒家經典《大學》說：「生財有大道，生之者眾，食之者寡，為之者疾，用之者舒，則財恒足矣。」文中的「為之疾」即是勤，「用之舒」即是儉。不過，勤儉的意義不僅局限於生財之道的經濟層面，它還有另外一重關於道德方面的含義。如我們日常所說的「勤能補拙，儉以養廉。」此處的儉，其著眼點則在「養廉」，這句「儉以養廉」所關注的就是人所生活的道德方面。對此，當代哲學大師馮友蘭先生曾有過這樣的闡釋，在《貞元六書》中他說：

　　　　就儉以養廉說，我們常看見許多人，平日異常奢侈，一旦錢不
　　夠用，便以飢寒交迫為辭，做不道德底事。專從道德的觀點看，「餓
　　死事小，失節事大」，「飢寒交迫」並不能作為不道德的事的藉口。
　　但事實上，經濟上底壓迫，常是一個使人做不道德底事的原因。不
　　取不義之財謂之廉。人受經濟壓迫的時候，最容易不廉。一個人能
　　儉，則可使其生活不易於受經濟的壓迫。生活不受經濟底壓迫者，
　　雖不必能廉，但在他的生活中，使他可以不廉的原因，至少少了一

　　個。所以說：儉可以養廉。朱子說：「呂舍人詩云：『逢人即有求，
　　所以百事非』。某觀今人不能咬菜根，而至於違其本心者眾矣，可不
　　戒哉。」儉以養廉，正是朱子此所說之意。（《新世訓・勵勤儉》）

正是因為「儉可以養廉」的道理，所以舉凡歷史上的倡廉之君，無不首重儉德，即所謂「儉，德之共也」、「儉為廉之本」。關於前一句「儉，德之共也」，司馬光在《訓儉示康》中對這個「儉，德之共也」有過精闢的詮釋，他說：「共，同也，言有德者，皆由儉來也。夫儉則寡欲，君子寡欲則不役於物，可以直道而行；小人寡欲則能謹身節用，遠罪豐家。故曰：『儉，德之共也。』」對於居官在位的人來說，「儉」不僅是「德之共也」，而且「儉」是「廉」之本，即儉者能廉，廉者必儉。關於後一句「儉為廉之本」，清代康熙皇帝曾說：「為官者儉，則可以養廉。……與其寡廉，孰若寡欲？語云：『儉以成廉，侈以致貪。』此乃理勢之必然也。（《御製文二集》）」康熙四十九年，御史屠沂上疏專門條奏節儉之事，康熙閱後即在奏摺上批示：「禁止奢僭而崇尚節儉，極當於理。」終其一生，康熙都在「躬行節儉」，這種作風還對繼任的清世宗雍正產生了深刻影響。據陳康祺《郎潛紀聞》記載說，世宗皇帝當政時，廷玉當班內廷，給皇帝進膳，奉命陪食，「見上於飯顆餅屑，未嘗棄置纖毫。每宴見臣工，必以珍惜物故、暴殄天物為戒。」據說，清初各帝「躬行節儉」之風又與其開國皇帝清太祖努爾哈赤的嚴以律己有關。《郎潛紀聞》又記載說：有一次努爾哈赤外出打獵，時值大雪初霽，他因擔心草上的浮雪濡濕衣服竟以手擷衣而行。其侍衛私下議論說：「上何所不有，而惜一衣耶？」太祖聞之，笑曰：「吾豈無衣而惜之，吾常以衣賜汝等，與其被雪沾濡，何如鮮潔為逾。躬行節儉，汝等正當效法耳。」因此，不僅清朝初期帝王如此，其時許多廉吏也均贊成「躬行節儉」。如曾任貴州巡撫的劉蔭樞在奏疏中說：「廉吏必節儉。爾來居官競尚侈靡，不特車馬、衣服、飲食、器用，僭制逾等；抑且交結、奔走、饋送、夤緣，棄如泥沙，用如流水。奉不給則貸於人，玷官箴，傷國體。請敕申斥，以厲廉戒貪」（《清史稿・劉蔭樞傳》）。康熙二十四年的左都御史陳廷敬也在上疏中論述過廉、儉的關係，他說：「臣愚謂，貪廉者，治理之大義；奢儉者，貪廉之根本。欲教以廉，當先使儉。（《康熙政要・疏請勸廉劫弊・敕詳議定制》）」

3、去　奢

　　廉潔，並不是一種單一的道德品質，因此，關於養廉之方，除了上述所

論的節儉之外，還包括了「去奢」。如前所述，尚「儉」固然是道家老子治國「三寶」之一，同時，老子治國之道還格外注重「去奢」，如在《道德經》中，老子明確提出了「聖人去甚，去奢，去泰」的觀點，而且，他還進一步道出了這個「去奢」的理由，這就是「持而盈之，不如其已；揣而銳之，不可長保。金玉滿堂，莫之能守；富貴而驕，自遺其咎（《老子·九章》）」。在老子看來，那種追求奢侈與愛慕浮華之人，「是謂盜誇」，他說：「服文采，帶利劍，厭飲食，財貨有餘，是謂盜誇，非道也哉！」在此基礎上，老子又告誡世人說：「大丈夫處其厚，不處其薄；處其實，不居其華。故去彼取此。（《老子·三十八章》）」這裏的「去彼取此」的「彼」，就是「奢」，於是，老子又提出了一種「治人事天，莫若嗇（《老子·五十九章》）」的治國論主張。老子這裏的「嗇」，並不是那種守財奴式的「吝嗇」，而是「愛惜」的意思。用河上公的注解，就是「嗇，愛惜也。治國者當愛【惜】民財，不爲奢泰。」

　　與老子一樣，儒家孔子一派也主張「去奢」，他說：「奢則不孫，儉則固，與其不孫也寧固」（《論語·述而》）。儒家別派的荀子還更直白地指出了統治者聚斂財富的行爲無異於一種變相的「召寇、肥敵、亡國、危身之道」。在《荀子·君道》中，他說：「修禮者王，爲政者強，取民者安，聚斂者亡。故王者富民，霸者富士，僅存之國富大夫，亡國富筐篋，實府庫。筐篋已富，府庫已實，而百姓貧，夫是之謂上溢而下漏，入不可以守，出不可以戰，則傾覆滅亡可立而待也。故我聚之以亡，敵得之以強。聚斂者，召寇、肥敵、亡國、危身之道也。故明君不蹈也。」

　　在中國歷史上，殷朝商紂王就是一位以奢侈無度而身亡國滅的暴君而被載入史冊的。據《史記·殷本紀》記載說，商紂王本人不僅天資聰穎過人，其武力亦超群絕倫，「帝紂資辨捷疾，聞見甚敏；材力過人，手格猛獸」，但他也因此恃才傲物，剛愎自用，「知足以距諫，言足以飾非；矜人臣以能，高天下以聲，以爲皆出己之下」。然而，更要命的則是，商紂王在生活用度上也是窮奢極欲、荒淫無度，「好酒淫樂，嬖於婦人。愛妲己，妲己之言是從。於是使師涓作新淫聲，北里之舞，靡靡之樂。厚賦稅以實鹿臺之錢，而盈鉅橋之粟。益收狗馬奇物，充仞宮室。益廣沙丘苑臺，多取野獸蜚鳥置其中。慢於鬼神。大冣樂戲於沙丘，以酒爲池，懸肉爲林，使男女倮相逐其間，爲長夜之飲。」

　　正是在商紂王這種「酒池肉林」的奢靡縱慾中，其殷商王朝的統治頓失

民心，以致於「百姓怨望而諸侯有畔者」。直到周武王率領諸侯群雄來討伐商紂之無道時，「紂師雖眾，皆無戰之心，心欲武王亟入。紂師皆倒兵以戰，以開武王」。最終，商紂王敗走鹿臺，「蒙衣其殊玉，自燔於火而死」。

正是有鑒於商紂王因驕奢而國滅的教訓，繼後而起的西周統治者即嚴格厲行節儉以去奢。據《史記‧周本紀第四》記載說：周成王臨終時，曾擔心其太子釗不能勝任，於是遺命召公、畢公率諸侯扶助新君。等到「成王既崩」時，「二公（召公、畢公）率諸侯，以太子釗見於先王廟，申告以文王、武王之所以爲王業之不易，務在節儉，毋多欲，以篤信臨之，作《顧命》。」此處的「務在節儉，毋多欲」，就是「去奢」、「息欲」意思。由於西周有先王「去奢」之遺訓，西周時常有君臣間或群臣之間相互勉以戒奢的時風。茲舉兩則以證如下：

> 三十二年，彗星見。景公坐柏寢，歎曰：「堂堂，誰有此乎？」群臣皆泣，晏子笑，公怒。晏子曰：「臣小群臣諛甚。」景公曰：「彗星出東北，當齊分野，寡人以爲憂。」晏子曰：「君高臺深池，賦斂如弗得，刑罰恐弗勝，茀星將出，彗星何懼乎？」公曰：「可禳否？」晏子曰：「使神可祝而來，亦可禳而去也。百姓苦怨以萬數，而君令一人禳之，安能勝眾口乎？」是時景公好治宮室，聚狗馬，奢侈，厚賦重刑，故晏子以此諫之。（《史記‧齊太公世家》）

> 十五年春，宋向戌來聘，且尋盟。見孟獻子，尤（尤，責過也）其室，曰：「子有令聞而美其室，非所望也。」對曰：「我在晉，吾兄爲之。毀之重勞，且不敢間。」（《左傳‧襄公十五年》）

因此，自西周以後，歷代倡廉的統治者，無不尤重「去奢」。然而，要做到治國「去奢」，首先還得從齊家做起，這就是司馬光在《資治通鑑》裏借用唐代詩人李商隱《詠史》名句中總結出來的至理名言：「歷覽前賢國與家，成由勤儉敗由奢。」因此，去奢，不僅維繫著一國之興亡，還關聯著一家之衰敗，是傳統中國人的一種必備美德。

4、知　足

養廉之方，除了已述的潔己、節儉與去奢之外，還有一個很重要的心態修持，這就是「自足」。俗言「知足常樂」，是說自足心與人生的快樂密不可分。中國古聖先賢曾留下了許多昭示後人「知足」的格言，如西漢劉向曾說：

「人當知足，獨不念牛衣中流涕時耶？《列女傳・王章妻女》。」西晉嵇康論述「知足「時，也說：「清虛靜泰，少私寡欲。曠然無憂患，寂然無思慮。」〔註83〕

　　在中國歷史上，最早關注「知足」重要性的思想家莫過於道家始祖的老子，在其傳世名著《道德經》裏，老子除了向那些世俗的統治者們提出了「尚儉去奢」的治國之道外，還逐步引導他們去明白「知足不辱」（老子・四十四章）、「知足者富」（老子・三十三章）和「知足之足，常足矣」（老子・四十六章）的大道理。老子認為，出自人主貪欲而來的不知足，正是天下禍亂的根源——「禍莫大於不知足，咎莫大於欲得」。在老子看來，釀就這種「人主多欲，禍亂之源」的社會根基，乃在於居上之統治者的貪欲奢靡之風會招致在下黎民百姓的反抗，從而激化社會矛盾，引起政局不穩，社會動蕩。對於這種社會矛盾的醞釀與激化過程，老子首先是提醒：「民之饑，以其上食稅之多，是以饑。」（《老子・七十五章》）繼而是警告：「民之輕死，以其上求生之厚，是必輕死。（《老子・七十五章》）」最後是哀歎：「民不畏死，奈何以死懼之？（《老子・七十四章》）」因此，為了維繫國家的安定和諧，老子告誡統治者首先應「去奢尚儉」，其次是「息心節欲」。這個「息心節欲」，說白了，就是奉勸人們應學會「知足」，即所謂的「知足不辱」、「知足者富」和「知足之足，常足矣」。

　　道家老子這種關於「知足不辱」、「知足之足，常足矣」的生活智慧，給後人留下了許多人生借鑒。如唐代詩人楊炯在《瀘州都督王湛神道碑》中有「歎疏廣之知足，慕祁奚之請老」的語句。句中的「疏廣」「祁奚」就是兩位中國歷史上著名的官場「知足」楷模。

　　疏廣之事載於《漢書・雋疏於薛平彭傳》，疏廣與其侄疏受同朝官任太子太傅、少傅。等到皇太子年二十時，疏廣對其侄疏受說：「吾聞『知足不辱，知止不殆』，『功遂身退，天之道』也。今仕官至二千石，宦成名立，如此不去，懼有後悔，豈如父子相隨出關，歸老故鄉，以壽命終，不亦善乎？」受叩頭曰：「從大人議。」即日父子俱移病。滿三月賜告，廣遂稱篤，上疏乞骸骨。上以其年篤老，皆許之，加賜黃金二十斤，皇太子贈以五十斤。公卿大

〔註83〕嵇康：《養生論》，《嵇康集校注》，戴明揚校注，人民文學出版社1962年版，第156頁。

夫故人邑子設祖道，供張東都門外，送者車數百兩，辭決而去。及道路觀者皆曰：「賢哉二大夫！」或歎息爲之下泣。

疏廣這種「功成身退」動機雖然出自於老子《道德經》「功成身退，天之道也」，但在行爲上無疑也是受到過前賢如祁奚的啓發。祁奚本是《春秋左傳》中記載的歷史人物，按《漢書》記載，疏廣「少好學，明《春秋》」，據此應知，疏廣應該通曉「祁奚請老」的典故。祁奚乃春秋時晉國賢大夫，出任中軍尉一職。據《春秋》所記，他曾「歷事晉景、厲、悼、平四世（前 599 年～前 532 年）」，是晉國元老，因此在國中聲望很高。史載，祁奚年事已高，特向晉悼公請老回鄉之時，悼公問誰可代中軍尉一職，祁奚舉薦解狐。悼公又問，解狐可是你的仇敵，祁奚道：「君問可，非問臣之仇也。」解狐卒，祁奚又薦祁午。悼公問，祁午可是你的兒子，祁奚道：「君問可，非問臣之子也。」這就是歷史上著名的關於祁奚外舉不避仇，內舉不避親的薦賢故事。史官在記述祁奚這段薦賢美事時，曾給予了祁奚很高的評價說：「祁奚於是能舉善矣。稱其仇，不爲諂。立其子，不爲比。舉其偏，不爲黨。」

從上述「疏廣知足」與「祁奚請老」的歷史典故中可知，「功成身退」的知足心，乃是永葆爲官者晚節福祉的一種謙讓、淡定的心態。其實，關於老年人永保福祉的戒貪心實際上是屬於另外一種「時年道德」問題，對此，儒家孔子早在兩千多年前就明確論述過了，如在《論語·季氏》篇，孔子曾說：「君子有三戒：少之時，血氣未定，戒之在色；及其壯也，血氣方剛，戒之在鬥；及其老也，血氣既衰，戒之在得。」此處所言的「及其老也，血氣既衰，戒之在得」，就是孔子專爲老年人而提出的一種時年道德，「戒之在得」，是說老年人應該要「戒貪」，要學會知足。

通過本文考察可知，中國古代的養廉文化可謂源遠流長，其歷代文人士君子們修習「廉」德的踐行方法皆離不開上述的四個方面——即潔己、節儉、去奢和自足。也就是說，在傳統中國，一個人只要能夠精勤於這套「養廉之方」而持之以恒的話，他就稱得上是一位眞正的達「廉」知「恥」的士君子了。

第三章　外王篇

本篇主要是從儒家之外王 —— 即爲政的角度來考察傳統儒家的兩大永恒主題：即「王」「霸」之辨與「德」「法」之爭。其中，「王」「霸」主要是從孟子的「以德服人」和「以力服人」來界定儒家的「王道」和法家的「霸道」之分歧，並特別指出了以儒家孟子所倡言的「王道」政治並非脫離現實的「迂闊」之論，在本質上乃是一種超越式的理想政治藍圖。關於政治治理上的「德」「法」之爭，主要是探討了一種以孔子爲代表的德主刑輔的「德治」觀，並輔以上古虞舜的「明於五刑，以弼五教」和「刑期於無刑」的施政理念來佐證早期儒家關於德主刑輔思想的內在合理性。

一、「王」「霸」之辨：孟子王道之「迂闊」論

（一）孟子「王道」之內涵

孟子的「王道」政治即是他所極力鼓吹的「仁政」學說。其學說是立足於他在人性論中的「性善論」拓展而來的，具體內容是要求當時的統治者從人性中所固有的「不忍人之心」去行「不忍人之政」，此即所謂的「仁政」。從此出發，孟子強烈地抨擊當時風行於各諸侯國之間的以崇尚武力來統一天下的兼併戰爭，並把這種治平天下之道斥之爲「霸道」。在孟子看來，以武力統一天下是不會取得最後成功的，因爲要使天下統一，首先必須贏得民心；贏得了民心之後，方可謂「得民」，只有「得民」才眞正地稱之爲「得天下」。不然，儘管採取武力的方式雖然可以暫時征服人民，卻不能征服人心。這是

因為，其人心之歸服，不是出於內心的心悅誠服，而是由於力不足抗而不得不忍辱負重地屈服的。一旦其有機可乘，則必將竭力叛之，「以力服人者，非心服也，力不贍也。」（《孟子・公孫丑上》），而如果實施「仁政」，即以德服人，「以德服人者，中心悅而誠服也（同前）」，這樣方才可謂真正地擁有了天下。

王道，按字面理解即是「為王之道」，較之孟子當時所處的「世之急務」而言，則應理解為「王天下」之道，其具體內容是「仁政」，即以德統一天下的「平治」之道，並以此區別於靠武力征伐天下（「霸道」）和用嚴刑峻法威懾天下（法家）的政治學說。用孟子自己的話來表述即是「以力假仁者霸，……以德行仁者王（同前）。」對於泛濫於當時之世的「霸道」現實之「虐政」，孟子作了如此之哀歎：「王者之不作，未有疏於此時者也，民之憔悴於虐政，未有甚於此時者也（同前）。」對其慘無人道的武力兼併戰爭也大肆鞭撻：「爭地以戰，殺人盈野；爭城以戰，殺人盈城，此所謂爭土地而食人肉，罪不容於死。（《離婁上》）」在竭力反對「霸道」、「虐政」的同時，他又極力鼓吹其倡導的「王道」「仁政」，什麼「國君好仁，天下無敵焉」（《盡心下》），若實行「王道」，則「民歸之，由水之就下，沛然誰能禦之？（《梁惠王上》）」、「以不忍人之心，行不忍人之政，……天下可運於掌。（《公孫丑上》）」

（二）現實「仁政」學說之「迂闊」論

孟子不僅將他的「王道」「仁政」設想得天花亂墜，而且為了使當時的諸侯國君推行他的「王道」之「仁政」，他還到處販賣其學說，以至奔走呼號，遊說於當時各國諸侯之間。然而其效果何如呢？

首先毋庸置疑的是，孟子的王道思想作為一種政治學說，絕對不是孟子在頭腦中臆想而憑空產生的，而必有其賴以滋生的現實社會基礎作土壤。在孟子時代，正值戰國中期，諸侯各國相互征戰之慘烈已臻極致。諸侯各國為了爭霸奪利，擴充地盤，連年刀兵不息，殺傷慘重，以致釀成了「爭城以戰，殺人盈城；爭地以戰，殺人盈野」的悲慘局面。在這種情況下，人民自然迫切希望能有仁君聖主以拯救他們出離水深火熱之中，從而消除戰爭，改善生活，使天下統一。正是針對當時的社會之病症，先秦的諸子百家競相開出了自己的濟世之藥方。其各種學說和主張，一是皆以用世為主，孟子的這種王道政治思想亦然。從這個角度而言，孟子的王道政治確實是立足於時代的需

要應世而作的。然而孟子這種「王道」藥方於對醫治當時的亂世瘡痍究竟有
何療效呢？從《孟子》一書所涉及的相關背景及有關史料來看，在孟子遊說
各諸侯列國之時，他確曾受到過當時齊王的尊重，待之以賓，位之以卿。在
魯國，也有魯平王想去拜訪他的事。據說，當時有個叫滕國的小國之君還一
時對孟子所鼓吹的「王天下」之道心怡神往，還曾確實身體力行過孟子的「王
道仁政」。而那個被戰火燒得焦頭爛額，「東敗於齊，南敗於楚」的梁惠王，
在孟子津津樂道的慈惠之下，竟然茅塞頓開，對孟子的仁政大有躍躍欲試之
態。所有這些，大概可以構成爲孟子「王道」政治的社會基礎了吧。然而，
如果對此作進一步的社會分析的話，這種社會基礎的存在是不難理解的。在
那種各國交兵，殘酷兼併的戰國時期，歷史本然地賦予了各國的貴族統治階
級一種「統一」天下的任務。如何消弭戰爭，完成統一，在當時的貴族實力
派中有兩種不同的觀點：一種是獎勵生產和軍工，走「富國強兵」，採取武力
兼併以達致「天下一」的道路（此即孟子所竭力反對的「霸道」是也）；另一
種則是偏向於既得利益的保持，穩步緩行，希圖在亂世中苟且僥存，但也不
放棄在有利條件下的「順手牽羊」——撈一把。歷史學家一般把前者看做是
進步的，而視後者爲保守派。孟子所倡導的「王道」政治，或許可歸屬於後
者之列。至於那個躬行孟子王道的小國之君——滕文公竟然能在諸侯們如火
如荼的拼殺廝鬥之時如此地坐懷不亂，想必定是有其難言的苦衷：是怨其國
家財力的空乏短缺，抑或是憂其國民人力的勢單力薄呢？恐怕是二者兼而有
之吧。那麼，就此而論，小小滕王並非不想熱衷於廝殺爭鬥以顯赫於諸侯，
誠乃心有餘而力不足的無可奈何罷了！在萬般無奈之際，無計可施之時，發
政施仁，皈依於孟子的王道之說，實難避一種「病急亂投醫」式的苟延殘喘
之嫌矣。在這方面，梁惠王實在是經歷了一番心有餘悸之後而深明其故了。
然而後來的歷史演進事實則證明，最終結束戰國紛亂，實現「天下一統」的，
並非是崇尚孟子「仁政」的那套「不嗜殺人者能一之」（《梁惠王上》）的王者，
而是推行窮兵黷武、嚴刑峻法的秦國暴君之徒。這就以當時的歷史事實宣告
了孟子「王道仁政」的破產，也從另外一個方面證實了那些曾經置孟子「王
道仁政」於不顧而忙於攻城掠地的「虐政」者們的先見之明。他們在沉迷於
戰爭，熱衷於廝殺之際，把孟子的「王道仁政」斥之爲「迂闊」〔註1〕之談。

〔註1〕「迂闊」，朱熹《集注》云：「謂遠於事情，言非今日之急務也」。「闊」的意
　　　思與「迂」相近似。「迂闊」即不切合實際。又《三國志‧魏書‧杜畿傳》：「竟

實在是不無道理的。在一個「天下無道，禮樂征伐自諸侯出」的戰國亂世，一個胸懷遠慮且又志在天下的君主，又何以能在他國兵臨城下時做到「仁者無敵」呢？在這種國與國相傾、家與家相纂的戰國時代，一個像孟子所標榜的王者，企圖通過實施「仁政」來達到「化干戈爲玉帛」的目的，這確實無異於緣木而求魚的癡心妄想，是「迂遠而闊於事情」的。然而歷史發展至後來，確又似乎呈現出一種酷似自相矛盾的現象。同是孟子的「仁政王道」，在先秦時被斥爲「迂遠而闊於事情」，而稍後的歷代封建統治者卻把孟子的學說奉若神明，尤是那些位於統治者之列的不乏遠見者，更是把實施孟子的「王道仁政」作爲鞏固其統治地位的長治久安之策。何以會出現一種這樣的歷史反差呢。

（三）理想「王道」政治之超越論

　　大凡一種能供統治者定國安邦的政治思想，它必須要能滿足統治者「平治」天下的政治目的。而這種「平治」目的其實包括兩個方面，首先是「平」天下，其次是「治」天下。這裏須強調的是，前者是後者的前提條件。因爲一個統治者在「治」天下之前，它必須擁有整個天下，這就必須首先通過武力征伐來把這個割據一方且又各自爲政的雜亂無章的社會重新打理一番。只有在這樣的前提之下，方才談得上「治天下」，進而通過施政以仁來籠絡民心，鞏固自己的統治，以助其長治久安。從這樣的角度來分析，我們不難發現，孟子的「王道仁政」作爲一種鞏固統治者政權的「治」天下之道，確實有利於統治者的長治久安，是符合其長遠的根本利益的。然而在統治者「治」天下之前，他先得有一個建功立業的「平」天下的過程，在這一個階段上，孟子的「王道仁政」無疑會顯得「迂遠而闊於事情」，這不是沒有道理的。因爲他這種「王道仁政」只適於統治者「守天下」（「治」），而無助於統治者「打天下」（「平」）。其實，稽諸孟子本人，他對法家的武力征伐手段並不是完全否定的，只不過這種倚仗武力的行爲乃是迫不得已的，如周文王征莒、武王伐紂之類，皆屬於「一怒而安天下之民」的正義戰爭，對於這一類敢於發動正義戰爭的國君，孟子認爲「民惟恐王之不好勇也（《梁惠王下》）。」然而，作爲一種能夠爲統治者所完全接受的政治理論，它則必須同時滿足統治者「平

以儒家爲迂闊。」

治」天下的雙重政治目的。在這方面，孟子之後的荀子則較迎合了統治者的需要。在孟子那裏，是「王」「霸」對立，尊王而賤霸；而荀子則不同，他是「王」「霸」並舉，尊王而不賤霸，「隆禮尊賢而王，重法愛民而霸」（《荀子・天論》）。可是，後來從荀子一派分離出來的法家如李斯之徒，則又走向了與孟子相反的另一個極端。歷史上的秦王朝固然靠著法家來建功立業了，平定了天下，但是他又忽視了用孟子的「王道仁政」來鞏固自己的江山，以致終於釀成「一夫作難，而七廟隳」（賈誼：《過秦論》）。這也就是說，不可一世的秦王朝只會「打」天下，卻不會「守」天下。後來的賈誼在評價秦朝滅亡之教訓時，指出秦朝是「仁義不施，而攻守之勢異也。」這無疑又是借鑒了孟子的「王道仁政」來作為批判的武器，實在切中了要害之的。

　　通過以上從統治者「平治」天下的政治目的來衡量孟子的「王道仁政」，不難得出，「王道」作為「平定天下之道」的武器，實難免「迂闊」之嫌；然而，作為一種鞏固統治者既得利益的「治天下之道」的策略，「王道」卻又成了「治世」之良藥。從這個角度看，孟子的「王道」又具有一種超越性的內在價值，是一種理想化了的政治藍圖。

二、「德」「法」之爭：德主刑輔的「德治」觀

　　道德與法律乃是維繫正常社會之「公序良俗」的兩大準繩，可是，在涉及道德與法律二者在社會治理中的作用與地位時，傳統儒家一直是有輕重之別的，其著名論斷莫過於《論語・為政》中的那條語錄，「子曰：『道之以政，齊之以刑，民免而無恥。道之以德，齊之以禮，有恥且格。』」這裏，孔子關於「德」「法」關係的論述，是以「政刑」與「德禮」之關係的面目顯現出來的。在孔子看來，實施以「政刑」為基本內容的法治來駕馭百姓的話，它只能夠讓人們因畏懼而免於犯罪，卻沒有任何內心的羞恥感；倘若實施以「德禮」之類的道德來治國的話，則可以喚醒人們內心的羞恥意識而免於毀德喪身之殃。於是，孔子這種「德」「法」關係的論述，就構成了早期儒家關於「德」主「刑」輔之「德治」觀的理論雛形。從傳世文獻《孔子家語》來，孔子本人在其早年施政時還曾施展過這種以「德」止「刑」的治國倫理智慧，其事如下：

　　　　孔子為魯大司寇，有父子訟者，夫子同狴執之，三月不別。其

父請止，夫子赦之焉。季孫聞之，不悅，曰：「司寇欺余。曩告余曰：
『國家必先以孝。』余進戮一不孝以教民孝，不亦可乎？而又赦，
何哉？」冉有以告孔子，子喟然歎曰：「嗚呼！上失其道而殺其下，
非理也。不教以孝而聽其獄，是殺不辜。三軍大敗，不可斬也；獄
犴不治，不可刑也。何者？上教之不行，罪不在民故也。夫慢令謹
誅，賊也；徵斂無時，暴也；不試責成，虐也。政無此三者，然後
刑可即也。《書》云：『義刑義殺，勿庸以即汝心，惟曰未有慎事。』
言必教而後刑也。既陳道德以先服之，而猶不可，尚賢以勸之；又
不可，即廢之；又不可，而後以威憚之。若是三年，而百姓正矣。
其有邪民不從化者，然後待之以刑，則民咸知罪矣。」（《孔子家語・
始誅》）

上文中孔子的「不教以孝而聽其獄」「必教而後刑也」，都是對於「德主刑輔」
的深入發揮。不過，孔子還尤其強調了這種「德」之所以優越於「刑」的根
本理由乃是一種根植於民眾內心的「知恥心」，並由此出發，傳統儒家治道思
想也特別看重「知恥」對於德治修養乃至培育士大夫氣節的重要性。對此，
孔子尤為強調「行己有恥」（《論語・子路》），孟子也說：「人不可以無恥，無
恥之恥，無恥矣。」又說：「恥之於人大矣，為機變之巧者，無所用恥焉。不
恥不若人，何若人有？（《孟子・盡心上》）」在孟子看來，這種知恥心，甚至
還是衡量一個人是否有德的基點。早期儒家這一「知恥」思想還被宋明以後
的知識分子所傳承與發揚了，如歐陽修說：「廉恥，士君子之大節」，顧炎武
也說：「士大夫之恥，是謂國恥。」顧炎武認為，一個人所有的「不軌」行為，
無論是悖禮，還是犯律，皆是出於「無恥」的表現，所謂「人之不廉，而至
於悖禮犯義，其原皆生於無恥也」（顧炎武：《廉恥》）。其實，先秦政治思想
中，不僅注重「知恥」，法家早期代表人物管仲也有關於「禮義廉恥，國之四
維，四維不張，國乃滅亡（《管子・牧民》）」之類似的觀點。顧炎武對管子這
一觀點甚為讚歎，並深入詮釋說：「《五代史・馮道傳・論》曰：禮義廉恥，
國之四維，四維不張，國乃滅亡。善乎，管生之能言也！禮義，治人之大法；
廉恥，立人之大節；蓋不廉則無所不取，不恥則無所不為。人而如此，則禍
敗亂亡，亦無所不至；況為大臣而無所不取，無所不為，則天下其有不亂，
國家其有不亡者乎？然而四者之中，恥尤為要。」（同上）

　　正是由於這樣意識到了普通人們那種「不恥則無所不為」的社會禍敗根

源，傳統儒家尤爲注重這種培養人們「知恥」意識的禮義教化，這是儒家「以德治國」思想的一個根本出發點，所以從這個角度來理解儒家的道德與法律關係，這正如賀麟所言：「就法律和道德的關係而論，良心或內心制裁是防止作惡的第一道防線」〔註2〕。由此可知，儒家如此注重社會治理上的「德治」立場也就順理成章了，而且，在孔子看來，若要實現一種像虞舜那種「無爲而治」的政治理想，就必須在德行上效法虞舜，做到「恭己正南面而已」（《論語‧衛靈公》），所以孔子才首倡「爲政以德」的施政方略，如《論語‧爲政》：「爲政以德，譬如北辰，居其所而眾星共之。」據此可知，儒家正是爲了實現一種理想政治的「無爲」管理境界而推崇「爲政以德」的。在孔子看來，這種理想的「無爲」政治社會，曾在上古堯舜時代實現過，如《論語》歌頌堯時說：「大哉堯之爲君也！巍巍乎！唯天爲大，唯堯則之，蕩蕩乎，民無能名焉。巍巍乎其有成功也，煥乎其有文章！」（《論語‧泰伯》），稱讚舜時說：「無爲而治者其舜也與？夫何爲哉？恭己正南面而已矣」（《論語‧衛靈公》）。

　　由此可知，傳統那種僅以「無爲」和「有爲」來對儒、道兩家政治觀進行區別的做法是不夠嚴謹的，其實，單就社會治理的最高境界——「無爲」的角度來說，它確實正如佛教《金剛經》所言：「一切聖賢皆以無爲法而有差別」的。關於這種社會治理的管理層次，道家的老子曾做過區分說：「太上，不知有之；其次，親而譽之；其次，畏之；其次，辱之。（《道德經》第17章）」在這裏，老子所謂的「太上，不知有之」，乃是一切聖賢皆所追求的「無爲法」，是最高的終極管理之道；「親而譽之」正是儒家的「爲政以德」的「德治」觀；而「畏之」「辱之」則無疑是屬於法家那種嚴刑峻法的「法治」管理之道。

　　倘若現在立足於老子的管理層次而言，儒家的「德治」思想乃是最接近於「無爲」管理之道的一條捷徑，而法家那套「畏之」「辱之」之類的嚴刑峻法，則又距離「無爲」管理之道更遠了。從這個意義上說，儒家治國理念上的這番「德主刑輔」的層次說也是破富深意的。其中，老子說的「民不畏死，奈何以死懼之」（《道德經》74章）與《尚書‧湯誓》中的「是日何喪，予及汝皆亡」等，都是對法家治國之無可奈何的一種現實嘲諷。

　　其實，儒家「爲政以德」的思想並非肇端於孔子，早在上古堯舜禹三代時期就已成形了，茲以《尚書》中二篇爲例：

〔註2〕賀麟：《法治的類型》，《文化與人生》，商務印書館1996年版，第45頁。

帝曰：「皋陶，惟茲臣庶，罔或於予正。汝作士，明於五刑，以弼五教，期於予治。刑期於無刑，民協於中，時乃功，懋哉！」皋陶曰：「帝德罔愆，臨下以簡，御眾以寬，罰弗及嗣，賞延於世，宥過無大，刑故無小，罪疑惟輕，功疑惟重。與其殺不辜，寧失不經。好生之德，洽於民心，茲用不犯於有司。」（《尚書·大禹謨》）

曰若稽古皋陶，曰：「允迪厥德，謨明弼諧。」禹曰：「俞，如何？」皋陶曰：「都！慎厥身，修思永。惇敘九族，庶明勵翼，邇可遠、在茲。」禹拜昌言曰：「俞！」皋陶曰：「都！在知人，在安民。」禹曰：「吁！咸若時，惟帝其難之。知人則哲，能官人；安民則惠，黎民懷之。能哲而惠，何憂乎驩兜？何遷乎有苗？何畏乎巧言令色孔壬？」（《尚書·皋陶謨》）

在上述皋陶與舜或禹關於治國嘉言的對話中，作為一代大司法官的皋陶，竟然說出了一大堆關於「帝德罔愆」「允迪厥德」的德治主張，其中虞舜所提到的「明於五刑，以弼五教，期於予治」和「刑期於無刑」的主張，則尤為令人深思。

依照虞舜的「明於五刑，以弼五教，期於予治」的觀點來看，以「五刑」（即墨、劓、剕、宮、大辟）為內容的法律，僅是為了輔助人倫上的「五教」（即父義、母慈、兄友、弟恭、子孝），以共同促進社會大治的「期於予治」之目的。這裏，虞舜的「五刑」以弼「五教」的思想，正是萌芽最早的「德主刑輔」觀。當然，這裏更有價值的當推虞舜後面緊接著的那句「刑期於無刑」說。按此「刑期於無刑」的觀念，虞舜認為法律僅是充當著一種治國手段的工具而已，而並非政治治理的最終目的，相反，那個能真正充當治國之終極目的的，只能是所謂「五教」之類的德治了。虞舜這一「刑期於無刑」無疑還被春秋時的孔子所繼承了，如《論語·顏淵》載：「子曰：『聽訟，吾猶人也，必也使無訟乎！』」可知，實現天下「無訟」，才真正是孔子理想的治道社會。這也從另外一個角度反映了「刑罰」之類的法律設施，並非儒家治國施政的真正目的。對於儒家這種「非刑罰」的工具論立場，後世學者自然不乏各種社會心理層面的解讀，其中以梁漱溟先生的觀點較有代表性，他說：「《論語》中講非刑罰的地方很多。畢竟刑罰這個東西是讓人生去走功利的路，根本與孔家衝突。拿法律行賞去統馭社會，實在是把人生建立在計較利害的心埋上，建立在不正當的

功利態度上，結果使人的心理卑鄙陋劣。」〔註3〕

　　對於早期儒家以孔子爲代表的這種「德主刑輔」觀念的內在合理性解讀，除了梁漱溟先生這層社會心理根源的詮釋之外，還有另外一種「知人論世」式歷史情境性考察。這一派的代表人物即是著名歷史學家余英時先生，如在《論天人之際——中國古代思想起源試探》一書中，余英時指出說：「大致從公元前七世紀中葉起，即在孔子出生前一世紀左右，一個新的精神運動在卿大夫階層間興起並一直延續到後世，而與『軸心突破』相銜接。這一運動可以名之爲『修德』。但這時『德』的涵義已發生了很大的變化，西周時期與王朝『天命』相聯繫的集體和外在的『德』，逐漸轉化爲個人化、內在化的『德』。……概括言之，春秋各國統治階層對於君主或執政卿大夫所『修』之『德』發生了很深的信仰，他們認爲這一內在於人的『德』具有極大的潛力，遠比任何外在力量更能保證國家的安全或解救其危機。」〔註4〕

　　余英時所揭示的這種春秋時期在各國統治階層盛行以「修德」爲核心的精神內向運動，亦可訴諸同時期的相關文獻來驗證。在《左傳》僖公五年曾分別記載了晉、虞兩國朝廷上的重大爭議，而所涉及有關「德」的問題則是該爭議的關鍵所在。如晉獻公命令大司空士蒍替他二子重耳、夷吾各築一城以加強防衛，而士蒍卻明確持一種反對態度，並借機向獻公進諫說：「《詩》云：『懷德惟寧，宗子惟城。』君其修德而固宗子，何城如之？」在這裏，士蒍提出「君其修德而固宗子」的諫議顯然是對於晉獻公寵信驪姬及種種喪德敗行的諷刺。這可能是關於春秋時「修德」信仰的最早傳世文獻了。另一則事例則發生在同年的虞國大夫宮之奇向其國君虞公諫阻假道於虞以伐虢之事。當時的虞公禁不起各種壓力，卻找出各種理由來爲「假道」辯護，竟然到了乞靈於「神」以保祐的程度而說：「吾享祀豐絜，神必據我」。由此即引出了宮之奇如下一段駁論：「臣聞之，鬼神非人實親，惟德是依。故《周書》曰：『皇天無親，惟德是輔。』又曰：『黍稷非馨，明德惟馨。』又曰：『民不易物，惟德緊物。』如是則非德，民不和，神不享矣。神所憑依，將在德矣。」在這裏，宮之奇與士蒍一樣，均是接受了一種內在之「德」的新信仰，因而強調了一種「非德」則「民不和，神不享」、「神所憑依，將在德矣」的「德

<hr>

〔註3〕梁漱溟：《梁漱溟先生講孔孟》，中華書局2014年版，第90頁。
〔註4〕余英時：《論天人之際——中國古代思想起源試探》，中華書局2014年版，第212頁。

治」新觀念。

正是基於這種「爲政以德」的「德治」立場，早期儒家對待犯罪之類的現象也是秉持一種道德上的同情心或懺悔態度。如《論語・子張》在曾子之言說：「孟氏使陽膚爲士師，問於曾子。曾子曰：『上失其道，民散久矣。如得其情，則哀矜而勿喜。』」關於文中曾子之言，宋儒張栻曾解讀說：「先王之於民也，所以養之教之者，無所不用其極，故民心親附其上，服習而不違。如是而猶有不率焉，而後刑罰加之，蓋未嘗不致哀矜惻怛也。」〔註5〕此處的「未嘗不致哀矜惻怛」之心，正合曾子所謂的士師（即典獄之官）對待犯罪者的同情態度。對此，王船山亦認爲「此曾子之至孝深仁所發見者也。」〔註6〕其實，曾子這種對待罪民的哀矜之情，實際上乃是儒家自上古以來的一貫態度，如《尙書・湯誥》一書曾載商湯之言曰：「其爾萬方有罪，在予一人；予一人有罪，無以爾萬方。」在商湯看來，天下百姓之所以有罪，乃是君主未能好好教養之過也，因此「爾萬方有罪，在予一人」。在中國歷史上，肇始於爲政者商湯應對治下罪民負責的那種懺悔意識，曾一度影響深遠，以致於後世的英明君主也曾自創了一道替天下百姓之罪過而自責的「罪己詔」慣例。

〔註 5〕劉寶楠：《論語正義》（下），中華書局 1990 年版，第 747 頁。
〔註 6〕王船山：《船山全書》（第七冊），嶽麓書社，第 978 頁。

下篇　傳統儒家倫理智慧之近代嬗變

　　二十世紀的中國堪稱一個眞正的大時代，一個處於「數千年未有之大變局」的時代。縱觀歷史，中國社會變動之劇烈，莫過於春秋與戰國。而中國思想史上所展現的異彩紛呈的「百家爭鳴」之態，亦以春秋戰國爲盛，其次那就是近代了，即自十九世紀中葉以來蔓延至今、而仍未完成的現代性轉型。這一轉型，不僅僅表現爲經濟、政治層面的社會結構的變革，而且還是一種更深入的社會文化、心理層面的思想意識的轉換。因此，二十世紀的中國，單從學術思想的視野來考察，足可立論爲一部範式轉換的思想史。在此之前的傳統中國社會，儒家文化曾經長期扮演了主流意識形態的角色，它不僅有一套完整的宇宙觀、人生觀和社會政治文化，而且其背後還有整個社會底層的宗法大家族制度和上層的大一統王朝的帝國制度作爲建制化的保障。這個傳統儒家主流意識形態所宣揚的基本命題即是所謂的「內聖外王」之道，具體表現即是儒家經典《大學》所倡導的「修、齊、治、平」之方。這一命題又可從兩個方面來闡釋、展開：一個是與個人安身立命有關的信仰或意義問題；另一個是由個人修身（內聖）推導出來的社會秩序安排（外王）的問題。按照傳統儒家道德理想主義的設想，當社會中的君子都以道德的自覺修身養性（「自天子以至庶人，一是皆以修身爲本」），並由己而外推（借助儒家推己及人的「忠恕」之道〔註1〕），一步步將儒家的仁義原則擴大到家族乃至國家、

〔註 1〕 注：「忠恕」之道是儒家孔子所倡導的爲「仁」之方，語見《論語》「夫仁者，
　　　　己欲立而立人，己欲達而達人，能近取譬，可謂仁之方也矣。」和「己所不
　　　　欲，勿施於人。」

天下，不僅個人獲得了生命和宇宙的永恒意義（即儒家所頌揚的「天人合一」的「誠」〔註2〕），而且也將實現聖人所期望的禮治社會。然而，時至十九世紀末與二十世紀初的世紀之交，傳統儒家倡導的這種「內聖外王」的道德理想主義卻發生了嚴重的危機。使傳統社會價值觀呈現這種危機的歷史根源始於十九世紀末維新派人士促成的那場社會改良運動。雖在此之前，有一批致力於「洋務運動」的開明官僚人士在西方入侵者「船堅炮利」的威脅之下，曾試圖對傳統中國社會盛行的「以夏變夷」的祖訓進行調整，提出過「師夷長技以制夷」的主張。然而，近代「洋務運動」的開明進步人士不可能也不敢提出衝破封建禮教的束縛，其批判的武器仍然是「三代聖人之法」，是封建綱常名教和宗法制度，而不是近代思潮，其改革的一個根本原則只是局限於「中學爲體，西學爲用」的「中體西用」論。因此，「洋務運動」的改革並未觸及到傳統封建綱常倫理和宗法制度的根基，但是，他們敢於衝破「華夷之辨」的堤防，使得傳統社會固有的「以夏變夷」的價值觀日趨淡薄，許多人已不再用傳統的眼光去看那些有近代文明的「夷人」了。這就爲後來維新運動的改良派人士提供了思想基礎和理論依據。具體說來，洋務運動對傳統的「以夏變夷」觀念經歷了兩次審時度勢的衝擊。

首先，自鴉片戰爭以後，「師夷長技以制夷」的觀念即行興起。清末愛國大臣林則徐在經過幾番與西方「蠻夷」的交手之後，他就清醒地看到：英國「以其船堅炮利而稱其強」，「乘風破浪，是其長技」。〔註3〕1840年10月他在給道光皇帝的奏摺中，最早提出了「師夷之長技以制夷」〔註4〕的建議。這一建議經過魏源在《海國圖志》中的系統闡發，形成了一個以「師夷」爲手段，以「制夷」爲目的的完整體系。他從清政府在鴉片戰爭中失敗的奇恥大辱中看到：「夷之長技有三：一戰艦，二火器，三養兵練兵之法」。在《海國圖志》中他收集了大量仿造西洋船炮器械的資料、圖說，並反覆指出：「善師四夷者，能制四夷；不善師四夷者，四夷制之。」林則徐、魏源這些近代「開眼看世界」的人物，能夠憑著自己的直覺就看到了，只要把洋人這幾招「長技」學到手，就能達到「制夷」的目的。儘管他們對中國傳統文化的神聖性、優越

〔註2〕注：儒家經典《中庸》言曰「唯天下之至誠，爲能經綸天下之大經，立天下之大本。知天地之化育」。

〔註3〕《籌辦夷務始末》第8卷，第217，219頁。

〔註4〕同上，第15卷，第11～12頁。

性仍然沒有懷疑過，但是，他們畢竟在這個日益固步自封的中國傳統文化的密封罐頭上鑿開了一個窟窿，開始衝破了「夷夏大防」的祖訓，不得不承認西方資本主義國家的物質文明（兵器、船械製造之類），比中國要高明得多，從而邁出了近代中國向西方學習的第一步。這是對傳統「以夏變夷」觀的第一次衝擊。

從十九世紀六十年代到甲午戰爭以前，「中學為體，西學為用」的思潮開始在社會上廣泛流行。十九世紀六十年代初，曾任翰林院編修、林則徐的學生馮桂芬最早將「中學」和「西學」，即傳統文化與西方文化做了比較，從而主張「以中國之倫常名教為原本，輔以諸國富強之術」〔註5〕。這就是「中體西用」說的雛形。正式賦予「中體西用」說以理論形態、并加以系統闡述和發揮的是張之洞於1895年4月撰寫問世的《勸學篇》。《勸學篇》全書以「舊學為體，新學為用」作主線，分為《內篇》與《外篇》，其寫作的宗旨是「《內篇》務本，以正人心。《外篇》務通，以開風氣」〔註6〕，主張以綱常名教來端正人心，以變通引進西政、西藝來開風氣，改造中國社會。「中學為體，西學為用」是「師夷長技」思想的延續和擴展。它再一次在中國傳統文化神聖不可侵犯的世襲領地上，為近代西方文化的輸入爭到了一塊合法的地盤。自十九世紀六十年代至九十年代，西學東漸的步伐加快了，西方文化的影響擴大了，引進不少西方的物質文明和科學技術。為即將到來的維新改良運動孕育了胚胎，提供了養料。這是對傳統的「以夏變夷」觀的第二次衝擊。

1895年以後，中國傳統的社會結構開始加速崩潰，特別是科舉制度的廢除、大一統王朝帝國制度的解體和宗法家族制度的式微，從根本上動搖了儒家意識形態的社會建制，從而使儒家成為缺乏社會根基的孤魂。李大釗在1920年談到這一現象的原因時，作了這樣的一番分析：

　　……中國的大家族制度，就是中國的農業經濟組織，就是中國二千年來社會的基礎構造。一切政治，法律，倫理，道德，學術，習慣，都建築在大家族制度上做他的表層構造。看那二千餘年來支配中國人精神的孔門倫理……孔子的學說所以能支配中國人心有二千餘年的原故，不是他的學說本身具有絕大的權威，永久不變的真理配作中國的『萬世師表』，因他是適應中國二千餘年來未曾變動的

〔註5〕馮桂芬，《校邠廬抗議‧採西學議》。
〔註6〕張之洞，《勸學篇‧序》。

農業經濟組織反映出來的產物，因他是中國大家族制度上的表層構
造，因爲經濟上有他的基礎。這樣相沿下來。中國的學術思想，都
與那沉沉的農村生活相映照，停滯在靜止的狀態中，呈現出一種死
寂的現象。……時代變了！西洋動的文明打進來了！西洋的工業經
濟來壓迫東洋的農業經濟了！孔門倫理的基礎就根本動搖了！中國
的農業經濟，既因受了重大的壓迫而生動搖，那麼首先崩頹粉碎的，
就是大家族制度了。中國的一切風俗禮教政治倫理，都以大家族制
度爲基礎，而以孔子主義爲其全結晶體，大家族制度既入了崩頹粉
碎的運命，孔子主義也不能不跟著崩頹粉碎了。」〔註7〕

李大釗是從當時社會結構的變遷來解釋儒家綱常倫理在世紀之初頹化爲空中
樓閣的經濟原因。這說明，通行於傳統中國社會的那套「內聖外王」的道德
理想主義在二十世紀初時遭遇了嚴重的危機。概括來講，這種危機表現爲兩
個基本的層面：即道德和信仰層面的意義危機和社會政治層面的秩序危機。
針對這兩個層面所呈現出來的危機，「五四」時期的啓蒙運動者們提出了「科
學」和「民主」的兩大主張，期望以科學的方法克服意義的危機，以民主的
藍圖重建社會政治秩序。然而，隨著「五四」後期啓蒙運動內部的分化，「科
玄之戰」的興起以及對「民主」觀念從經濟的、政治的和思想的幾方面的具
體解釋，使得近代的知識界對「科學」和「民主」的理解眾說紛紜。這樣，
近代歷史向一代中國新型知識分子所昭示的傳統社會與文化的現代性問題已
不再像先前那樣表現爲一個統一的、自明的範式，而是在西方各種思潮的影
響之下，已分化成多個尖銳對立且緊張的思想模型。簡單說來，它們大致呈
現三個現代的思想陣營：中國馬克思主義哲學思潮、實證哲學思潮（又稱自
由主義思潮）和現代新儒家思潮（或稱新文化保守主義）。它們對意義危機和
秩序危機各有各自的解決之道，但也因此帶來了新的問題，不僅傳統的危機
沒有得到緩解，反而在一種新的歷史情境下加劇了危機本身。通覽整個的二
十世紀，可以這樣說，除了短暫的個別時期之外，這兩大危機始終籠罩著整
個二十世紀的中國，至今沒有獲得解決，而且還將這一問題歷史地遺留到了
我們當代的二十一世紀中國。

〔註7〕李大釗，《由經濟上解釋中國近代思想變動的原因》，載於《新青年》第七卷
第二號，1920 年 1 月 1 日。

　　中國現代性範式轉型的這種「懸而未決」狀況具體化到一般社會大眾的心理，則表現為一種信仰無著、人生無從安身立命的「意義危機」（the crisis of meaning），從而使得從士大夫到一般民眾的思想產生了巨大的混亂和虛脫而陷入「精神迷失」的境地。一些國內研究者把近代國人因傳統價值觀的斷裂而凸現的「精神迷失」分為三個方面：即「道德價值的迷失」、「存在迷失」和「形上的迷失」。「意義危機」首先從「道德價值的迷失」開始。即儒家的一些重要的道德政治價值（moral political value）動搖了。到「五四」時期，當一些狂熱者要求對所有價值，「特別是儒家的道德傳統，重加評估之時，『迷失』狀態達到了極致」。〔註 8〕緊接著出現了「存在迷失」，在廣泛的討論道德危機時，存在者對生存狀況的焦慮和對生命存在的悲觀意識。這種氣氛瀰漫在以王國維為代表的一些作家的詩文中，很多中國知識分子潛心於佛學的研究，也就是想解決生命存在的意義問題；而更深層次的是「形上的迷失」，即科學雖然為中國人開出了一條新路，「雖然能回答許多『什麼』（what）和『如何』（how）的問題，可是對於『究竟因』（ultimate why）卻無法不緘默。因此，科學因其本質之故，無法取代傳統中廣涵一切的世界觀」〔註 9〕新文化運動後期的「科玄之爭」則是直面此危機的一次昭然回應。海外華人學者張灝曾經將傳統儒家在二十世紀之初遭遇到的這種意義危機又分為三個層面。第一是道德取向的危機。儒家的基本道德價值取向由以禮為基礎的規範倫理和以仁為基礎的德性倫理組成。在 1895 年以後，先是儒家的以三綱為核心的規範倫理受到譚嗣同等人的激烈抨擊；隨後，儒家的德性倫理 —— 以仁為核心的君子理想和以天下國家為軸心的社會理想，也在「五四」時受到全面挑戰，儘管德性倫理的若干形式還保留，但其內容已經大大地西化了。第二個層面是精神取向的危機。儒家學說過去提供了一套關於宇宙、自然、生命和人生的來源和意義架構，它組成了中國人最基本的價值觀。到二十世紀初年，這一世界觀已經遭到了全面的質疑，中國知識分子陷入了深刻的精神虛空。第三個層面是文化認同危機。中國過去所特有的世界意識是「以夏變夷」說 —— 一種華夏中心主義的天下觀念，西方列強的侵略迫使中國人「爭眼看世界」，接受了現代國際觀念，從而使得原來的文化認同、

〔註 8〕Chow Tse-tsung：The May Fourth Movement：Intellectual Revolution in Modern China，Cambridge, Mass, Harvard University Press, (1960), P.59

〔註 9〕《當代新儒家》，封祖盛編，三聯書店，1998 年版，第 59～60 頁。

對自我的認知發生了巨大的顛覆。〔註 10〕凡此種種，羅列了一場深刻的、全面的意義危機，並貫穿於二十世紀的大部分時期。因此，為了拯救國民意識中由這種意義危機所帶來的精神虛脫，近代知識界的文化精英們責無旁貸地擔當起了重建國民價值觀的神聖使命。世紀之交前後的維新派改良運動和「五四」新文化運動則可堪稱近代文化精英們企圖重建國民價值觀的兩次嘗試。

近代意義上的第一次價值重建當屬以梁啟超為標誌的維新派改良人士關於國民公德建構的「新民說」。

十九世紀的最後十年，中國社會的政治結構和經濟狀況開始了較大的變動，傳統社會中曾扮演著主流意識形態的儒家倫理價值觀加速崩潰。1895 年中日甲午戰爭以後，民族危機日益嚴重。這一時期以康有為、嚴復、譚嗣同、梁啟超等人為代表的維新派，包括一部分開明官紳，紛紛以各種方式請求清廷變法維新，試圖通過一條自上而下的改良途徑以達到除舊布新、安內攘外和富國強兵的目的，從而挽救嚴重的社會危機和民族危機。他們繼承並發揚了前期「洋務運動」中一部分進步人士的變法思想，無視「夷夏大防」的古訓，試圖以匆匆學來的某些西方倫理學說，來代替舊倫理、舊道德，從而構造出一套兼採中西的政治理論學說與倫理道德思想的價值體系。這場由唯新派人士發起的旨在重建國民價值體系的改良運動始於康有為的「託古改制」說。他把嚴復引進的西方進化論理論應用到《春秋公羊》的「三世說」，炮製了一個天下「大同」的理想國。康氏這條假「託古改制」之途而營建的「大同」之說，雖難逃時人「數千年宗法封建社會舊思想之迴光返照」的媾嫌非議，然而，其思想創造力之大，實為當時世人折服。對此，其弟子梁啟超有過如下一翻評論：

《大同書》數十萬言，於人生苦樂之根原，善惡之標準，言之極詳辯，然後說明其立法之理由。其最要關鍵，在毀滅家族……謂私有財產為爭亂之源，無家族則誰復樂有私產？若夫國家，則又隨家族而消滅者也。」〔註 11〕又說「南海之功安在？則亦解二千年來人心之縛，使之敢於懷疑，而導之以人思想自由之途徑而已……自董仲舒定一尊以來，以至康南海《孔子改制考》

〔註 10〕 參見張灝，《中國近代思想史的轉型時代》，載於香港《二十一世紀》雜誌 1999 年 4 月號。
〔註 11〕 梁啟超，《清代學術概論》，上海古籍出版社，1998 年 1 月，第 81 頁。

出世之日，學者之對於孔子，未有敢下評論者也。恰如人民對於神聖不可侵犯之君權，視爲與我異位，無所容其思議，而及今乃始有研究君權之性質，擬議其長短得失者。夫至於取其性質而研究之，則不惟反對焉者之識想一變，即贊成焉者之識想亦一變矣。所謂脫羈軛而得自由者，其幾即在此而已。」〔註12〕

　　不過，康氏思想之歸宿卻是借立教改制之名，行傳統孔子倫理之實的「復古主義」。只不過星換斗移，事過境遷了，而不得不給孔子改換一副新面目。其思想實質當是傳統農業社會的儒家價值觀在新時代的一種浮光掠影的返照。與此同時的譚嗣同則不然。他敢於「沖決羅網」，打破一切傳統的思想與束縛，其展示的正是代表近代中國早期資本社會自由思想的特色。其思想勇於「破舊」，大膽「創新」。無奈，其思想體系糅合各世界宗教、哲學與科學於一爐而斑斕陸離，無法替國民信仰深處的「意義眞空」構建出一套濟世之良方的價值體系。與其同時的梁啓超有感於「中國社會最易消磨人物，而斫喪其英氣，自昔有然，今則尤甚」〔註13〕之時弊，遂折衷了康、譚二人的學說，並兼採嚴復的西洋進化論倫理觀，構築了一整套新的國民道德價值體系——《新民說》，〔註14〕可謂開啓了世紀思想啓蒙的先河。

　　這一時期的價值重構具體表現在拯救民族危機和重塑國民素質兩個方面。通過嚴復引介西洋進化論思想的「優勝劣汰」機制來「自強保種」，實現民族振興；從剖析國民性著手，倡導以「群」爲核心的國民「公德」價值觀來重塑國民素質，達到由「立人」進而「立國」的社會理想。這樣，在梁啓超看來，自傳統社會的儒家倫理價值觀崩潰以來的秩序危機和信仰危機方可得到舒緩。不過，梁氏在闡述國民理想中提倡的那套價值觀的構想，折射了一種近代學術思想的新思路——即用儒家經世致用的古老傳統以尋求現代新思想的轉向。

　　在維新派人士企圖通過自上而下的改良途徑以達到除舊布新、安內攘外和富國強兵之目的的嘗試失敗之後，以孫中山爲代表的革命派人士轉而致力於武裝起義的暴力革命運動以推翻滿清的封建專制統治，最終取得了辛亥革

〔註12〕梁啓超，《論中國學術思想變遷之大勢》，上海古籍出版社，2001年9月，第129～130頁。

〔註13〕梁啓超，《飲冰室主人自說》，江蘇人民出版社，1999年3月，第14頁。

〔註14〕《新民說》是梁啓超在1902～1904年間斷斷續續發表的一組系列，它的第一章出現在《新民叢報》第1期上，最後一章在於第72期。

命的成功，建立了資產階級的民主共和國——中華民國。然而，辛亥革命在取得了推翻封建帝制的豐功偉業之後，圍繞著革命之後的「國家建設」問題上則又陷入了步履惟艱、一籌莫展的困境。在《中國之現狀及國民黨改組問題》一文中，孫中山即道出了當時中國所面臨的這種現實狀況，他說：「我們自辦同盟會以來，有很大的力量表現出來，就是把滿清政府推倒。但推倒之後，官僚之流毒日益加甚，破壞雖成功，建設上卻一點沒有盡力。這十三年來，政治上、社會上種種黑暗腐敗比前清更甚，人民困苦日甚一日。故多數反革命派以此爲口實而攻擊革命黨，謂只有破壞能力，而無建設能力。」〔註15〕這種狀況孫中山在其《建國方略‧自序》中流露得更加淋漓盡致，他說：

> 辛賴全國人心之傾向，仁人志士之贊襄，乃得推覆專制，創建共和。本可從此繼進，實行革命黨所保持之三民主義、五權憲法，與夫《革命方略》所規定之種種建設宏模，則必能乘時一躍而登中國於富強之域，躋斯民於安樂之天也。不圖革命初成，黨人即起異議，謂予所主張者理想太高，不適中國之用；眾口爍金，一時風靡，同志之士亦悉惑焉。是以予爲民國總統時之主張，反不若爲革命領袖時之有效而見之施行矣。此革命之建設所以無成，而破壞之後國事更因之以日非也。夫去一滿清之專制，轉生出無數強盜之專制，其爲毒之烈，較前尤甚。於是而民愈不聊生矣！溯夫吾黨革命之初心，本以救國救種爲志，欲出斯民於水火之中，而登之衽席之上也。今乃反令之陷水益深，蹈火益熱，與革命初衷大相違背者，此固予之德薄無以化格同儕，予之能鮮不足駕奴群眾，有以致之也。然而吾黨之士，於革命宗旨、革命方略亦難免有信仰不篤、奉行不力之咎也，而其所以然者，非盡關乎功成利達而移心，實多以思想錯誤而懈志也。〔註16〕

那麼，在孫中山看來，導致這種「革命之建設所以無成」的「思想錯誤」又是什麼呢？他認爲，這就是傳統中國所奉行的「知之非艱，行之惟艱」之錯誤學說所致的。他指出：

〔註15〕 《中國之現狀及國民黨改組問題》，《孫中山選集》，人民出版社 1981 年 10 月版，第 579 頁。
〔註16〕 《建國方略‧自序》，《孫中山全集》第 6 卷，中華書局 1985 年版，第 157～158 頁。

　　此思想之錯誤爲何？即「知之非艱，行之惟艱」之說也。此說始於傳說對武丁之言，由是數千年來，深中於中國之人心，已成牢不可破矣。故予之建設計劃，一一皆爲此說所打消也。嗚呼！此說者予生平之最大敵也，其威力當萬倍於滿清。夫滿清之威力，不過只能殺吾人之身耳，而不能奪吾人之志也。乃此敵之威力，則不惟能奪吾人之志，且足以迷億兆人之心也。〔註17〕

因此，在孫中山看來，要取得「革命之建設」的成功，不是靠馬克思主義，「現在一般青年學者信仰馬克思主義，一講到社會主義，便主張用馬克思的辦法來解決中國社會經濟問題，這就是無異『不翻北風就壞人民』一樣的口調。不知中國今是患貧，不是患不均。在不均的社會，當然可用馬克思的辦法，提倡階級戰爭去打平他；但在中國實業尚未發達的時候，馬克思的階級戰爭、無產專制便用不著。所以我們今日師馬克思之意則可，用馬克思之法則不可。」〔註18〕而是要靠他的「三民主義」學說。而要實現他的「三民主義」，則必須首先從改造國民之精神──即國民心理做起，「夫國者人之積也，人者心之器也，而國事者一人群心理之現象也。是故政治之隆污，繫乎人心之振靡。吾心信其可行，則移山塡海之難，終有成功之日；吾心信其不可行，則反掌折枝之易，亦無收傚之期也。心之爲用大矣哉！夫心也者，萬事之本源也。滿清之顛覆者，此心誠之者也；民國之建設者，此心敗之也。」〔註19〕爲此，孫中山提出了用他的「知難行易」說的力行哲學觀去取代傳統社會那套崇奉以久的「知之非艱，行之惟艱」的錯誤學說，「古人說『知易行難』，我的學說是『知難行易』。從前中國百事都腐敗的原因，是由於思想錯了。自我的學說發明以後，中國人的思想便要大改革。拿我的學說去做事，無論什麼事都可以做得到的。」〔註20〕對於孫中山的這種「知難行易」說，賀麟先生從思想史的角度給予了很高的評價，他說：

　　　　他的「知難行易說」不但是指導多次武裝革命的實踐，也總結了辛亥革命的經驗教訓。而且他把知與行，理論家與實行家不惟劃

〔註17〕同上，第158頁。
〔註18〕《三民主義・民生主義》，《孫中山選集》，人民出版社1981年10月版，第842頁。
〔註19〕《建國方略・自序》，《孫中山全集》第6卷，中華書局1985年版，第158～159頁。
〔註20〕《宣傳造成群力》，《孫中山選集》，人民出版社1981年10月版，第569頁。

分爲二截，認爲難易懸殊，雖理論上實踐上似乎都不免有困難，但
也有其實際的苦衷。他明確指出，說知難，目的在於勉勵人作高深
專門的科學研究；說行易，目的在於喚醒人民，鼓舞群眾去參加革
命促進民主。並想破除當時很流行的對革命問題的畏難苟安、麻痺
落後思想。他已經在他的學說中充分表現了「五四」運動時期所倡
導的「科學」與「民主」的進步思想了。〔註21〕

近代意義上的第二次價值重建則是以「民主」和「科學」爲旨歸的「五四」
新文化啓蒙運動。

近代中國社會轉型的一個突出的特點即是循著由器術（經濟技術）、制
度和思想這三個層面的變革從表及裏、由淺入深地展開的。鴉片戰爭失敗
後，面對西方列強的入侵，開明的中國知識分子最先看到的是西方的「堅船
利炮」之類的先進技術，效法「師夷之長技以制夷」的策略，試圖通過以「自
強」「求富」爲目的的洋務運動來實現中國的近代化之路。這種器術層面的
變革雖有不少技術實力上的成效，但由於未能觸及到這種「遠離經濟基礎之
上」的社會上層建築的相應調適，這種在封建管理體制運作下經營的資本主
義近代企業，最終因中日甲午戰爭的失敗而終止。洋務運動的失敗宣告了這
條單單停留於器術層面的近代化之路的終結。因此，只有走上層建築的政治
體制改革，才能使中國步入獨立、自強的近代化之路。從改良派的戊戌變法
到激進派的辛亥革命，近代中國所嘗試的正是一條從封建專制體制到資產階
級民主共和政體的制度變革之途。然而，由於這場暴風驟雨式的制度革命席
卷全國上下，其震動之劇烈，時間之短促，使得傳統的依靠政治強力來維繫
的儒家綱常倫理的一整套價值系統迅速崩潰，而新的適應資產階級民主共和
政體的價值體系並未形成。於是，民國前後的國民心理出現了空前的信仰危
機。這樣，重建國民意識中的觀念體系，對傳統和外來的價值系統進行重新
評估，一場即將來臨的如火如荼式的思想變革運動就成了時代的當務之急。
這場轟轟烈烈的思想變革運動彙成了「五四」新文化運動的大潮。梁漱溟在
其《東西文化及其哲學》一書中深入剖析了中國近代化的這種心路歷程，他
說，洋務運動失敗之後，「大家又逐漸意識到政治制度上面，以爲西方化之
所以西方化，不單在辦實業、興學校，而在西洋的立憲制度、代議制度。於
是大家又群趨於政治制度一方面，所以有立憲論和革命論兩派。後來的結

〔註21〕賀麟：《五十年來的中國哲學》，商務印書館，2002 年 12 月版，第 207 頁。

果，立憲論的主張逐漸實現；而革命論的主張也在辛亥年成功。……但這種改革的結果，西方的西洋政治實際上仍不能在中國實現，雖然革命有十年之久，而因爲中國人不會運用，所以這種政治制度始終沒有安設在中國。於是大家乃有更進一步的覺悟，以爲政治的改革仍是枝葉，還有更根本的東西在後頭。假使不從更根本的地方做起，則所有種種做法都是不中用的，乃至所有西洋文化，都不能領受接納的。此種覺悟的時期很難顯明的劃分出來，而稍微顯著的一點，不能不算《新青年》陳獨秀他們幾位先生。他們的意思要想將種種枝葉拋開，直截了當去求最後的根本。所謂根本就是整個的西方文化──是整個文化不相同的問題。如果單採用此種政治制度是不成功的，須根本的通盤換過才可，而最根本的就是倫理思想──人生哲學──所以陳先生在他所作的《吾人之最後覺悟》一文中以爲種種改革通用不著，現在覺得最根本的在倫理思想。對此種根本所在不能改革，則所有改革皆無效用。到了這時才發現了西方的根本的所在，中國不單火炮、鐵甲、聲、光、化、電、政治制度不及西方，乃至道德都不對的！這是兩方問題接觸最後不能不問到的一點，我們也不能不歎服陳先生頭腦的明利！……這時候因爲有此種覺悟，大家提倡此時最應做的莫過於思想之改革，──文化運動。經他們幾位提倡了四五年，將風氣開關，於是大家都以爲現在最要緊的是思想之改革──文化運動──不是政治的問題。」〔註22〕

新文化運動的主題有二：一是破舊──表現爲批孔。早在 1913 年思想界尊孔復古思想回籠，《中華新報》就此發表社論說：「所謂祀孔子者，不外歷來君主爲鞏固君權之手段」。革命民主派人士在《關近日復古之謬》一文中也指出：「中國之禮教，所謂忠孝節義者，無一不與近世國家之文化相違背。」因此，中國社會要得發展與繁榮，「不在復古而在革新，不在孔教而在科學。」隨後，對這種尊孔復古思潮時弊的抨擊遂演變爲新文化運動時期的大規模批孔運動。陳獨秀指出：「孔教的教義乃是教人忠君、孝父、從夫，無論政治倫理都不外這種重階級尊卑的三綱主義。」〔註23〕他認爲，孔教的核心是禮教，重點是「三綱」道德，是爲維護封建專制的等級制度和家族制服務的。「主張尊孔，勢必立君，主張立君，勢必復辟」；「提倡禮教必培共和」，「信仰共和

〔註22〕梁漱溟，《東西文化及其哲學》，見《中國現代學術經典·梁漱溟卷》，劉夢溪主編，河北教育出版社，1996 年 8 月，第 15～16 頁。
〔註23〕陳獨秀，《舊思想與國體問題》，見《新青年》第 3 卷第 3 號。

必排孔教」。因此，要反對專制，維護共和，就必須反對「三綱」倫理，而反對「三綱」，必須反孔。「孔教與共和，乃絕對兩不相容之物，存其一必廢其一。」〔註 24〕當時，在《新青年》雜誌的號召下，一批進步學者在思想界一片尊孔讀經的聲浪中挺身而出，直言不諱地批評孔子，對幾千年來學術思想界「獨尊儒術」的儒家倫理學說進行了深刻的理性反思。此之謂「破舊」也！二是立新──即倡導「科學」「民主」的價值觀。既然傳統的孔教倫理不足以當立時代變遷的國民精神之根底，那麼，倡導一種切合時代潮流之所需的新的國民價值觀就成了時代精英們的學術使命。這種新的價值體系，就是新文化運動的鬥士們高舉的兩面大旗──「民主」（德先生）與「科學」（賽先生）。顯然，從整個二十世紀「古今東西」之爭的歷程來看，這兩種價值觀的提出完全是「主張西方化主張到家」的西化派模式建構。這種建構的力行在當時尊孔思潮迴蕩、泛濫的社會環境中肯定難逃復古派的詆毀與詰難。對此，陳獨秀在 1919 年初的《新青年》雜誌發表了《本志罪案之答辯書》一文進行回擊和辯護。他說：

> 本志同人本來無罪，只因為擁護那德謨克拉西（Democracy）和賽因斯（Science）兩位先生，才犯了這幾條滔天的大罪。要擁護那德先生，便不得不反對孔教、禮法、貞潔、舊倫理、舊政治。要擁護那賽先生，便不得不反對舊藝術、舊宗教。要擁護那德先生，又擁護那賽先生，便不得不反對國粹和舊文學。……西洋人因為擁護德賽兩先生，鬧了多少年，流了多少血。……我們現在認定只有這兩位先生，可以救治中國政治上、道德上、學術上、思想上一切的黑暗。若因為擁護這兩位先生，一切政府的壓迫，社會的攻擊笑罵，就是斷頭流血，都不推辭。〔註25〕

這篇文章代表了新文化運動時期進步青年的心聲，成了他們擁護民主和科學的公開宣言書。

　　以上只是圍繞著尋求近代國民價值觀之建構的心路歷程，來釐定中國倫理學學術發展在二十世紀初期之歷史衍變的軌迹。

〔註24〕陳獨秀，《吾人最後之覺悟》，見《青年雜誌》第 1 卷第 6 號。

〔註25〕陳獨秀，《〈新青年〉罪案之答辯書》，載《新青年》第 6 卷第 1 號。

第一章　康有爲：儒家「大同」
　　　　　社會的新構想

　　康有爲是近代維新改良運動的領袖，他是十九世紀末代表中國傳統儒家道統論立場向西方尋求眞理的啓蒙思想家，也是近代中國第一批嘗試著更新國民道德性之路的先行者。

　　康有爲（1858～1927年），原名祖詒，號長素，字廣廈，廣東南海人。他對中國近代社會的政治變革進行過不懈的努力，對近代中國新倫理的建構，也有所貢獻。其倫理思想的核心，概言以蔽之，曰：「先生之倫理，以仁學爲唯一之宗旨。以爲世界之所以立，眾生之所以生，國家之所以存，禮義之所以起，無一不本於仁，苟無愛力，則乾坤應時而滅矣。」〔註1〕具體而言，他的倫理思想的基本內容是：宣傳自由、平等、博愛（「無涯之愛」）的人道主義倫理學說，主張破除封建主義「三綱五常」等舊禮教、舊道德；提出「求樂免苦」的近代西方樂利主義道德觀，反對宋明程朱一派之「存理去欲」的理欲觀；在人性論上先是持一種自然人性論立場，強調人性無所謂善惡，後又重視宣傳儒家的「不忍人之心」。

　　在清末之際的治學風格上，康有爲秉承了晚清以來，以龔自珍、魏源爲代表的「今文學」一派之遺風，「素以經術作政論」。其學術思想之根底仍是以儒家孔子學說爲旨歸的一種「綜合性思想」，「他的綜合思想歸根到底是試圖把各種不同流派的思想統一到一種以儒家思想爲基本的思想體繫上來。」

〔註1〕梁啓超，《南海先生傳》，《飲冰室文集》卷六。

〔註2〕故民國有人將其定性為「數千年宗法封建社會舊思想之迴光返照」〔註3〕的代表人物，蔡元培在《五十年來中國之哲學》中也說他是「在孔子學派上想做出一個『文藝復興』運動」的力行者。為達到這種思想目的，在治學思路上他也頗為標新立異，別具匠心。首先，在學術方法上他善於兼採某些西方的倫理學說來「洋為中用」；其次，在著書立說時，他則大都本著「六經注我」的精神，摭拾經文以發揮他自己主觀的意見。對於其體現在學術方法上的這種性格，他的學生梁啟超有過如此精當的評論：「有為之為人也，萬事純任主觀，自信力極強，而持之極毅。其對於客觀的事實，或竟蔑視，或必欲強之以從我。其在事業上也有然，其在學問上也亦有然；其所以自成家數、崛起一時者以此，其所以不能立堅實之基礎者亦以此。」〔註4〕康有為的這種學問性格在其最初著《新學偽經考》中最為鮮明。然而，康氏的這種治學方法在思想界的震動卻是「一石激起千重浪」，「第一，清學正統派之立腳點，根本動搖；第二，一切古書，皆須從新檢查估價。此實思想界之一大颶風也。」〔註5〕由此可見，康氏「開近代思想自由之風氣」的並非其思想本身，而是來自於他在治學方法上的一種革命手段。其治《新學偽經考》如是，作《孔子改制考》尤為甚然。梁啟超說：「有為又宗公羊，立『孔子改制』說，謂六經皆孔子所作，堯舜皆孔子依託，而先秦諸子，亦罔不『託古改制』。實極大膽之論，對於數千年經籍一突飛的大解放，以開自由研究之門。」〔註6〕而奠定康有為在近代中國思想之地位的也就是在三部著作上，即《新學偽經考》、《孔子改制考》和《大同書》。其弟子梁啟超以《偽經考》比為「颶風」，《孔子改制考》比為「火山噴發」，《大同書》比為「大地震」。可見其書對當時思想界的影響之大。下面則具體綜述康有為在倫理觀方面的學術架構及其特色。

康有為首先是從人性論開始，來構建其倫理思想體系的基石的。在說到其人性論的基本觀點時，他是這樣表述的：「夫性者，受天命之自然，至順者也，不獨人有之，禽獸有之，草木亦有之，附子性熱，大黃性良是也，若名之曰人性必不遠，故孔子曰『性相近也』（孟子性善之說，有為而言。荀

〔註2〕張灝，《梁啟超與中國思想的過渡》，江蘇人民出版社，1997年1月，第26頁。
〔註3〕郭湛波，《近五十年中國思想史》，山東人民出版社，2002年1月，第11頁。
〔註4〕梁啟超，《清代學術概論》，上海古籍出版社，1998年6月版，第78頁。
〔註5〕同上。
〔註6〕同上，第6頁。

子性惡之說，有激而發。告子『生之謂性』，自是確論，與孔子說合，程子、張子、朱子分性爲二，有氣質，有義理，辨研較精。仍分爲二者，蓋附會孟子，實則性全是氣質，所謂義理自氣質出，不得強分也。余別有《論性篇》）。夫相近則平等之謂，故有性無學，人人相等，同是食味別生被色，無所謂小人，無所謂大人也。有性無學，則人與禽獸相等，同是視聽運動，無人禽之別也。」〔註7〕可見，他是從人的自然屬性方面來看待人性問題的，認爲人性是生而具之的，並非後天形成的。這好比附子生來性熱、大黃生來性涼一般。所以，性「乃是生之質也」〔註8〕，人性就是人生而具之、自然生成的性質，包括「食味、別聲、被色」、「視聽運動」等自然屬性。因此，在康氏看來，性並不是理，不能先驗地內涵著「三綱五常」之類的封建倫理道德，他進而提出「性全是氣質」的命題，從而否定了二程、朱熹的「性即理」的觀點和所謂的「氣質之性」與「義理之性」的二分法。

　　從以上不難明白，康有爲在「人性」問題上所持的立場是，他反對孟子的「性善說」，贊同告子的「性無善惡論」，認爲「性者，生之質也，未有善惡」。「凡論性之說，皆告子是而孟子非。」〔註9〕這對於受過正統儒家思想薰陶的康有爲來說，他在人性論上的這種立場是叛逆性的。這無疑受到了近代西方資產階級自然人性論的影響並迎合了這一思想的產物。只不過在方法上採取了一條「返古」以「開新」、以傳統來附和西方新思想的學徑，這也是康有爲構建其倫理思想的一大特點。其精神與他「託古改制」的意圖是一樣的。這基本上可以代表康氏在早期人性論上的立場。

　　不過，康氏的人性論觀點並非始終如一的。在其後期著作，尤其是《大同》中設想的烏托邦社會藍圖，他則又主張用儒家的「仁」來充實和改造其原有的自然人性論，從而將孟子的「性善論」與自然人性論相糅合，重新復歸到了孟子所提出的「人皆有不忍人之心」的人性論觀點。比如，他常引用孟子的話說，人皆有「不忍之心」，「人者仁也」，「人之所以爲人者仁也」，「捨仁不得爲人」。即而言之，「仁」即人的本性，「人道」也。他在《大同書》說到：「然則人絕其不忍之愛質乎？人道將滅絕矣。滅絕者，斷其文明而還於野

〔註7〕康有爲：《長興學記》。
〔註8〕《康先生口說》。
〔註9〕康有爲：《萬木草堂口說》。

蠻，斷其野蠻而還於禽獸之本質也乎！」〔註 10〕在這裏康氏的「仁」並不是向早期儒家人性論的一種簡單重複，而是包含了新的內容——即近代資產階級的人道主義精神。運用近代西方資產階級的自由、平等、博愛等新的思想和價值觀來解釋這種「不忍之心——仁」，這是康氏人性論與早期儒家及程朱理學一派的區別，「不忍之心，仁也，電也、以太也，人人皆有之，故謂人性皆善。」「人道之仁愛，人道之文明，人道之進化，至於太平大同，皆從此出。」〔註 11〕這兒的「人性皆善」說已經明顯的悖離了他在早期的自然人性論立場。康有為思想上的這種矛盾，也是他所處的現實時代的一種返觀。在《大同書》中，康氏還把這種「仁」的思想普遍化起來，把大同看作是「仁」的時代，「先生之倫理，以仁學為唯一之宗旨。以為世界之所以立，眾生之所以生，國家之所以存，禮義之所以起，無一不本於仁。」〔註 12〕在康有為那裏，「『仁』不僅是一種能賦予生命和起統一作用的道德宇宙的本源，而且也是一種具有動力和產生能量的自然的力。」〔註 13〕康氏對「仁」的這種形而上的闡釋中所蘊涵的一元論與力本論思想，無疑地滲透的到了與其同時代的譚嗣同的「仁學」倫理體系之中。〔註 14〕

康有為本人深受儒家傳統道德的影響，相對於他當時所處的社會時代而言，他又多少耳濡目染了一些近代西方倫理道德學說，運用傳統儒家的道德觀來附和近代西方的某些人道主義的學說，這既是康氏倫理思想的矛盾所在（如他在人性論上的矛盾即是一例），又是他構建倫理價值體系的一大特色。因此在對待一些近代西方的自由、平等、博愛和天賦人權等價值學說時，康氏認為，他都可以在儒家的傳統倫理道德體系中找到類似的觀念。如在解釋《論語》中子貢的「我不欲人之加諸我也，吾亦欲無加諸人」一語時，康氏說：「子貢不欲人之加諸我，自立自由也；無加諸人，不侵犯人之自立自由也。人為天之生，人人直隸於天，人人自立自由。不能自立，為人所加，是六極

〔註 10〕 康有為：《大同書》，中州古籍出版社，1998 年 10 月版，第 35 頁。

〔註 11〕 康有為：《孟子微》。

〔註 12〕 梁啓超：《南海先生傳》，《飲冰室文集》卷六。

〔註 13〕 張灝，《梁啓超與中國思想的過渡》，江蘇人民出版社，1997 年 1 月版，第 40 頁。

〔註 14〕 注：張灝認為，他們二人的思想都以「仁」的思想為核心，但譚對「仁」的理想的闡釋遠比康激進。（參見《梁啓超與中國思想的過渡》，張灝著，江蘇人民出版社，1997 年 1 月版，第 49 頁。）

之弱而無剛德，天演聽之，人理則不可也。人各有界，若侵犯人之界，是壓人之自立自由。悖天定之公理，尤不可也。子貢嘗聞天道自立自由之學，以定人道之公理，急欲推行於天下。〔註15〕」又說：「近者，世近昇平，自由之義漸明，實子貢爲之祖，而皆孔子之一支一體也。」在這種闡釋中，康有爲顯然加入了西方近代資產階級的自由學說和天賦人權的某些內容，而他對儒家這種所謂的「自由」觀的發掘，則援引了西方的自由觀來做注腳。這是傳統經學中的「六經注我」工夫對康氏的一種啓發——即西「學」中「注」。康氏的這種治學方法，在其借用孔子的「性相近，習相遠」之論斷來附和近代西方的「平等」政治倫理範疇時更爲絕妙、經典。他說：「夫相近則平等之謂，故有性無學，人人相等，同是食味別聲被色，無所謂小人，無所謂大人也。」〔註16〕又說：「蓋天之生物，人爲最貴，有物有則，天賦定理，人人得之，人人皆可平等自立，故可以全世界皆善。」「人人皆天生，故不曰國民而曰天民；人人既是天生，則直隸於天，人人皆獨立而平等。人人皆同胞而相親如兄弟。」〔註17〕在這裏，康氏似乎已從傳統的孔、孟言論中找到了「平等」這一西方近代政治倫理觀的原初範型，並據此認爲，中國的先秦儒家早已提出了「人人皆獨立而平等」倫理觀。而且，這種傳統的儒家「平等」觀還包含有天賦平等的色彩，這種平等也是任何人都不能剝奪的。他說：「孔子以群生同出於天，一切平等，民爲同胞，物爲同氣，故常懷大同之治，制太平之法，而生非其時，不能遽行大道。」〔註18〕其歷史理論「三世說」中的「昇平世」和「太平世」，之所以爲「平」，乃在其共有特徵皆爲「平等」之故也。所以，在康氏看來，西方近代以來倡導的「平等」觀，在中國先秦的儒家中早已論及之，「人人皆天所生，無分貴賤，生命平等，人身平等」〔註19〕，只不過「後世於平民之中，過分流等」而已。至於論及到近代西方傳入的「博愛」倫理範疇，康有爲則將其直接等同於儒家的「仁」，「仁者，博愛。」〔註20〕故其學生梁啓超概括其思想曰：「先生之哲學，博愛派之哲學也。先生

〔註15〕康有爲：《論語注》卷5。
〔註16〕康有爲：《長興學記》。
〔註17〕康有爲：《孟子微》。
〔註18〕康有爲：《禮運注》。
〔註19〕康有爲：《孟子微》。
〔註20〕同上。

之倫理，以仁學爲唯一之宗旨。」〔註21〕這種評價是恰如其分的。

在引進和介紹這些近代西方的「自由」「平等」和「博愛」等價值觀時，康氏也並非殊此一途，僅從傳統儒家倫理體系中來「返本」以「開新」。有時他則直截了當地引進並加以發揮。這主要表現在他運用近代西方「趨樂避苦」的快樂主義倫理觀以批判程、朱理學的「天理」「人欲」之辯上。針對宋明理學程朱一派提出的「存天理、滅人欲」的理欲觀，康有爲基本上站在了明末清初的王夫之、戴震等人的立場上，認爲天理與人欲並非截然對立，而是統一的。康氏認爲，「天理」之類的理性原則由人所制，而欲望也在人性中。譬如，新生嬰兒不具道德自覺，但即使無鼓勵與教導，已有欲望。故康氏在其早期作品《康子內外篇》中即有「天欲人理」〔註22〕之說。在另一文《不忍篇》中，他則以更重的語氣加強了這一觀點。他說：「凡有血氣之倫必有欲，有欲則莫不縱之，若無欲則唯死耳。最無欲者佛，縱其保守靈魂之欲；最無欲者聖人，縱其仁義之欲。」〔註23〕即而言之，人的德行並非不能與「人欲」並存。在康氏看來，不這樣，則會有悖於聖人之說。因爲，「聖人不以天爲主，而以人爲主」。〔註24〕在1877年康氏寫道，「本天人性命之故」，因此，聖人之道唯引導人們符合其本性，是故並不拒斥聲色。〔註25〕在1901年的《中庸注》中，他對此闡釋得更清楚：「孔子之道，因於人性，有男女、飲食、倫常、日用，而修治品節之，雖有高深之理，卓絕之行，如禁肉、去妻、苦行、煉神……然遠於人道，人情不堪，只可一二畸行爲之，不能爲人人共行之，即不可以爲人人共行之道，孔子不以爲教也。」〔註26〕接下來，康有爲由此「人生而有欲，天之性哉」〔註27〕的論點出發，遂得出了他的快樂主義倫理學之基本結論：

> 故普天之下，有生之徒，皆以求樂免苦而已，無他道矣。其有迂其途，假其道，曲折以赴，行苦而不厭者，亦以求樂而已。雖人之性有不同乎，而可斷斷言之曰，人道無求苦去樂者也。立法創教，

〔註21〕梁啓超：《南海先生傳》，《飲冰室文集》卷六。
〔註22〕康有爲：《理氣篇》，見《康子內外篇》，第21頁。
〔註23〕康有爲：《不忍篇》，見《康子內外篇》，第10頁。
〔註24〕《康先生口說》。
〔註25〕康有爲：《春秋董氏學》卷六上。
〔註26〕康有爲：《中庸注》，第9頁。
〔註27〕康有爲：《大同書》，中州古籍出版社，1998年10月版，第76頁。

令人有樂而無苦，善之善者也；能令人樂多苦少，善而未盡善者也；
令人苦多樂少，不善者也。〔註28〕

康氏對此結論之解釋如是：

夫生物之有知者，腦筋含靈，其與物非物之觸遇也，即有宜有
不宜，有適有不適。其於腦筋適且宜者則神魂爲之樂，其與腦筋不
適不宜者則神魂爲之苦。況於人乎，腦筋尤靈，神魂尤清，明其物
非物之感人於身者尤繁夥、精微、急捷，而適不適尤著明焉。適宜
者受之，不適宜者拒之。故夫人道只有宜不宜，不宜者苦也，宜之
又宜者樂也。故夫人道者，依人以爲道。依人之道，苦樂而已。爲
人謀者，去苦以求樂而已，無他道矣。」〔註29〕

海外華人學者蕭公權在談到康氏的這一「去苦求樂」倫理觀時，認爲他的這
一思想來自於近代西方的功利主義學者邊沁（Jeremy Bentham），因此斷言，
康氏的這種「去苦求樂」的樂利主義倫理觀正是他從事社會改革和構建「大
同」理想社會的理論基礎。〔註30〕從康氏《大同書》的框架體系來看，即可
窺見這種「去苦求樂」倫理觀在構建其「大同」理想社會藍圖中之來龍去脈。
全書共分十部，開篇之甲部「入世界觀眾苦」即分爲 6 章來詳述人世間的諸
多苦難，如「人生之苦」、「天災之苦」、「人道之苦」、「人治之苦」、「人情之
苦」、「人所尊尚之苦」，總之，「人間之苦無量數不可思議，因時因地，苦惱
變矣，不可窮紀之。」〔註31〕至末篇癸部「去苦界至極樂」，康氏企圖通過社
會改革——破「九界」（「九界既去，則人之諸苦盡除矣，只有樂而已。」〔註
32〕）以去除人類的苦難，得以進入理想國——「大同」社會的最大快樂—
—情感上與思想上的無盡歡愉，從而實現其最高的社會理想即「大同太平，
則孔子之志也。」〔註33〕故康氏弟子梁啓超概括言之：「《大同書》數十萬言，
於人生苦樂之根原，善惡之標準，言之極詳辯，然後說明其立法之理由。」〔註
34〕下面，僅就康氏《大同書》中的倫理觀體系略作一點分析與梳理。

〔註28〕同上，第 38 頁。
〔註29〕同上，第 37 頁。
〔註30〕參見《近代中國與新世界：康有爲變法與大同思想研究》，蕭公權著，汪榮祖
　　　　譯，江蘇人民出版社，1997 年 4 月版，第 137 頁。
〔註31〕康有爲：《大同書》，中州古籍出版社，1998 年 10 月版，第 39 頁。
〔註32〕同上，第 358 頁。
〔註33〕同上，第 365 頁。
〔註34〕梁啓超：《清代學術概論》，上海古籍出版社，1998 年 1 月，第 81 頁。

　　康氏的《大同書》，單就倫理價值觀方面立言，則分為兩部分來剖析：一是破舊，即康有為所說的「破九界」；二是立新，在《大同書》康氏幾乎花費了五分之四的篇幅來對未來的大同理想社會加以描繪，其中涉及到了政治、經濟、社會結構及人民生活等各個方面。

　　先說康氏《大同書》中的破舊，即他書中講到的「破九界」。如前所述，既然康氏認為人間的苦是「無量數不可思議」，那麼，芸芸眾生若要脫離苦海，就必須要破除「九界」。所謂「九界」，照康有為自己的解釋，即「國界、級界、種界、形界、家界、業界、亂界、類界、苦界」。「九界」中又以「級界」、「家界」和「形界」為中心，這乃是人類社會諸多苦難的總根源。因此，康氏提出了破「九界」以「去苦求樂」，這就勢必要破除宋明程朱理學倡導的「存理去欲」的「理欲」之辯的束縛，從而轉到了對以「三綱五常」為核心的封建禮教的批判和揭露。在這方面，康有為堪稱是近代中國第一位主張以西方人道主義價值觀來批評和破除封建禮教的思想家。從康氏在《大同書》中的論述來看，他對封建禮教的批判最為鮮明的主要集中在對儒家倫理「三綱」中之「夫為妻綱」的抨擊和強烈譴責傳統的家族宗法制度之流弊。

　　《大同書》中的第五部即戊部——「去形界保獨立」部分，就是對「三綱」倫理中之「夫為妻綱」的無情痛斥和鞭撻。康氏在這一部的第 2 章《論婦女之苦古今無救者》中說道：

> 夫以男女皆為人類，同屬天生，而壓制女子，使不得仕宦，不得科舉，不得為議員，不得為公民，不得為學者，乃至不得自立，不得自由，甚至不得出入、交接、宴會、遊觀，又甚至為囚，為刑，為奴，為私，為玩，不平至此，耗矣哀哉！損人權，輕天民，悖公理，失公益，於義不順，於事不宜。吾自少至長，遊行里巷，每見婦女之事，念婦女之苦，惻然痛心，怒焉不安。〔註35〕

對此，康氏從「天賦人權」等近代西方道德觀念出發，提倡男女平等，各自獨立之權利，「此為天理之至公，人道之至平」。〔註36〕可見，康氏還是近代中國首倡婦女解放、男女平等意識的啟蒙思想家。康氏《大同書》中對未來之婦女的使命感是「吾今有一事為過去無量數女子呼彌天之冤，吾今有一大願為同時八萬萬女子拯沉溺之苦，吾今有一大欲為未來無量數不可思議女子

〔註35〕康有為：《大同書》，中州古籍出版社，1998 年 10 月版，第 185 頁。
〔註36〕同上，第 166 頁。

致平等大同自立之樂焉」。〔註37〕在稍後第 3 章《婦女最有功於人道》一篇中康氏充分肯定了婦女在人類文明進程中的地位和作用道：「嘗原人類得存之功男子之力爲大，而人道文明之事，借女子之功最多」，〔註38〕於此，康氏另有一番詳盡的闡釋：

> 今世界之進化，日趨文明，凡吾人類所享受以爲安樂利賴，而
> 大別於禽獸及野蠻者，非火化、熟食、調味、和齊之食乎，非範金、
> 合土、編草、削木之器乎，非織麻、蠶絲、文章、五采之服乎，非
> 堂構、樊圃之園庭、宮室乎，非記事、計數之文字、書算乎，其尤
> 爲美術令人魂歡魄和者，非音樂、圖畫乎！凡此皆世化至要之需，
> 人道至文之具，而其創始皆自女子爲之，此則女子之功德孰有量哉，
> 豈有涯哉！〔註39〕

所以，在未來的「大同」理想社會裏，「夫男女平等，各有獨立之權，」〔註40〕遂成了人們獲取其它一切權利的基礎。

　　康有爲在《大同書》中的另一宗「破舊」之功，則是對傳統社會以來的宗法家族制度的「毀滅」。在《大同書》的第 6 部即「己部」中，康氏還專門另闢《去家界爲天民》一部以抨擊和鞭撻封建宗法家族制度。在康氏看來，宗法家族即「有家」乃是妨礙其未來大同社會「太平之世」的一大毒瘤，「故家者，據亂世、昇平世之要，而太平世最防害之物也。」〔註41〕在該部的《總論》中，康氏列舉了「有家」之有害於未來社會之「太平」的 14 大罪狀。這些罪狀歸根揭底在於人各「有私」，而「有家」則給人以「強和之苦」。據此，「以有家而欲至太平，是泛絕流斷港而欲至於通津也。不寧唯是，欲至太平而有家，是猶負土而瀉川，添薪以救火也，愈行而愈阻矣。」〔註42〕故而，要想步入人類理想的「大同」世界，必須「去家」，乃至「去國」，「故欲至太平獨立性善之美，唯有去國而矣，去家而已。」〔註43〕這在以封建禮教維繫的宗法家族觀念根深蒂固的傳統社會裏，康氏的這一思想無異於一場「大地

〔註37〕同上，第 165 頁。
〔註38〕同上，第 186 頁。
〔註39〕同上，第 188 頁。
〔註40〕同上，第 303 頁。
〔註41〕同上，第 234 頁。
〔註42〕康有爲：《大同書》，中州古籍出版社，1998 年 10 月版，第 234 頁。
〔註43〕同上，同頁。

震」。其弟子梁啓超在評判康氏的《大同書》對時下思想界之影響時亦著重強調了這一點，他說《大同書》「數十萬言，其最要關鍵，在毀滅家族」。〔註44〕而康氏也恰然顧忌到其欲「毀滅家族」於當時思想界之震撼力，認爲「方今爲『據亂』之世，只能言小康，不能言大同，言則陷天下於洪水猛獸，」顧而「雖著此書，然秘不以示人」。〔註45〕其理想與現實之距離所映現的矛盾心理已昭然若揭。

以上只是康氏《大同書》中的「破舊」，他對代表封建禮教和宗法家族之「舊世界」的破壞，其目的則在於「立新」，爲建設其「新世界」──「大同」理想社會而興風造勢的。

從《大同書》的第六部開始，康有爲對其設想的未來理想社會之藍圖的「大同」世界盡情渲染著彩，全書之條理，依梁啓超的梳理，作了如下之提煉式的歸納：

一、無國家，全世界置一總政府，分若干區域。

二、總政府及區政府皆由民選。

三、無家族，男女同棲不得逾一年，屆期須易人。

四、婦女有身者入胎教院，兒童出胎者入育嬰院。

五、兒童按年入蒙養院，及各級學校。

六、成年後由政府指派分任農工等生產事業。

七、病則入養病院，老則入養老院。

八、胎教、育嬰、蒙養、養病、養老諸院。爲各區最高之設備，入者得最高之享受。

九、成年男女，例須以若干年服役於此諸院。若今世之兵役然。

十、設公共宿舍、公共食堂，有等差，各以其勞作所入自由享用。

十一、警惰爲最嚴之刑罰。

十二、學術上有新發明者，及在胎教等五院有特別勞績者，得殊獎。

十三、死則火葬，火葬場比鄰爲肥料工廠。〔註46〕

若僅就康氏「大同」學說之建構來看，其理想社會堪稱是結合了「古今中西」之學的一種「綜合性思想」。首先，康有爲以《春秋》「三世」之義說

〔註44〕 梁啓超：《清代學術概論》，上海古籍出版社，1998 年 1 月，第 81 頁。

〔註45〕 同上，第 82 頁。

〔註46〕 同上，第 81 頁。

《禮運》，謂「昇平世」為「小康」，「太平世」為「大同」。這種「大同」理
想是對中國古代儒家典籍《禮運·大同篇》之社會歷史觀的再現。其次，康
氏的《大同書》中又融入了近代西方資產階級的自由、平等和天賦人權等政
治倫理觀的內容。這在前面的剖析康氏的樂利主義倫理觀時已經提及到了。
最後，康氏關於大同世界的設想，還接受過西方空想社會主義思潮的影響。
在康氏早年編輯《日本書目志》一書中曾收入了日本哲學家井上圓了的《星
界想遊記》，該書是日本明治時代空想社會主義的著作。另外，他還讀過美國
貝拉米寫的空想社會主義小說《回頭看紀略》（又名《百年一覽》）的中譯本，
並評論此書說「美國所著《百年一覽》書，是大同影子」。〔註47〕有鑒於此，
康先生也毫不掩飾地坦露說，其寫作《大同書》「蓋積中國羲、農、黃帝、堯、
舜、禹、湯、文王、周公、孔子及漢、唐、宋、明五千年之文明而盡吸飲之。
又當大地之交通，萬國之並會，薈東西諸哲之心肝精英而醋飲之，神遊於諸
天之外，想入於血輪之中，於時登白雲山摩星嶺之巔，蕩蕩乎其鶩於八極也。」
〔註48〕

〔註47〕見《康南海先生口說》，中山大學出版社，1985 年版，第 31 頁。
〔註48〕康有為：《大同書》，中州古籍出版社，1998 年 10 月版，第 33 頁。

第二章 譚嗣同：新仁學

　　維新改良時期與康有爲、梁啓超齊名的另一個重要人物則是譚嗣同。譚嗣同與康梁交遊甚密，且常以康有爲之「私淑弟子」自稱，足見其思想受康氏影響之大。

　　譚嗣同（1865～1898 年），字復生，又字佛生，號通眉生，後改爲壯飛，署名華相眾生，又署東海褰冥氏，湖南瀏陽人。其生平事迹的介紹，梁啓超曾著有《譚嗣同傳》一文專述之。關於譚嗣同一生的治學經歷與思想演變之軌迹，梁啓超在《清代學術概論》中有如下一番回憶：

　　　　嗣同幼好爲駢體文，緣是以窺「今文學」，其詩有「汪（中）魏（源）龔（自珍）王（闓運）始是才」之語，可見其向往所自。又好王夫之之學，喜談名理。自交梁啓超後，其學一變。自從楊文會聞佛法，其學又一變。償自衰其少作詩文刻之，題曰《東海褰冥氏三十以前舊學》，示此後不復事此矣。其所謂「新學」之著作，則有《仁學》，亦題曰「臺灣人所著書」，蓋中多譏切清廷，假臺人舒憤也。書成，自藏其稿，而寫一副本畀其友梁啓超；啓超在日本印布之，始傳於世。〔註1〕

譚嗣同思想主要體現在其所著的《仁學》一書中。該著雖成書於 19 世紀末，然其出版卻是 20 世紀之初的事情，並對當時的思想界產生過巨大的影響。爲此，其友人梁啓超在《清代學術概論》中有過這樣的交代：「其所謂『新學』之著作，則有《仁學》，亦題曰『臺灣人所著書』，蓋中多譏切清廷，假臺人

〔註 1〕梁啓超：《清代學術概論》，上海古籍出版社，1998 年 1 月版，第 91 頁。

抒憤也。書成，自藏其稿，而寫一副本畀其友梁啓超；啓超在日本印布之，始傳於世。」〔註2〕該書中，譚嗣同構建了一個以「仁－通－平等」為核心的倫理框架體系，兼採西學，並對儒家傳統倫理學說加以繼承和改造，提出以「仁」為最高的倫理準則。同時主張「仁以通為第一義」的「四通」倫理學說，力倡人人平等的價值觀，要求以朋友一倫去改造君臣、父子、夫婦、兄弟四倫，這些都是他倫理思想中的顯著特點。在人性論方面，他堅持人欲皆善的「以太即性說」，並提出了以「崇奢黜儉」為特徵的近代資產階級功利主義倫理觀。本文專就譚嗣同《仁學》中的倫理學說予以闡述。

據譚嗣同本人在《自序》中的陳述，其《仁學》一書的基本精神大致如下：

> 竊揣歷劫之下，度盡諸苦厄，或更與以今日此土之愚之弱之貧之一切苦，將笑為誑語而不覆信，則何可不千一述之，為流涕哀號，強聒不捨，以速其沖決網羅，留作券劑耶？網羅重重，與虛空而無極。初當沖決利祿之網羅，次沖決俗學若考據、若辭章之網羅，次沖決全球群學之網羅，次沖決君主之網羅，次沖決倫常之網羅，次沖決天之網羅，次沖決全球群教之網羅，終將沖決佛法之網羅。然真能沖決，亦自無網羅；真無網羅，乃可言沖決。故沖決網羅者，即是未嘗沖決網羅。循環無端，道通為一，凡誦吾書，皆可於斯二語領之矣。〔註3〕

由是可見，譚嗣同《仁學》之目的，其要害旨在「沖決網羅」，打破一切傳統思想及其束縛，這正是他思想的革命性所在，對梁啓超及後來的資產階級革命派的影響較大。他的「沖決網羅」在倫理方面的矛頭指向是 —— 反對中國數千年遺留下來的「名教」，即三綱五常，及其一切虛偽的道德。他認為，「今中外皆侈談變法，而五倫不變，則舉凡至理要道，悉無從起點，又況於三綱哉！」〔註4〕在《仁學》一書中，他對「名教」的抨擊之烈，隨處可見：

> 俗學陋行，動言名教，敬若天命而不敢渝，畏若國憲而不敢議。
>
> 嗟乎！以名為教，則其教已為實之賓，而決非實也。又況名者，由

〔註2〕同上，同頁。

〔註3〕《仁學·自敘》，《譚嗣同全集》（下冊），中華書局，1981 年 1 月版，第 290 頁。下注所引皆同。

〔註4〕《仁學·三十八》，第 351 頁。

人創造，上以制其下，而不能不奉之，則數千年來，三綱五倫之慘
禍烈毒，由是酷焉矣。君以名桎臣，官以名軛民，父以名壓子，夫
以名困妻，兄弟朋友各挾一名以相抗拒，而仁尚有少存焉者得乎？
〔註5〕

又說：

君臣之禍亟，而父子、夫婦之倫遂各以名勢相制為當然矣。此
皆三綱之名為害也。名之所在，不惟關其口，使不敢昌言，乃並錮
其心，使不敢涉想。愚黔首之術，故莫以繁其名為尚焉。〔註6〕

不僅如此，譚嗣同還對儒家倫理奉行的「愛有差等」的「親親」原則進行了
批判，而贊同墨家倡導的「愛無差等」的「兼愛」立場。他說：「嗚呼，墨子
何嘗亂親疏哉！親疏者，體魄乃有之。從而有之，則從而亂之。若夫不生不
滅之以太，，通天地萬物人我為一身，復何親疏之有？親疏且無，何況於亂？
不達乎此，反詆墨學，彼烏知惟兼愛一語為能超出體魄之上而獨任靈魂，墨
學中之最合以太者也。不能超體魄而生親疏，親疏生分別。分別親疏，則有
禮之名。自禮名親疏，而親疏由是乎大亂。」〔註7〕

譚嗣同對以代表封建禮教之三綱五常及「親親」原則的抨擊，其所批判
的武器乃是基於這樣的一個價值理念——「平等」。例如他在批評三綱之名
的禍害時即一語道破其「天機」：「子為天之子，父亦為天之子，父非人所得
而襲取也，平等也。且天又以元統之，人亦非天所得而陵壓也，平等也。莊
曰：『相忘為上，孝為此焉』，相忘則平等矣。」〔註8〕例如，譚嗣同在分析
由傳統三綱之「君為臣綱」中引申出來的「愚忠」觀進行了批判，他說：

古之所謂忠，以實之謂忠也。下之事上當以實，上之待下乃不
當以實乎？則忠者，共辭也，交盡之道也，豈可專則之臣下乎？孔
子曰「君君臣臣。」又曰：「父父子子，兄兄弟弟，夫夫婦婦。」教
主言未有不平等者。古之所謂忠者，中心之謂忠也。撫我則后，虐
我則讎，應物平施，心無偏袒，可謂中矣，亦可謂忠矣。〔註9〕

由這一「平等」的價值觀出發，譚嗣同不僅對君臣一倫所隱含對「不平等」

〔註5〕《仁學·八》，第299頁。
〔註6〕《仁學·三十七》，第348頁。
〔註7〕《仁學·十四》，第312頁。
〔註8〕《仁學·三十七》，第348頁。
〔註9〕《仁學·三十二》，第340頁。

義務進行聲討，「由是兩千年來君臣一倫，尤爲黑暗否塞，無復人理，沿及今茲，方愈劇矣。」〔註10〕而且，他還進一步提出以「五倫」中之「朋友」一倫來改造其餘之「四倫」。何也？因爲「五倫」中的「朋友有信」一倫最足以彰現「平等」之精神，讓人不爲「名」制而「不失自主之權」也。以下所引，譚嗣同之如此用意即昭然其中。他說：

> 五倫中於人生最無弊而有益，無纖毫之苦，有淡水之樂，其惟朋友乎。顧擇交何如耳，所以者何？一曰「平等」；二曰「自由」；三曰「節宣惟意」。總括其義，曰不失自主之權而矣。兄弟於朋友之道差近，可爲其次。餘皆爲三綱所蒙蔀，如地域矣。上觀天文，下察地理，遠取諸物，近取之身，能自主者興，不能者敗。公理昭然，罔不率此。倫有五。而全具自主之權者一，夫安得不矜重之乎！且夫朋友者，固統住世出世所不得廢也。〔註11〕

又說：

> 世俗泥於體魄，妄生分別，爲親疏遠近之名，而末視朋友。夫朋友豈真貴於餘四倫而矣，將爲四倫之圭臬。而四倫咸以朋友之道貫之，是四倫可廢也。此非譏言也。其在孔教，臣哉鄰哉，與國人交，君臣朋友也；不獨父其父，不獨子其子，父子朋友也；夫婦者，嗣爲兄弟，可合可離，故孔氏不諱出妻，夫婦朋友也。至於兄弟之爲友歟，更無論矣。〔註12〕

從這種「平等」的觀念出發，譚嗣同還對三綱中之「夫爲妻綱」一倫進行了強烈的譴責，其語氣之憤懣，用辭之尖刻，儼然與康有爲如出一轍。例如在《仁學》一書中揭露封建綱常對廣大婦女的殘酷迫害時，譚嗣同指出，傳統封建社會視婦女爲敵人，「錮婦女使之不能出」，「嚴男女之際使不相見，」更有甚者，對婦女「錮之、嚴之、隔絕之，若鬼物，若仇讎……」，他把這種嚴「男女之大防」別「男女之大分」的重男輕女的禮教看作是「至暴亂無理之法」。至於傳統社會推崇的強迫婦女纏足、穿耳之風而「殘毀其肢體」者，實爲「酷毒」之舉，「尤殺機之暴著者也。」〔註13〕爲此，在日常行爲實踐中，

〔註10〕《仁學·三十》，第 337 頁。
〔註11〕《仁學·三十八》，第 349～350 頁。
〔註12〕同上，第 350～351 頁。
〔註13〕參見《仁學·十》，第 302～306 頁。

他還積極地倡導並設立「不纏足會」，以使婦女免遭肢體毀損的皮肉之苦。

　　對於傳統社會嚴「男女之大防」的「戒淫」之風，譚嗣同也提出了批評。他認爲，男女之情慾，「本平澹無奇，發於自然，無所謂不樂，自無所謂樂也。今懸爲厲禁，引爲深恥，沿爲忌諱，是明誨人此中有至甘焉，故爲吝之秘之，使不可即得，而迫以誘之。」〔註14〕在譚嗣同看來，這種「戒淫」之舉，其效果只能適得其反，「是淫之心由是而啓焉，」因爲其間的道理只在於「淫者自淫，防豈能斷耶？不淫自不淫，抑豈防之力耶？」〔註15〕那麼，正確的做法怎樣呢？譚嗣同認爲，這就是要效法西洋人的做法，「多開考察淫學之館，廣布闡明淫理之書，使人人皆悉其所以然，徒非一生嗜好，其事乃不過如此如此，機器焉已耳，而其動又有所待，其待又有待，初無所謂淫也，更何論於斷不斷，則未有不廢然返者。遇斷淫之因緣，則徑斷之。無其因緣，蓋亦奉行天地之化機，而我無所增損於其間。」。〔註16〕由是可見，譚嗣同的這種開「禁淫」之舉措，在近代中國思想史上首倡了對國民進行「性啓蒙教育」之先聲。

　　在對傳統封建綱常之「名教」進行了抨擊之後，譚嗣同接著闡明了其「仁學」的根本思想，即他在哲學上的「本體論」思想——「仁」，不過譚嗣同卻是援引西洋哲學中的術語——「以太」來表達這一思想的。「以太」與「仁」，二者實爲「體」與「用」的關係。譚嗣同認爲，宇宙之本體即是「以太」，其充塞於宇宙，且不生不滅；發而爲之「用」，則表現爲「仁」。譚嗣同的論述如下：

　　　　遍法界、虛空界、眾生界，有至大、至精微，無所不膠黏、不貫洽、不筦絡、而充盈之一物焉，目不得而色，耳不得而聲，口鼻不得而臭味，無以名之，名之曰「以太」。其顯於用也，孔謂之「仁」，謂之「元」，謂之「性」；墨謂之「兼愛」；佛謂之「性海」，謂之「慈悲」；耶謂之「靈魂」，謂之「愛人如己」、「視敵如友」；格致家謂之「愛力」、「吸力」；咸是物也。〔註17〕

由此，譚嗣同還說，瞭解「以太」的體與用之關係，「始可與言仁」，這是洞

〔註14〕《仁學·十》，第304頁。
〔註15〕同上，同頁。
〔註16〕同上，第305頁。
〔註17〕《仁學·一》，《譚嗣同全集》（下冊），中華書局，1981年1月版，第293頁。

悉他的「仁學」之門的一把鑰匙。然而關於「仁」之屬性，譚嗣同則又羅列
了二十七中「界說」。現擇其要者以敘之：「①仁以通為第一義；②通之義有
四，曰中外通、上下通、人我通、男女內外通；③通之象為平等；④仁者寂
然不動，感而遂通天下之故；⑤不生不滅，仁之體；⑥不生與不滅平等，則
生與滅平等，生滅與不生不滅亦平等；⑦仁一而矣；凡對待之詞，皆當破之；
⑧無對待，然後平等。」〔註18〕

　　譚嗣同從其「仁－通－平等」之義出發，得出了其在人性論方面得獨到
見解。從其「破對待」的立場以觀之，譚嗣同贊同佛家的「超善惡」之說，
認為「天地間仁而已矣，無所謂惡也。」而世人之所以有「性善」「性惡」之
分，乃是由於他們「顛倒迷誤，執妄為真」所致。譚嗣同據此援佛理以釋之，
說：

> 佛說：「自無始來，顛倒迷誤，執妄為真。」當夫生命之初，
> 不向何一人出而偏執一義，習之數千年，遂確然定為善惡之名。甚
> 矣眾生之顛倒矣，反謂不顛倒者顛倒！顛倒生分別，分別生名。顛
> 倒，故分別亦顛倒。謂不顛倒者顛倒，故名亦顛倒。顛倒，習也，
> 非性也。〔註19〕

據此，譚嗣同堅持人性論上的「性善」之說，而「惡」者，何呢？那則屬「善」
之「用」，而所謂「用」者，則是「名也，非實也。」以下兩段話足以證見譚
嗣同所持的「性善」之說，他說：

> 生之謂性，性也。形色天性，性也。性善，性也；性無，亦性
> 也。無性何以善？無善，所以善也。有無善然後有無性，有無性斯
> 可謂之善也。善則性之名固可以立。就性名之已立而論之，性一以
> 太之用，以太有相成相愛之能力，故曰性善也。性善，何以情有惡？
> 曰：情豈有惡哉？從而為之名耳。〔註20〕

又說：

> 天地間仁而已矣，無所謂惡。惡者，即其不循善之條理而名之。
> 用善者之過也，而豈善外別有所謂惡哉？若第觀其用，而可名之曰
> 惡，則用自何出？用為誰用？豈惟情可言惡，性亦何不可言惡？言

〔註18〕　《仁學界說》，見《全集》（下卷），第291～192頁。
〔註19〕　《仁學·九》，第302頁。
〔註20〕　《仁學·九》，第300～301頁。

性善，斯情亦善。生與形色又何莫非善？故曰：皆善也。〔註21〕

基於這種「性善」之說，在宋明理學提出的「天理人欲」之辨上，譚嗣同則進而站在王夫之的「人欲即天理」立場上，反對宋明程朱一派的「存天理，滅人欲」的觀點。他說：

世俗小儒，以天理爲善，以人欲爲惡，不知無人欲，尚安得有天理！吾故悲夫世之妄生分別也。天理，善也；人欲，亦善也。王船山有言：「天理即在人欲之中；無人欲，則天理亦無從發見。」適合乎佛說佛即眾生，無明即眞如矣。〔註22〕

在譚嗣同倫理思想中還有一個令人不可忽視的方面，那就是他站在近代資產階級功利主義立場上，對傳統中國人們在日常生活中奉行的「黜奢崇儉」消費倫理觀進行了檢討和分析，因而，爲了近代資本主義商品經濟發展之「開源」大計，公然主張「尚奢」主義，力倡「崇奢黜儉」的功利主義消費倫理觀。

在譚嗣同看來，自傳統以來的中國封建社會之所以工商業不發達而落後於近代西方，其原因有二：一是傳統儒家倫理所倡導的「重農抑商」、「重義輕利」的價值觀之深入人心；二是道家老莊文化所宣揚的「抱柔守靜」、「崇儉寡欲」的人生觀之根深蒂固。譚嗣同尤其對於道家主張的以「黜奢崇儉」爲旨歸的所謂「靜德儉德」進行詰難。他說：「李耳之術之亂中國也，柔靜其易知矣。若夫力足以殺盡地球含生之類，胥天地鬼神以淪陷於不仁，而卒無一人能少知其非者，則曰『儉』。」〔註23〕進而，他又對其譴責之，曰：「言靜者，惰歸之暮氣，鬼道也；言儉者，齷齪之昏心，禽道也。率天下而爲鬼爲禽，且猶美之曰『靜德儉德』，夫果何取也？」〔註24〕

接下來，譚嗣同從經濟學的角度闡明了其「崇奢黜儉」的眞正用意之所在——「開源」。他說：「故理財者愼勿言節流也，開源而已。源日開而日亨，流日節而日困。始之以困人，終必困乎己。」〔註25〕至於是何原因釀就了這種「尚儉」與「崇奢」的中西之別呢？譚嗣同則認爲，這是由於中西之人對待「天下」所持的兩種不同態度所致。何者？因爲「私天下者尚儉，其財偏

〔註21〕《仁學·九》，第301頁。
〔註22〕同上，同頁。
〔註23〕《仁學·二十》，第321頁。
〔註24〕同上，第323頁。
〔註25〕《仁學·二十一》，第324頁。

以壅，壅故亂；公天下者尚奢，其財均以流，流故平。」〔註 26〕不過，譚嗣同則又以一種類似於道家的「物極必有返」或者「反者，道之動」的觀念來解釋其原因的，他說：「然治平至於人人可奢，物物可貴，即無所用其歆羨畔援，相與兩忘，而咸歸於淡泊。不惟奢無所炫耀，而奢亦儉，不待勉強而儉，豈必遏之塞之，積疲苦反極，反使人欲橫流，一發不可止，終釀為盜賊反叛，攘奪篡弒之禍哉。」〔註 27〕

由以上論述可知，譚嗣同乃是中國近代史上第一位嘗試著從消費觀上的「奢」與「儉」之關係著眼，來分析近代中國社會生產與生活等一系列問題且又不乏遠見卓識的思想家。其有關「奢」與「儉」的關係問題，也一直是困擾著人們在消費觀方面的一個重要倫理話題。

以上所敘，大致已囊括了譚嗣同「仁學」倫理思想之基本精神。一言以蔽之，其所謂的「仁」，「乃佛之慈悲，耶之博愛，陽明之良知的柔合體」。〔註 28〕加至，其思想體系糅合各世界宗教、哲學與科學於一爐而呈斑斕陸離之態，無法替當時民眾信仰深處的「意義真空」構建出一套濟世之良方的價值體系。至於譚嗣同之「仁學」思想的歷史地位，梁啟超曾有過這樣的一番評價，他說：

> 《仁學》之作，欲將科學、哲學、宗教冶為一爐，而更使適於人生之用，真可謂極大膽極邃遠之一種計劃。此計劃，吾不敢謂終無成立之望，然以現在全世界學術進步之大勢觀，則似為尚早，況在嗣同當時之中國耶？〔註 29〕

不過，他敢於「沖決網羅」的勇氣，與康有為之「破九界」說一樣，極具思想上的震撼力。其本人亦堪稱晚清思想界的一顆「彗星」，雖「一瞥而逝，而掃蕩廓清之力莫與京焉。」〔註 30〕然而，譚嗣同對封建禮教的抨擊仍是來自於儒學內部的一種批判，其歸宿並非以西學為目的的「以夷變夏」，而是向原始儒學──「孔教」的復歸。在這一根本點上，他與康有為一樣，「他們正自詡能發掘儒學的原始精神，不過借外來的觀念加以表述而已。」就譚嗣同而言，「他在《仁學》中對三綱五倫之說施以最激烈的攻擊。但他並不責備孔

〔註 26〕《仁學·二十二》，第 327 頁。

〔註 27〕同上，同頁。

〔註 28〕賀麟：《五十年來的中國哲學》，商務印書館，2002 年 12 月版，第 3 頁。

〔註 29〕梁啟超：《清代學術概論》，上海古籍出版社，1998 年 1 月版，第 90 頁。

〔註 30〕同上，第 94 頁。

子、子思、孟子，而歸罪於荀子之『法後王、尊君統』。他接受了康有爲建立『孔教』的主張，把原始儒學加以無限的擴大，以爲道、墨、名、法各家都可以包括在『孔教』之中。」〔註31〕

〔註31〕余英時：《現代儒學論》，上海人民出版社，1998 年 11 月版，第 2 頁。

第三章　梁啓超：新民說

　　在近代國民理想之建構方面，康有爲虛演了一「大同社會」之藍圖，從宏觀著眼，模擬了一套其未來理想社會之制度的框架體系；梁啓超則首倡「新民說」，「以爲欲維新吾國，當先維新吾民，」〔註1〕從微觀入手，立足於「凡一國之能立於世界，必有其國民獨具之特質」〔註2〕之獨到立場，來爲近代中國之國民精神建設一種新道德、新思想。從而開啓了近代國民道德性之改造的思想「啓蒙運動」。

　　梁啓超（1873～1929 年），字卓如，號任公，又號飲冰室主人，康有爲之門生，廣東新會人也。綜覽梁先生一生的學術與思想，賀麟評價說：「梁任公作學問的方面多，思想言論變遷甚速，影響亦甚大，然而他全部思想的主要骨幹，仍爲陸、王。」〔註3〕他以「陸、王」爲宗的學術淵源，受其業師康有爲的影響之故。不過，康氏倡「大同」爲孔子學說，傳於今文家，而梁氏「謂孔門之學，後衍爲孟子、荀卿兩派，荀傳小康，孟傳大同；漢代經師，不問爲今文家古文家，皆出荀卿（汪中說）；兩千年間，宗派屢變，壹皆盤旋荀學肘下，孟學絕而孔學亦衰。」〔註4〕這是他與業師康有爲不同之處，康氏以爲古文經爲劉歆所作，非孔子之學，今文學爲孔子之學；梁氏爲今文古文皆荀卿之學，都非孔子之學。至於師徒二人在思想上之分別，梁氏自評曰：「啓超

〔註 1〕《新民叢報》之創刊號，1902 年 2 月 5 日於日本橫濱。

〔註 2〕梁啓超：《新民說》，中州古籍出版社，1998 年 9 月版，第 54 頁。以下所引《新民說》版本皆同。

〔註 3〕賀麟：《五十年來的中國哲學》，商務印書館，2002 年 12 月版，第 4 頁。

〔註 4〕梁啓超：《清代學術概論》，上海古籍出版社，1998 年 1 月版，第 84 頁。

與康有爲最相反之一點，有爲太有成見，啓超太無成見，」「啓超之在思想界，其破壞力確不少，而建設則未有聞。……然啓超以太無成見之故，往往循物而奪其所守，其創造力不逮有爲，殆可斷言矣。」〔註5〕儘管梁氏與康氏在思想上雖不同，但他們「同爲中國數千年宗法封建社會意識之迴光返照，同爲數千年相傳之禮教，倫理，思想之擁護者，不過康氏言尊孔，而梁氏重中國文化，思想。康氏言西洋宗教，道德，政治，法治，平等，自由，婦女獨立，衣服，膳食，……不如中國。而梁氏說『科學萬能之夢』；其實一也，都是擁護中國之舊禮教，倫理，思想，反對西洋之文化思想，是中國宗法封建社會思想反映之最後一段。」〔註6〕這是郭湛波在《近五十年中國思想史》中對梁氏思想地位的「蓋棺定論」式結語。不僅如此，他還同時認爲，梁啓超之「思想不深刻，不一貫，隨時轉移，前後矛盾」。〔註7〕對於此後一點，李澤厚在《中國近代思想史論》中已爲梁氏這個時代的人物作了一番解脫式的辯護，他說：「中國近代人物都比較複雜，它的意識形態方面的代表更是如此。社會解體的迅速，政治鬥爭的劇烈，新舊觀念的交錯，使人們思想經常處在動蕩、變化和不平衡的狀態中。」〔註8〕

梁啓超的學術思想大致以戊戌變法爲分水嶺的前後兩階段。在戊戌前的改良運動時期，梁氏的思想主要表現他爲改良派所共同主張的反對封建道德，反對封建專制主義，要求實現自由、平等、人權的呼喊；以及倡導提高國民整體素質和實現民眾幸福的人道主義觀點。從戊戌變法失敗到改良派與革命派的論戰之始，他的成就主要是創辦了《清議報》和《新民叢報》。這一時期他雖依舊固守著先前的改良主義立場，但同時也進一步介紹西方進步思想，並撰寫了《十種德性相反相成義》、《樂利主義泰斗邊沁之學說》、《新民說》（1902～1904年）及《歐遊心影錄》等。這一時期是他思想的成熟時期，並在許多方面提出了一些新的價值觀，其中他提出「新民說」的國民道德改造論影響最大。

梁啓超的「新民」思想是中國近代特定歷史條件之產物，時代所使然也，梁氏擔心「苟不及今急急斟酌古今中外，發明一種新道德者而提倡之，吾恐

〔註5〕同上，第84、85頁。

〔註6〕郭湛波：《近五十年中國思想史》，山東人民出版社，2002年1月版，第44～45頁。

〔註7〕同上，第46頁。

〔註8〕李澤厚，《中國近代思想史論》，人民出版社，1982年2月版，第421頁。

今後智育愈盛，則德育愈衰，泰西物質文明盡輸入中國，而四萬萬人且相率而為禽獸也。」〔註 9〕其先行的思想資料，「除法國、日本啟蒙思想家的影響之外，更多的還是嚴復於 1895 年發表的著名政論文章《原強》中的某些觀點對梁啟超的影響。」〔註 10〕嚴復根據西方斯賓塞的理論，認為一國之貧富強弱治亂，歸根到底取決於「民力」、「民智」、「民德」之高下，「故欲郅治之隆，必於民力、民智、民德三者之中，求其本也。」〔註 11〕而三者之中，以「開民智」為最急，以「新民德」為最難。梁啟超素來敬重嚴復，且深受其影響，「今論者於政治、學術、技藝，皆莫不知取人長以補我短矣，而不知民德、民智、民力實為政治、學術、技藝之大原。」〔註 12〕他曾於 1896 年給嚴先生的信中說：「今而知天下之愛我者，捨父師之外，無如嚴先生；天下之知我而能教我者，捨父師之外，無如嚴先生。得書即思作報，而終日冗迫，欲陳萬端，必得半日之力始罄所懷，是以遲遲，非敢慢也。」〔註 13〕因此，嚴復的《原強》一書是梁啟超「新民說」倫理思想的直接理論來源。以下先敘梁氏關於改造國民道德的「新民」之道。

梁啟超認為，近代中國之積貧羸弱，乃「由於國民公德缺乏，智慧不開」，故其在《新民說》中開宗明義地指出：

> 國也者，積民而成。國之有民，猶身之有四肢、五臟、筋脈、血輪也。未有四肢已斷，五臟已瘵，血輪已涸，而身猶能存者；則亦未有其民愚陋怯弱，渙散渾濁，而國猶能立者。故欲其身之長生久視，則攝生之術不可不明，欲其國之安富尊榮，則新民之道不可不講。〔註 14〕

> 然則苟有新民，何患無新制度？無新政府？無新國家？非爾者，則雖今日變一法，明日易一人，東塗西抹，學步效顰，吾未見其能濟也。夫吾國言新法數十年而效不睹者，何也？則於新民之道

〔註 9〕 梁啟超：《新民說》，中州古籍出版社，1998 年 9 月版，第 66 頁。

〔註 10〕 張豈之、陳國慶著：《近代倫理思想的變遷》，中華書局，2000 年 8 月版，第 146 頁。

〔註 11〕 嚴復：《天演論·導言八》，見《二十世紀中國哲學經典文本·中國哲學卷》，復旦大學出版社，1999 年 12 月版，第 6 頁。

〔註 12〕 梁啟超：《新民說》，中州古籍出版社，1998 年 9 月版，第 55 頁。

〔註 13〕 梁啟超：《飲冰室主人自說》，江蘇人民出版社，1999 年 3 月版，第 41 頁。

〔註 14〕 梁啟超：《新民說》，中州古籍出版社，1998 年 9 月版，第 46 頁。

未有留意焉者也。〔註15〕

正是把「民」看作「國」的有機構成，視「政府之與人民猶寒暑表之與空氣」的關係，梁氏才憂心如焚地提出「新國」必先「新民」之「急務」，並把「新民」提到治國安邦之首，是關係到國富民強的大問題。梁氏還據此認為，「為中國今日計，必非恃一時之賢君相而可以弭亂，亦非望草野一二英雄崛起而可以圖成，必其使吾四萬萬人民之民德、民智、民力，皆可與彼相埒，則外自不能為患，吾何為而患之？」〔註16〕因此，在梁啓超看來，「凡一國之能立於世界，必有其國民獨具之特質」，要振興時下之中國，除了「新民」一事，「別無善圖」。

接下來，梁啓超陳述了其「新民」之要義有二「新」者：

> 新之義有二：一曰淬厲其所本有而新之，二曰採補其所本無而新之。二者缺一，時乃無功。先哲之立教也，不外因材而篤與變化氣質之兩途，斯即吾淬厲所固有採補所本無之說也。一人如是，眾民亦然。〔註17〕

可見，梁氏的「新民」之義，既非那種「非欲吾民盡棄其舊以從人」的民族道德之虛無主義，亦非一種崇洋媚外的西化派倫理價值觀，而是「採合中西道德」之長的「優化組合論」思想。對此，梁氏自己亦有所交代：「故吾所謂新民者，必非如醉西風者流，蔑棄吾數千年之道德、學術、風俗，以求伍於他人，亦非如墨守故紙者流，謂僅抱此數千年之道德、學術、風俗，遂足以立於大地也。」〔註18〕在明瞭「新民」之義，並兼考中國傳統倫理之後，梁氏進一步發現，中國傳統道德所讓人培植的乃是一種「私德」之教化，而近代西方國家之所以政治清明、國盛民強，乃在於其注重國民「公德」之意識的培養與發揮。梁氏之詳盡論述如下：

> 吾觀中國道德之發達，不可謂不早，雖然，偏於私德，而公德殆闕如。試觀《論語》《孟子》諸書，吾國民之木鐸，而道德所從出者也。其中所教，私德居十之九，而公德不及其一焉。如《皋陶謨》之九德，《洪範》之三德，《論語》所謂「溫良恭儉讓」，所謂「克己

〔註15〕同上，第48頁。
〔註16〕同上，第51頁。
〔註17〕同上，第54頁。
〔註18〕同上，第55頁。

復禮」，所謂「忠信篤敬」，所謂「寡尤寡悔」，所謂「剛毅木訥」，
所謂「知命知言」，《大學》所謂「知止，愼獨，戒欺，求慊」，《中
庸》所謂「好學，力行，知恥」，所謂「戒愼恐懼」，所謂「致曲」，
《孟子》所謂「存心養性」，所謂「反身、強恕」……凡此之類，關
於私德者，發揮幾無餘蘊，於養成私人之資格，庶乎備矣。雖然，
僅有私人之資格，遂足爲完全人格乎？是固不能。〔註19〕

在梁氏看來，國民「人格」中僅有「私德」成分，「此道德之一部分，而非其
全體也。全體者，合公私而兼善之者也。」「公德」與「私德」實乃完全人格
之不可或缺也，「人人獨善其身者謂之私德，人人相善其群者謂之公德，二者
皆人生所不可缺之具也。」〔註20〕所以，梁氏據此得出結論説：「我國民所最
缺者，公德其一端也。」那麼，梁氏所倡導的所謂國民之「公德」是何也？
梁氏對此闡釋説：

公德者何？人群之所以爲群，國家之所以爲國，賴此德焉以成
立者也。人也者，善群之動物也。人而不群，禽獸奚擇？而非徒空
言高論曰「群之，群之」，而遂能有功者也。必有一物焉貫注而聯絡
之，然後群之實乃舉。若此者謂之公德。〔註21〕

這裏，梁啓超論及到了道德的社會功用即在「公德」之「利群」也。其對於
一族群如是，於國亦然。故「道德之立，所以利群也，故因其群文野之差等，
而其所適宜之道德亦往往不同，而要之以能固其群、善其群、進其群者爲歸。」
「是故公德者，諸國之源也，有益於群者爲善，無益於群者爲惡，此理放諸
四海而準，俟諸百世而不惑者也。」〔註22〕由此，梁氏所倡導的「新民」之
「德」即新道德已躍然紙上：「知有公德，而新道德出焉矣，而新民出焉矣。」
〔註23〕所以「公德」、「利群」實乃梁氏「新民」道德之「綱領」，捨此之外，
皆「條目」也：「公德之大目的，既在利群，而萬千條理即由是生焉。」〔註
24〕於是，在梁氏《新民説》之後論各「子目」部分，「殆皆可以利群二字爲綱
以一貫之者也。」那麼，這些「子目」之條例有那些呢？大致可羅列如下：

〔註19〕梁啓超：《新民説》，中州古籍出版社，1998年9月版，第62～63頁。
〔註20〕同上，第62頁。
〔註21〕同上，同頁。
〔註22〕同上，第65頁。
〔註23〕同上，同頁。
〔註24〕同上，第66頁。

即「國家思想」與「自由」、「私德」與「公德」、「進取冒險」精神、「權利」與「義務」思想、「自治」、「自尊」、「進步」、「合群」、「生利分利」、「毅力」、「尚武」、「民氣」及「政治能力」。這些「條目」與梁氏在 1901 年發表的《十種德性相反相成義》一文合而論之，則其具有倫理學上之學理價值者有：「公德」與「私德」、權利與義務、「獨立」與「合群」、自由與制裁、利己與愛他。現分而述之如下。

一、「公德」與「私德」

在梁啟超看來，人類社會之道德不外乎公德與私德兩大類，不僅如此，「公德」與「私德」還是完全之個體人格的兩個不可或缺的方面。在《新民說》一書中梁氏還專門辟有兩篇文章《論公德》與《論私德》。對「公德」和「私德」之內容的系統論述，是梁啟超倫理學說體系的重要組成部分。

關於「公德」與「私德」之關係，梁氏有論曰：「公德與私德，非對待之名詞，而相屬之名詞也。」〔註 25〕「道德之本體一而已，但其發表於外，則公私之名立焉。人人獨善其身者謂之私德，人人相善其群者謂之公德，二者皆人生所不可缺之具也。」兩者的關係是：「無私德則不能立」；「無公德則不能團」。〔註 26〕所以，「公德」與「私德」實乃同一道德本體之內外兩個方面，「就泛義而言之，則德一而矣，無所謂公私。」〔註 27〕梁氏對此的詳盡闡釋如下：

> 夫所謂公德云者，就其本體言之，謂一團體中人公共之德性也；就其構成此本體之作用言之，謂個人對於本團體公共觀念所發之德性也。……然公德與私德，豈嘗有一界線焉區劃之為異物哉？德之所由起，起於人與人之有交涉。而對於少數之交涉與對於多數之交涉，對於私人之交涉與對於公人之交涉，其客體雖異，其主體則同。故無論泰東泰西之所謂道德，皆謂其有贊於公安公益者云爾；其所謂不德，皆謂其有戕於公安公益者云爾。公云私云，不過假立之一名詞，以為體驗踐履之法門。〔註 28〕

〔註 25〕同上，第 196 頁。
〔註 26〕同上，第 62 頁。
〔註 27〕梁啟超：《新民說》，中州古籍出版社，1998 年 9 月版，第 197 頁。
〔註 28〕同上，第 196～197 頁。

梁氏還借用中國傳統儒家的「推己之道」來歸納說：「公德者私德之推也，知私德而不知公德，所缺者只在一推。」〔註29〕而「私德」對於鑄就國民道德之作用亦是不可忽視的，「是故欲鑄國民，必以培養個人之私德爲第一義；欲從事於鑄國民者，必以自培養其個人之私德爲第一義。」〔註30〕

從梁氏的論述中可知，「私德是公德的基礎和前提，要新民德，培養國民的公德，首先要從培養私德開始。沒有私德，也不可能有公德。一句話，公德與私德是『不可缺一』的相輔相成的關係。」〔註31〕二者的作用是並行不悖的，「私德、公德，本並行不悖者也。」〔註32〕

不過，在梁氏那裏，公德與私德仍舊是有「新」「舊」之分的。他把「公德」等同於西方的「新倫理」，而把「私德」則看作是中國自古以來就固有的「舊倫理」。梁氏的這番比較頗有獨到之新意。他說，「今試以中國舊倫理與泰西新倫理相比較：舊倫理之分類，曰君臣，曰父子，曰兄弟，曰夫婦，曰朋友；新倫理之分類，曰家族倫理，曰社會（即人群）倫理，曰國家倫理。舊倫理所重者，則一私人對於一私人之事也；新倫理所重者，則一私人對於一團體之事也。」〔註33〕通過這種比較之後，梁氏還進而提出了「德也者，非一成而不變者也」〔註34〕的「道德革命」之主張，這對傳統以來的「道德不變論」是一個有力的衝擊。這在思想界的影響較爲深遠。

二、權利與義務

權利與義務是倫理學必須要研究的基本問題之一。梁啓超在《新民說》中也分別有《論權利思想》和《論義務思想》兩篇文章來從學理上闡釋「權利」與「義務」之關係。在《論義務思想》一文中，梁氏說：「義務與權利對待者也，人人生而有應得之權利，即人人生而有應盡之義務，二者其量適相均。」只有在人類的野蠻之世，方才有「有權利無義務」和「有義務無權利」之人，這兩者都屬「不正」之權利與義務也，是「不可以久」的。到了

〔註29〕同上，第 197 頁。
〔註30〕同上，同頁。
〔註31〕張豈之、陳國慶著：《近代倫理思想的變遷》，中華書局，2000 年 8 月版，第165 頁。
〔註32〕梁啓超：《新民說》，中州古籍出版社，1998 年 9 月版，第 63 頁。
〔註33〕同上，同頁。
〔註34〕同上，第 65 頁。

人類社會漸趨於進步的文明之世，「則斷無無權利之義務，亦斷無無義務之權利。」〔註35〕據此，梁氏歸納說：「故夫權利、義務，兩端平等而相應者，其本性也。」〔註36〕

在《論權利思想》中，梁氏則說，權利思想的強弱，乃是衡量一個人品格的關鍵。而中國近來之屢受列強的欺凌挨打，完全在於我國民素質中「權利」意識之淡薄也。他進而指出：「故無權利思想者，雖謂之麻木不仁可也。」〔註37〕在此，梁氏還從權利之角度來解釋了中國古代「楊朱」一派「拔一毛而利天下者，不爲也」之利己主義的合理性：

楊朱曰：「人人不損一毫，人人不利天下，天下治矣。」吾疇昔最深惡痛恨其言，由今思之，蓋亦有所見焉。其所謂人人不利天下，固公德之蟊賊，其所謂人人不損一毫，抑亦權利之保障也。〔註38〕

而西方人對於「自由」之權限的劃分「人人自由而以他人之自由爲界，實即人人不損一毫之義也。」〔註39〕

闡釋了「權利」與「義務」之思想後，梁氏又回到了其倡導的「新民」國民道德立場上，認爲，「權利義務兩思想，實愛國心所由生也。」正確處理「權利」與「義務」之關係，方可培植自由國民之資格，社會之穩定、國家之強盛才有可靠的保障。

三、「獨立」與「合群」、自由與制裁

「獨立」與「合群」、「自由」與「制裁」等政治學概念，在梁啓超的著作中通常也屬於倫理學之範疇。在《說群》一書中，他說：「群者，天下之公理也。」〔註40〕既然人不能獨立於群體而生存，人就必須注意處理群體內部相互間的各種人際關係。這就導致了一系列的倫理學問題。梁氏因此把上述倫理學範疇，看作是身處文明之世的人類應該具有的必備之德性。對此，梁

〔註35〕 詳於《論義務思想》一文，參見《新民說》，梁啓超著，中州古籍出版社，1998年9月版，第177頁。以下注皆同。

〔註36〕 同上，第178頁。

〔註37〕 見《新民說》，梁啓超著，中州古籍出版社，1998年9月版，第89頁。

〔註38〕 同上，第92～93頁。

〔註39〕 《新民說》，梁啓超著，中州古籍出版社，1998年9月版，第93頁。

〔註40〕 《梁啓超哲學思想論文選》，葛懋春、蔣俊編選，北京大學出版社，1984年11月版，第12頁。原載1897年5月17日《新知報》第十八期。

氏有《十種德性相反相成義》一文以專述之。

在《十種德性相反相成義》中，梁氏說：「獨與群對待之名詞也。」而「獨」者何也？「獨立」者也，化爲一種德性則爲「獨立之德」者。梁氏於此有論曰：

> 獨立者何？不依賴他力。而常昂然獨往獨來於世界者也。《中庸》所謂中立而不倚，是其義也。人之所以異於禽獸者以此，文明人所以異於野蠻者以此。吾中國所以不成爲獨立者也，以國民乏獨立之德而已。〔註41〕

如此提倡的「獨立之德」，是梁啓超「道德救國論」的重要新義，也是他爲改造國民道德性而嘗試的途徑之一。這種「獨立之德」與梁氏在《新民說》中強調的「利群」「合群」之德性即「合群之德」是相對待的，故《新民說》中梁氏著有《論合群》一節，文中推諸國人缺乏「合群之德」的原因有四：「一曰公共觀念之缺乏」、「二曰對外之界說不分明」、「三曰無規則」、「四曰忌嫉」。〔註42〕因此，梁啓超憤而概歎「國民未有合群之德，欲集無數之不能群者強命爲群，有其形質無其精神也。」所以提出，「故今日吾輩所最當講求者，在養群德之一事。」〔註43〕可見，其「合群之德」的宗旨仍在倡言一種形式的愛國主義。

「自由」與「制裁」之範疇，乃是梁氏借鑒了西方近代自由主義的始祖密爾（即 Mill，又譯爲穆勒）在《論自由》一書中觀點。該書最早是通過嚴復翻譯並介紹到中國來的，當時嚴復將其譯爲《群己界權說》。在《論自由》一書中，密爾就個體自由與群體自由（或稱獨立與合群）之關係發表了自己的看法，他說：

> 使凡屬社會以強制和控制方法對付個人之事，不論所用手段是法律懲罰方式下的物質力量或是公眾意見下的道德力量，都要以他爲準繩。這條原則就是：「人類之所以有權可以各別地或者集體地對其中任何分子的行動自由進行干涉，唯一的目的只是自我防衛。這

〔註41〕《梁啓超哲學思想論文選》，葛懋春、蔣俊編選，北京大學出版社，1984 年11 月版，第 49 頁。

〔註42〕參見《新民說》，梁啓超著，中州古籍出版社，1998 年 9 月版，第 144～146頁。

〔註43〕《十種德性之相反相成義》，見《梁啓超哲學思想論文選》，葛懋春、蔣俊編選，北京大學出版社，1984 年 11 月版，第 50 頁。

就是說，對於文明群體中的任一成員，所以能夠施用一種權力以反

其意志而不失爲正當，唯一的目的只是防止對他人的傷害。〔註44〕

密爾的這一觀點通過嚴復的介紹，顯然已影響到了梁啓超的「自由觀」。在其
《新民說》之《論自由》一節中，梁氏自己對「自由」理解是：「自由之界說
曰：人人自由，而以不侵人之自由爲界。」〔註45〕在《十種德性相反相成義》
一文中論及「自由」與「制裁」之關係時，梁氏又對密爾的「自由觀」作了
進一步的詳盡發揮。他說：

> 制裁云者，自由之對待也。有制裁之主體，則必有服從之客體。
> 既曰服從，尚得爲自由乎？顧吾嘗觀萬國之成例，凡最尊自由權之
> 民族，恒即爲最富於制裁力之民族，其故何哉？自由之公例曰：人
> 人自由，而以不侵人之自由爲界。制裁者制此界也。服從者服此界
> 也。故眞自由之國民，其常要服從之要點有三：一曰服從公理，二
> 曰服從本群所自定之法律，三曰服從多數之決議。是故文明人最自
> 由，野蠻人亦最自由，自由等也，而文野之別全在其有制裁力與否。
> 無制裁之自由，群之賊也；有制裁之自由，群之寶也。〔註46〕

四、利己與愛他

利己與愛他，即我們常在倫理學中討論到的「利己」與「利他」之關係。
在倫理學中這是很重要的一對關係範疇。它們二者的關係實際上已暗含在梁
氏先前所涉及的「權利思想」和「公德」的相關論述之中了。如前所述的從
權利之角度對「楊朱」一派「利己」思想之合理性的肯定，即是一例。在《十
種德性相反相成義》一文中，梁氏又強調說：「故人而無利己之思想者，則必
放棄其權利，弛擲其責任，而終至於無以自立。」〔註47〕梁氏還進一步認爲，
這種「自利心」正是近代西方政治「民權」之基礎：「蓋西國政治之基礎在於
民權，而民權之鞏固由於國民競爭權利寸步不肯稍讓，即以人人不拔一毫之
心，以自利者利天下。」〔註48〕而中國近代之國弱實由我之國民「皆缺利己

〔註44〕約翰‧密爾《論自由》，商務印書館，1996 年版，第 9～10 頁。
〔註45〕《新民說》，梁啓超著，中州古籍出版社，1998 年 9 月版，第 102 頁。
〔註46〕梁啓超：《十種德性相反相成義》，見《梁啓超哲學思想論文選》，葛懋春、蔣
俊編選，北京大學出版社，1984 年 11 月版，第 51 頁。
〔註47〕同上，第 53 頁。
〔註48〕同上，第 54 頁。

之德而已。」

在利己與利他的關係上，梁氏看到了二者中之「統一」的方面，「利己心與愛他心，一而非二者也。」為什麼呢？因為「人類皆有兩種愛己之心：一本來之愛己心，二變相之愛己心。變相之愛己心者，即愛他心是也。」〔註49〕

從梁氏的這種「利己」與「利他」之關係的把握中，足可窺見其梁啓超倫理學說中功利主義思想之端倪。

如前所述，梁氏倫理道德觀的一大特點是以強調「利群」、「益群」為標準的。例如，在前面論「公德」時說到：「是故公德者，諸國之源也，有益於群者為善，無益於群者為惡，此理放諸四海而準，俟諸百世而不惑者也。」〔註50〕梁氏這個關於「公德」的命題中，其衡量善惡之尺度的就是一個典型的功利主義標準。那麼，這種功利主義的標準究竟是什麼呢？我們不妨看看梁氏在另一篇介紹功利主義的文章──即《樂利主義泰斗邊沁之學說》中的論述：

> 邊沁以為人生一切行誼其善惡標準於何定乎？曰：使人增長其幸福者謂之善，使人減障其幸福者謂之惡。此主義放諸四海而準，俟諸百世而不惑，無論為專屬於各人之行誼與關係於政治之行誼，皆當以此鑒定之。故道德云者，專以產出樂利預防苦害為目的。
> 〔註51〕

以此「使人增長其幸福者謂之善，使人減障其幸福者謂之惡」的功利主義標準來較之，梁氏先前論及道德之社會功用即在「利群」，道德之要旨「以能固其群、善其群、進其群者為歸」，〔註52〕此實屬功利主義之範式的翻版。因為，在功利主義者邊沁那裏，「人群公益一語實道德學上最要之義也。」〔註53〕而

〔註49〕同上，同頁。注：梁氏的這一觀點實取自日本的加藤弘之，他在《樂利主義泰斗邊沁之學說》一文中說：「日本加藤弘之嘗著一書，曰《道德法律進化之理》。其大意謂：人類只有愛己心耳，更無愛他心，而愛己心復分兩種，一曰純乎的愛己心，二曰變相的愛己心，即愛他心也。」

〔註50〕梁啓超：《新民說》，中州古籍出版社，1998年9月版，第65頁。

〔註51〕梁啓超：《樂利主義泰斗邊沁之學說》，見《梁啓超哲學思想論文選》，葛懋春、蔣俊編選，北京大學出版社，1984年11月版，第122頁。原載於1902年9月2日《新民叢報》第十五號。

〔註52〕梁啓超：《新民說》，中州古籍出版社，1998年9月版，第65頁。

〔註53〕梁啓超：《樂利主義泰斗邊沁之學說》，見《梁啓超哲學思想論文選》，葛懋春、蔣俊編選，北京大學出版社，1984年11月版，第122頁。

梁啓超的「道德之立，所以利群也」〔註 54〕和「天下之道德法律，未有不自利己而立」〔註 55〕的命題，無一不是這種西方功利主義精神之體現者！

〔註54〕 梁啓超：《新民説》，中州古籍出版社，1998 年 9 月版，第 65 頁。

〔註55〕 梁啓超：《十種德性相反相成義》，見《梁啓超哲學思想論文選》，葛懋春、蔣俊編選，北京大學出版社，1984 年 11 月版，第 53 頁。

第四章　王國維：「可愛」與「可信」之間的徘徊者

　　在近代中國，如果說梁啓超是致力於宣傳資產階級之啓蒙思想的力行者的話，那麼，王國維則是近代學術史上屈指可數的開創者之一。不僅如此，他和梁啓超一起還是早期介紹康德哲學到中國來的人物，後來，他又成了唯意志論者，做了叔本華的信徒。他們倆與陳寅恪一起被時人稱之爲 20 世紀二十年代清華研究院的「三巨頭」。

　　王國維（1877～1927 年），初名德楨，後改爲國維，字靜安，亦號伯隅；初號禮堂，後更爲觀堂，又號永觀。浙江海寧人。與其同時代的梁啓超相比，就當時的社會影響而言，梁遠勝於王，可從學術地位與成就上來說，梁則不及王。對於王國維的學術成就，陳寅恪在《海寧王靜安先生遺書·序》中概括爲三個方面：①「取地下之實物與紙上之遺文，互相釋證，凡屬考古學及上古史之作，如《殷卜辭中所見先公先王考》及《鬼方、昆吾、玁狁考》等是也」；②「取異族之故書與吾國之舊籍，互相補正，凡屬於遼、金、元史事及邊疆地理之作，如《萌古考》及《元朝秘史之主因亦兒堅考》等是也」；③「取外來之觀念與固有之材料，互相參政，凡屬於文藝批評及小說戲劇之作，如《紅樓夢評論》及《宋元戲曲考》等是也」。〔註1〕

　　這裏，我們所要考察的王先生於哲學上的貢獻，即屬於陳寅恪所述的王氏在第③方面的成就了。據王國維本人的自序，大致可以窺見王氏在治理哲

〔註 1〕見《海寧王靜安先生遺書》，1934 年 6 月 3 日陳寅恪序，商務印書館 1940 年版，第 15 冊。

學時的一番心歷：「余之研究哲學，始於辛壬之間（1901 年）。癸卯（1903 年）春，始讀汗德之《純理批評》，苦其不可解，讀幾半而輟。嗣讀叔本華之書而大好之。自癸卯之下，以至甲辰（1904 年）之冬，皆與叔本華之書為伴侶之時代也。其所尤慊心者，則在叔本華之《知識論》，汗德之說得因之以上窺。然於其人生哲學觀，其觀察之精銳，與議論之犀利，亦未嘗不心怡神釋也。後漸覺其有矛盾之處，去夏所作《紅樓夢評論》，其立論全在叔氏之立腳地，然於第四章內已提出絕大之疑問。旋悟叔氏之說，半出於其主觀的氣質，而無關於客觀的知識。此意於《叔本華及尼采》一文中始倡發之。今年（1905 年）之春，復返而讀汗德之書，嗣今以後，將以數年之力，研究汗德。他日稍有所進，取前說而讀之，亦一快也。」〔註2〕於其時也，足見王先生欲治康德哲學之雄心，然其結果何如呢？先生在其另一篇《自序》中作了這樣的一番交代：「余疲於哲學有日矣。哲學上之說，大都可愛者不可信，可信者不可愛。余知真理，而余又愛其謬誤。偉大之形而上學，高嚴之倫理學，與純粹之美學，此吾人所酷嗜也。然求其可信者，則寧在知識論上之實在論，倫理學上之快樂論，與美學上之經驗論。知其可信而不能愛，覺其可愛而不能信，此近二三年中最大之煩悶，而近日之嗜好所以漸由哲學而移於文學，而欲於其中求直接之慰藉者也。要之，余之性質，欲為哲學家則感情苦多，而知力苦寡；欲為詩人，則又苦感情寡而理性多。詩歌乎？哲學乎？他日何者終吾身，所不敢知，抑在二者之間乎？」〔註3〕先生這種集詩人與哲學家於一身的氣質，令其常有徘徊於「可愛」與「可信」之間的糾纏之苦，最終促使他放棄了哲學，而潛心於「可愛」的文學和「可信」的歷史學之研究。對於先生這種曾經邂逅過的哲學情緣之終結，賀麟先生的解釋是：「這並不全由於他缺乏哲學的根器，也是由於中國當時的思想界尚沒有成熟到可以接受康德的學說。」〔註4〕

王國維生活的年代，正是近代史上各種政治勢力、學術思想、人生理念大衝突、大裂變與大融合的時代。對於這種因社會大動盪、大轉型所引起的信仰無著、人生無從安立的社會危機，一些研究者稱之為「意義危機」（the crisis

---

〔註2〕《靜安文集自序》，見《王國維文集》第三卷，中國文史出版社 1997 年 5 月版，第 469 頁。

〔註3〕同上，第 473 頁。

〔註4〕賀麟：《五十年來的中國哲學》，商務印書館 2002 年 12 月版，第 27 頁。

of meaning）。張灝又稱當時的國人已陷入了嚴重的「精神迷失」之境地。他還進一步將這種「精神迷失」闡釋爲三個方面的表現：即「道德價值的迷失」、「存在迷失」和「形上的迷失」。〔註5〕從先生的自序和彌漫在他詩文中的那種對生存狀況的焦慮和對生命存在的悲觀意識，及在先生遺書中流露的「經此世變，義無再辱」的憤懣絕望之情，足以證見這種「精神迷失」的時局與先生信仰的衝撞之間的不可調和。這種信仰無著的時代之「精神迷失」折射到先生的內心深處即體現爲一種「憂世」的情懷，加至先生「體素羸弱，性復憂鬱」，〔註6〕多病的人生遭逢多難的時代，「憂生」與「憂世」的雙重壓力，驅使著先生不斷地去解索人生的諸多困惑，「人生之問題，日往復於吾前」。因此，對人生之眞諦的尋求，以慰藉自己心靈的疲憊，便成了先生一生之「安身立命」的寄託與希望之所在！於是，王先生「始決從事於哲學」，哲學之事業是「探宇宙人生之眞理而定教育之理想者」（《論大學及優級師範學校之削除哲學科》）。在先生看來，「宇宙之變化，人事之錯綜，日夜相迫於前，而要求吾人之解釋，不得其解，則心不寧，」哲學實乃針對「此要求，而與吾人以解釋」；〔註7〕然先生「感情上之疾病，非以情感治之不可，必使其閒暇之時心有所寄，而後能得以自遣，」〔註8〕既而先生超越了哲學的玄思而心儀於文學，在文學中既有「詩人對宇宙人生」之「入乎其內」又「出乎其外」的灑脫，〔註9〕又有「無我之境」的意象世界對世俗人生的超越，這樣，方可臻至一「形而上」的意義境界，從而「有裨於人類之生存福祉」。因此，先生的一生，就是對人生之諸多問題不斷地追問、探尋的一生！

　　現在，我們追思先生治哲學時的學術理路。陳寅恪說「取外來之觀念與固有之材料，互相參政」的學術方法，也體現在王國維先生治理哲學的研究上。當王先生立志要從事哲學研究的時候，他曾試圖用西方哲學中的一些外來的觀念來解決中國哲學史所長期爭論的諸如「性」「理」「命」等重大哲學範疇。其中《論性》、《釋理》、《原命》即是這方面的三篇重要著作。

〔註5〕參見張灝：《新儒家與當代中國的思想危機》，封祖盛編：《當代新儒家》，三聯書店，1998年版，第59～60頁。

〔註6〕《自序（一）》，《王國維文集》第三卷，中國文史出版社1997年5月版，第471頁。

〔註7〕《哲學辨惑》，《文集》第三卷，第4頁。

〔註8〕《去毒篇》，《文集》第三卷，第25頁。

〔註9〕《人間詞話·六十》，《文集》第一卷，第155頁。

在《論性》一文中，有鑒於「古今中外之論性，未有不自相矛盾者」的普遍事實，王國維先生運用了德國近代哲學家康德在《純粹理性批判》一書中關於知識的分類來作了解釋，並得出了「性之爲物，超乎吾人之知識外也」的結論。他的分析如下：

> 今夫吾人之所可得而知者，一先天的知識，一後天的知識也。先天的知識，如時間空間之形式，及悟性之範疇，此不待經驗而生，而經驗之所由以成立者，自汗德之知識論出後，今日殆爲定論矣。後天的知識乃經驗上之所教我者，凡一切可以經驗之物皆是也。二者之知識皆有確實性，但前者有普遍性及必然性，後者則不然？然其確實則無以異也。今試問性之爲物果從先天中或後天中知之乎？先天中所能知者，知識之形式，而不及於知識之材質，而性固一知識之材質也，若謂於後天中知之，則其所知者又非性。何則？吾人經驗上所知之性，其受遺傳與外部之影響者不少，則其非性之本來面目，固亦久矣。故斷言之曰：性之爲物，超乎吾人之知識外也。〔註10〕

因此，我們通常從經驗上得出的「性」有「善」「惡」二元之分，其所認識的並非是眞正的「性」。「善惡之相對立，吾人經驗上之事實也，反對之事實也，而非相對之事實也。……惟其爲反對之事實，故善惡二者，不能由其一說明之，唯其爲積極之事實，故不能舉其一而遺其他。故從經驗上立論，不得不盤旋於善惡二元論之胯下，然吾人之知識，必求說明之統一，而決不以此善惡二元論爲滿足也。於是性善論性惡論，及超絕的一元論（即性無善無不善說，及可以爲善可以爲不善說。），接武而起。」〔註11〕接下來，王國維先生進一步從他的知識論立場解釋了於「經驗之上言性」與「超乎經驗之外而言性」的「所以然」之理。他說：

> 夫立於經驗之上以言性，雖所論者非眞性，然尚不至於矛盾也。至超乎經驗之外而求其說明之統一，則雖反對之說，吾人得持其一，然不至自相矛盾不止。何則？超乎經驗之外，吾人固有言論之自由，然至於說明經驗上之事實時，則又不得不自圓其說，而復

〔註10〕 《論性》，《文集》第三卷，第 242～243 頁。
〔註11〕 同上，第 243 頁。

反於二元論。故古今言性者之自相矛盾，必然之理也。〔註12〕
這樣，論「性」，在王國維看來，只能在經驗的範圍內討論，超出了經驗的範
圍，則不可知也。所以，在先於經驗去觀察「性」時，則會出現自相矛盾的
「二律背反」。而於「經驗範圍之內」所討論的性善性惡之一元論的主張，則
都會陷於二律背反的境地，因而其爭論也是徒勞無益的。王國維認為，這樣
就可解決了歷史上性善與性惡的長期爭論了。

　　在《釋理》一文中，王國維則更多地貫徹了「取外來的觀念」以析「理」
的方法論原則。他首先從古今中西詞源學的意義上以證「理」之沿革，既而
分別從廣義和狹義的角度來解釋「理」之義，即「理由」、「理性」是也，最
後又進而從「理」的性質之主客兩方面分析後，得出：「『理』之意義，以理
由而言，為吾人知識之普遍之形式；以理性而言，則為吾人構造概念及定概
念間之關係之作用，而知力之一種也。故『理』之為物，但有主觀的意義，
而無客觀的意義。」〔註13〕而古今中西哲學之言「理」者，何以都附以客觀
的意義了呢？如中國宋明理學之「天理」、「太極」和西方的「Logos」等。王
國維對此解釋說，人類有一獨別有動物所未有的、且不能予以直觀的「概念
之知識」，「而所謂『太極』，所謂『宇宙大理』，所謂『超感的理性』，不能別
作一字，而必借『理』字以表之者，則又足以證此等觀念之不存在於直觀之
世界，而惟寄生於廣漠暗昧之概念中。亦言以名之，不過一幻影而矣。」〔註
14〕然在我國語言中，自宋以降，「理」字久有倫理學上之意義，何也？王先生
的解釋依然如是，他說：

　　　「理」之義除理由、理性以外，更無他解。若以理由言，則倫
　　理學上之理由，所謂動機是也。……理性亦然。理性者，推理之能
　　力也。為善由理性，為惡亦由理性，則理性之但為行為之形式，而
　　不足為行為之標準，昭昭然矣。惟理性之能力，為動物之所無，而
　　人類之所獨有，故世人遂以形而上學之所謂真，與倫理學之所謂善，
　　盡歸諸理之屬性。不知理性者，不過吾人知力之作用，以造概念，
　　以定概念之關係，除為行為之手段外，毫無關於倫理學上之價值。

〔註12〕同上，第 243～244 頁。
〔註13〕《釋理》，《王國維文集》第三卷，第 261～262 頁。
〔註14〕同上，第 261 頁。

其所以有此誤解者，由「理」之一字，乃一普遍之概念故。〔註15〕
在解決了我國哲學上議論已久的「性」與「理」問題之後，王國維又著《原命》一篇，以證明他對中國傳統哲學裏「命」的看法，這裏可以看出叔本華意志論哲學對他的影響。

運用具體的哲學方法來重新分析和研究中國傳統倫理哲學，也是王國維學術思想的一大特色。這點在他分析孟子倫理學說時尤爲鮮明。

首先，他極爲注重強調孟子倫理學說中的心理論與性理論的方面。在他看來，「孟子始研究心理、性理之問題，而以之爲其倫理說或德育之基礎。」並認爲，這是中國倫理思想史上最應當引起注意的問題。在對待孟子的「性善」即道德觀念之來源問題上，王國維認爲孟子是一個「固有論」與「發達論」之結合者。他在分析孟子的如下一段話時說：

> 人之所不學而能者，其良能也；所不慮而知者，其良知者。孩
> 提之童無不知愛其親者；及其長也，無不知敬其兄也。親親，仁也；
> 敬長，義也。

此非謂無經驗無教育之小兒，亦尚有仁義之德及觀念乎？然孟子又以爲人皆有不忍人之心，見孺子入井，則人皆欲救之。此惻隱之心非有所求於他，特自然流露之衝動耳。曰：「無惻隱之心，非人也；無羞惡之心，非人也；無辭讓之心，非人也；無是非之心，非人也。惻隱之心，仁之端也；羞惡之心，義之端也；辭讓之心，禮之端也；是非之心，智之端也……凡有四端於我者，知皆擴而充之矣，若火之始燃，泉之始達。苟能充之，足以保四海；苟不充之，不足以事父母。」由是觀之，則孟子意中似又謂吾人之生而既有者，非仁義禮智之德，惟既有其衝動感情，而適宜擴充之，則足以達於仁義禮智之德或觀念云耳。曰「不學而知（能）」「不慮而能（知）」，即無論何人皆有此四端衝動之意也。曰「孩提之童」無不知「愛親」「敬長」者，其所謂「知」，蓋非（知）愛敬之合理，非知其爲道德上之善，易言以明之，即非有所謂仁義之知識觀念，惟既有愛敬之心（心即情），以爲其自然之衝動而已。彼於「敬兄」之上，特加「及長」一語，此宜最注意者也。以此爲解，則不但適合心理上事實，且於孟子之本意爲不背矣。〔註16〕

〔註15〕同上，第265頁。
〔註16〕《孟子之倫理思想一斑》，《王國維文集》第三卷，第207頁。

　　當然，王國維對孟子倫理思想之研究並未停留於此，他還分析了孟子倫理學中涉及到的「經」、「權」之關係及孟子在處理不同道德義務之衝突的問題上，也發表了自己的看法。在他看來，孟子的倫理學說乃是一種以「義」爲核心的直覺的義務論理論，「孟子以義爲直覺的，即離卻一切理由條件，而絕對的督責吾人之命令。以此點言，則孟子之於倫理上似有直覺論派之面目焉。」又說，「孟子之所謂『義』，其視爲直覺的，絕對的，而強人以實行之之道德上規則或義務，益昭然無可疑已。」〔註17〕不過，孟子在要求人們遵守「義」所規定的道德範圍之內，遇到特殊情況而允許有「例外之義」的「權變」之計。他說：「孟子之於義，亦非謂不論何時何地皆毫不可破滅者也。彼亦以爲義有大小輕重之別，輕而小之義有時不能不讓重而大之義，即於一種規定之外，許有例外之義是也。」〔註18〕如以《孟子》中的「嫂溺」爲例。有人問孟子，既然有「男女授受不親」之「義」的規定，如果「嫂溺，則援之以手，可乎？」孟子的回答是：「嫂溺不援，是豺狼也。男女授受不親，禮也；嫂溺援之以手，權也。」〔註19〕顯然，孟子這裏的「權」者即指「例外之義」也。在孟子那裏，一個人在極端情況下而不得不「全大義而破小義」時，也是在道德上允許的。所以，王國維評價孟子的倫理觀爲一種「系統觀」，他說：

　　　　是孟子於倫理上，實立一種系統觀，而謂個人之義務，皆各有相當之位置階級，遇有不得已之時，亦可爲其重者大者，而破滅其輕者小者。從此思想，則與所謂「非禮之禮，非義之義，大人弗爲」之言，明明相異。然則孟子於實際上，殆未嘗不以一種「非禮之禮，非義之義」，即所謂「權」者，認爲正當之行爲也。〔註20〕

由此道德上的「權宜之計」，進而達致於「不同義務間」的道德衝突之解決上，王國維認爲，孟子「大體上似屬直覺說」，然又似乎隱含了一種「立極論」（立極論者謂立一究竟之標準以爲一切義務之根據。）的思想。如在解決舜的父親殺了人，而貴爲天子的舜該如何做的問題時，孟子的回答是：「舜視棄天下猶棄敝屣也。竊負而逃，遵海濱而處，終身訢然，樂而忘天下。」這個例子

〔註17〕同上，第 203～204 頁。
〔註18〕同上，第 204 頁。
〔註19〕《孟子·離婁上》。
〔註20〕同上，第 205 頁。

即設立一個「義」與「孝」相衝突的情形。然而，孟子對此種道德義務衝突的解決，猶有未盡之宜，他「不以義與孝為相並而立之絕對的標準，而既於二者之間，與以輕重之別矣。由舜之大孝推之，則為親而棄天下，寧有其事；然若舜棄天下，而天下大亂，生民塗炭，則舜如之何？孟子苟設想及此，而與以明答，則吾人於孟子說之立腳地當更明瞭，而惜其未有之也。」〔註21〕

在王國維的哲學活動中，除致力於「取外來之觀念與固有之材料，互相參政」之殊途外，其對西方哲學的引進與介紹，也是王國維對近代中國學術的一大貢獻。同梁啟超一樣，他也是近代史上把德國康德哲學介紹到中國來的早期人物之一，後轉而皈依於叔本華的唯意志論哲學，其中叔本華的悲觀主義人生哲學思想對王國維人生觀的影響巨大。在這種對西方哲學的引進中，他不僅擅長於運用西方哲學中的知識論（如康德、叔本華）體系來解讀中國傳統哲學裏的一些常用哲學術語，如論「性」、釋「理」和原「命」；而且還注重於對他們哲學思想中倫理學說的介紹和闡發。如他在整理康德哲學時著有《汗德之倫理學與宗教學》一篇，另在《叔本華之哲學及其教育學說》一文中則附帶地闡釋了叔本華的悲觀主義人生哲學。

在介紹康德時，王國維則試圖引導人們去解決康德在《純粹理性批評》中的「理性」（知識）與《實踐理性批評》中的「意志」（自由）之間的關係。王國維是這樣來把握康德的這一「理性」（知識）與「意志」（自由）的矛盾關係的，他說，在康德的《純粹理性批評》中有一個「根本思想之貫注於全書」，即「吾人及萬物之根本，非理性而意志也。故理性之作用常陷於不可知之矛盾，而使人回惑。至意志則常與信仰同盟，而道德宗教之源皆出於此，且從而保護之。且汗德亦說『物之自身』矣，其駁靈魂及上帝也，非謂其不存在，謂不能以理論證其存在也。」〔註22〕因而，在康德看來，用於解釋現象界的「知識」與道德上的實踐理性即意志之間實際上並無矛盾。這是因為「康德謂意志，與悟性，同有自己之特質，有固有之形式，有特別之法度，此法度，康德謂之『實踐理性』。而純理批評之態度至此方面而一轉：理論上之懷疑變而為實踐上之確實。彼謂道德上之法律與物理上之法律，其根本相異。物理上之法律，必然的也；道德上之法律非自外迫我，而我自不能不從之，易言以明之，即自由的也。雖自由之概念，悟性不能證明之，而在意志

〔註21〕 同上，第 206 頁。
〔註22〕 《汗德之倫理學及宗教論》，《王國維文集》第三卷，第 308～309 頁。

之方面，則深信其自由而不疑。何則？此乃實踐理性之規矩，而道德的意識中之一事實也故。」〔註23〕所以，康德在《純粹理性批評》中雖全然抨斥「自由」之觀念，然而，其「知識」與「意志」的矛盾依然無法解釋之，「然就實際言之，則惟於現象之世界中不得云自由耳。至睿智之世界即本體之世界中，吾人雖不能證其自由，然其不自由亦不得而證之。純粹理性謂自由之爲物，雖不能發見於現象之世界，而或能發見於本體之世界。實踐理性則進而斷定之。故知識與意志之間實無所謂矛盾也。」〔註24〕至於康德在《純粹理性批評》與《實踐理性批評》中另外一個矛盾，即康德聲稱在自然界中全然否定了「上帝」與「靈魂」的存在，何以在道德上又重新創設了一個「上帝」且鼓吹「靈魂不死」呢？王國維認爲，這是康德爲了保證其「道德之秩序與善人之勝利」而假定出來的。王國維的闡釋如下：

> 彼於實踐理性中往往預想個人之靈魂不死，而視爲道德之條件，又說與我相離之上帝之存在，而視爲道德之秩序與善人之勝利之保證。然汗德之神學不過其倫理學之附錄，不甚重視之，即非復如中世之視爲諸學之女王，而但爲倫理學之僕隸而已。此人格的上帝實理性批評中之所假定者。〔註25〕

以上只是就王國維先生所介紹的康德倫理學而言。至於他在介紹叔本華的倫理思想方面，則著有《叔本華之哲學及其教育學說》一文。該文主要基於叔本華的唯意志論哲學立場，來介紹他在倫理學上所提倡的「拒絕意志」論以實現人生之根本解脫的悲觀主義理論。

在叔本華的唯意志論哲學看來，「意志爲吾人之本質，因之以推論世界萬物之本質矣。」既然，吾人之本質爲「意志」，而「意志」之所以爲「意志」，則有一大根本特質：「曰生活之欲。何則？生活者非他，不過自吾人之知識中所觀之意志也。吾人之本質，既爲生活之欲矣。故保存生活之事，爲人生之唯一大事業。」〔註26〕然而，人人在世上爲滿足其「生活之欲」而沉淪於無止境的「欲望」之桎梏中無以自拔。因此，爲脫離這種由「欲望」編織的人生之苦海，人類中的天才必然要在現實生活裏創立出一種能夠超脫人與物之

〔註23〕　同上，第 309 頁。
〔註24〕　同上，同頁。
〔註25〕　同上，第 310 頁。
〔註26〕　《叔本華之哲學及其教育學說》，《王國維文集》第三卷，第 321 頁。

間的這種「利害關係」的活動，這種活動就是「審美」。「故美者，實可謂天才之特殊物也。若夫終身局於利害之桎梏中，而不知美之為何物者，則滔滔皆是。」〔註27〕然而，審「美」對於「吾人」之解脫，實乃「僅一時之救濟，而非永遠之救濟。」因此，為達到對人生有「永遠之救濟」的目的，叔本華在倫理學上提出了「拒絕意志」之說。這種「拒絕意志」說，方能教人達到倫理學上的「最高之善」，這就是佛教鼓吹的「涅槃」的境界。「故最高之善，存於滅絕自己生活之欲，且使一切生物皆滅絕此欲，而同入於涅槃之境。此叔氏倫理學上最高之境界也。」〔註28〕叔本華的這種倫理學說顯然是受了東方佛教思想的影響。

然而王國維指出，叔本華用於構建其整個倫理學體系大廈的理論基礎的，則是一種快樂論及利己主義學說。這種觀點在叔本華運用他的「人之視他人及物者，常若與我無毫髮之關係」的「個物化之原理」來分析倫理「德性」的類型時，表現得淋漓盡致。他說：

> 自此原理，而人之視他人及物者，常若與我無毫髮之關係。苟可以主張我生活之欲者，則雖犧牲他人之生活以欲以達之，而不之恤，斯之謂「過」。其甚者，無此利己之目的，而惟以他人之苦痛為自己之快樂，斯之為「惡」。若一旦超越此個物化之原理，而認人與己皆此同一之意志，知己所弗欲者，人亦弗欲之，各主張其生活之欲，而不相侵害，於是有正義之德。更進而以他人之快樂，為己之快樂，他人之苦痛，為己之苦痛，於是有博愛之德。於正義之德中，己之生活之欲已加以限制，至博愛，則其限制有加甚焉。故善惡之別，全視拒絕生活之欲之程度以為斷：其但主張自己之生活之欲，而拒絕他人之生活之欲者，是為「過」與「惡」；主張自己，亦不拒絕他人者，謂之「正義」；稍拒絕自己之欲，以主張他人者，謂之「博愛」。〔註29〕

正是叔本華提倡的這種「拒絕意志」說而達到的人生最高理想——「涅槃」境界所彰現的那種悲觀主義論調，在王國維先生的內心深處產生了強烈的共鳴，並深深地影響到了先生的人生觀和世界觀。在王國維先生分析《紅樓夢》

〔註27〕同上，第322頁。
〔註28〕同上，第322～323頁。
〔註29〕同上，第322頁。

時完全流露出來了。以下引王先生在《〈紅樓夢〉評論》中的一段人生解說足以證見之：

> 生活之本質何？「欲」而已矣，欲之爲性無厭，而其原生於不足。不足之狀態，苦痛是也。既償一欲，則此欲已終。然欲之被償者一，而不償者什百，一欲既終，他欲隨之。故究竟之慰藉，終不可得也。即使吾人之欲悉償，而更無所欲之對象，厭倦之情即起而乘之。於是吾人自己之生活，若負之而不勝其重。故人生者，如鐘錶之擺，實往復於苦痛與厭倦之間者也，夫厭倦固可視爲苦痛之一種。有能除去此二者，吾人謂之曰快樂。然當其求快樂也，吾人於固有之苦痛外，又不得不加以努力，而努力亦苦痛之一也。且快樂之後，其感苦痛也彌深。故苦痛而無回覆之快樂者有之矣，未有快樂而不先之或繼之以苦痛者也。又此苦痛與世界之文化俱增，而不由之而減。何則？文化愈進，其知識彌廣，其所欲彌多，有其感苦痛亦彌甚故也。然則人生之所欲，既無以逾於生活，而生活之性質又不外乎苦痛，故欲與生活、與苦痛，三者一而矣已。〔註30〕

這種把人生看作無數「欲望」之「苦海」的悲觀主義態度，在王國維先生的另一文藝作品《人間詞話》中尤爲淒切。在他的整個《人間詞話》中，王先生旨在揭示乾坤廣大無期而人生須與苦短的人生悲劇，其完全是參照了叔本華的悲觀主義哲學而對人生的另一種解讀。王國維的《人間詞話》企圖通過詩詞向人們挑明：向現世的塵寰苦求樂土是無望的，人生就是一場悲劇，人生活在世界上就是永遠的愁緒與煩惱。「不得言愁詩句在，閒愁那得暫時消？」〔註31〕若要消除人間之閒愁，覓得一方心靈的淨土，只有在詩「國」、藝「境」中才可能實現。王國維先生這種對人生之悲劇的「厭倦」和渴望超越而不能的「無奈」，最後促使他放棄對人生的依戀。對於王國維先生的死，陳寅恪在爲《王靜安先生遺書》所作的序中，作了如下一番寓人深思且富有文化意味的感慨。現引述如下，以作本篇之結語：

> 寅恪以爲古今中外志士仁人往往憔悴憂傷繼之以死，其所傷之事，所死之故，不止局於一時間一地域而已。蓋別有超越時間地域之理性存焉。而此超越時間地域之理性，必非其同時間地域之眾人

〔註30〕《人生及美術之概觀》，《王國維文集》第一卷，第 2 頁。
〔註31〕《靜安詩稿·拼飛》，《文集》第一卷，第 252 頁。

所能共喻。然則先生之志事，多爲世人所不解，因而有是非之論者，又何足怪耶？嘗綜覽吾國三十年來人世之劇變至異，等量而齊觀之，誠莊子所謂彼一是非，此一是非者。若就彼此所是非者言之，則彼此終古末由共喻，以其互局於一時間一地域故也。鳴呼！神州之外更有九州，今世之後更有來世，其間儻亦有能讀先生之書者乎？如果有之，則其人於先生之書鑽味既深，神理相接，不但能想見先生之人，想見先生之世，或者更能心喻先生之奇哀遺恨於一時一地，彼此是非之表歟！〔註32〕

〔註32〕 《王國維學術經典集》（下卷），江西人民出版社，1997 年版，第 502 頁。

第五章　孫文學說的倫理智慧

　　孫中山是近代中國一個實行的大政治家，中國民主革命的偉大先行者，也是近代中國向西方尋求真理的傑出代表。他的思想與學說在近代中國思想史和學術史上佔有重要的地位。

　　孫中山（1886～1925 年），名文，字逸仙，1897 年在日本化名中山樵，遂以中山名世。他出生於廣東香山縣（今中山縣）翠亨村的一個農民家庭，青年時代在檀香山、香港等地讀書，受到過不少西方資本主義思想文化的教育。1894 年孫中山曾上書李鴻章，希望他能實行「仿行西法」的資本主義改革。而 1895 年中國在甲午戰爭中的失敗，宣告了洋務運動「中體西用」改革論的破產。這使孫中山在事實面前放棄了先前抱有的改革中國的幻想，轉而投身於推翻滿清封建統治的革命活動中。此後，他始終站在時代的前列，「本世界進化之潮流」，努力指導中國革命。他一生致力於中國國民革命 40 多年，鞠躬盡瘁，死而後已。他的著作早在解放前的民國時期就被編為《中山全書》、《總理全集》等多種。建國後人民出版社首次在 1956 年編輯出版了《孫中山選集》，後又於 1981 年起出版了《孫中山全集》。

　　孫中山由於在近代中國擔當起了實行政治家的重任，故而其思想頗為繁雜，且時有變遷。然而不管其學說如何龐雜，思想之如何變遷，其中心一貫的思想是不變的，那就是他的「民族思想。」關於其「民族思想」的形成原因，郭湛波的分析是這樣的：

　　　　他的思想形成，由於外部的壓力而引起內部的問題；因他生於
　　　廣東，求學香港，往來南洋，目睹外族之強橫，文明之進步；回顧
　　　己國之衰弱，人民之萎靡，政治之腐敗，文化之落後，這就是他「民

族革命思想」形成的客觀原因。〔註1〕

孫中山的這種「民族思想」一則表現爲「排滿」,「革命者志在撲滿而興漢」〔註2〕,以實現中國境內各民族的平等,另則體現爲「反帝」,「辛亥以後,滿洲之宰制政策已爲國民運動所推毀,而列強之帝國主義則包圍如故,瓜分之說變爲共管,易言之,武力之掠奪變爲經濟的壓迫而已,其結果足使中國民族失其獨立與自由則一也。」〔註3〕這一思想在他概括闡述「三民主義」綱領之「民權主義」時,表達得很清楚,他說:「民族主義有兩方面之意義:一則中國民族自求解放;二則中國境內各民族一律平等。」〔註4〕因此,求得中國民族之自由平等既是孫中山平生之宏願,也是他窮其一生的追求,「余致力國民革命凡四十年,其目的在求中國之自由平等。」〔註5〕

在孫中山的全部著作與演說中,有相當的篇幅涉及到了倫理道德方面的論述,因此倫理思想在孫中山的思想體系中佔有重要的地位。不過,他的這些倫理道德思想又總是與其三民主義學說相聯繫的,從而具有了強烈的愛國主義和革命現實主義的色彩。不僅如此,孫中山在闡述其倫理道德學說時,他不僅對中國傳統的倫理道德進行了反思和繼承,這表現在他既反對走傳統「孔家的路」,又有所選擇的繼承民族文化之精華;而且還善於借鑒和改造西方近代倫理學說的某些思想內容,如他既主張學習西方近代文明,「舉西人之文明而盡有之」,但又符合時宜地揭露了近代西方之社會弊端,既而反對走全盤西化的路向,認爲學習西方文明也有一個是否「適於民情國史」的問題。總之,正如孫中山本人坦誠的那樣,他的全部學說之一個根本的取向即是努力「集合中外的精華,防止一切的流弊」。〔註6〕這既是他全部學說的基本精神,也是孫中山倫理思想的一個基本特色。其基本內容包括人格與國格的闡發、「替眾人服務」和「天下爲公」的新的高尚道德價值觀的提倡、對傳統倫理道德的繼承與改造、關於「平等自由之主義」的「三民主義」學說的論述及其「行易知難」的「知行合一」說。

〔註1〕郭湛波:《近五十年中國思想史》,山東人民出版社2002年版,第65頁。

〔註2〕孫中山之《警告同鄉書》:《孫中山選集》,人民出版社1981年10月版,第60頁。以下所注皆同。

〔註3〕《中國國民黨第一次全國代表大會宣言》,《孫中山選集》,人民出版社1981年10月版,第591頁。

〔註4〕同上,同頁。

〔註5〕《遺囑》,《孫中山選集》,人民出版社1981年10月版,第994頁。

〔註6〕《三民主義·民權主義》,《選集》第800頁。

　　首先，孫中山對中國傳統文化有一定的研究，並深受傳統倫理道德的影響與薰陶。針對近代中國所飽受的「外辱內亂」之危難，他認為，這只要我們善於運用我們中國自己固有的優良道德傳統即可恢復我們的民族地位。這一點，他在闡釋其《三民主義》綱領之「民族主義」學說時，表達得很清楚。他說：「要維持民族和國家的長久地位，還有道德問題，有了很好的道德，國家才能長治久安。」〔註7〕接下來，他就進一步闡述了「民族的振興」與「發揚固有的舊道德」之間的關係，他說：

　　　　從前中國民族的道德因為比外國民族的道德高尚得多，所有在宋朝，一次亡國到外來的蒙古人，後來蒙古人還是被中國人所同化；在明朝，二次亡國到外來的滿洲人，後來滿洲人也是被中國人同化。因為我們民族的道德高尚，故國家雖亡，民族還能夠存在；不但是自己的民族能夠存在，並且有力量能夠同化外來的民族。所以窮本極源，我們現在要恢復民族的地位，除了大家聯合起來做成一個國族團體以外，就要把固有的舊道德先恢復起來。有了固有的道德，然後固有的民族地位才可以圖恢復。〔註8〕

那麼在近代中國，西方新文化侵入之後，我們又該如何處理這種西方文化與中國固有傳統文化的關係呢？孫中山認為，那就要我們善於兼採中外兩種文化之長處，讓傳統之國粹與西學之精華同展異彩。他說：「一般醉心新文化的人，便排斥舊道德，以為有了新文化，便可以不要舊道德。不知道我們固有的道德，如果是好的，當然是要保存，不好的才可以放棄。」〔註9〕又說：「恢復我一切國粹之後，還要去學歐美之所長，然後才可以和歐美並駕齊驅。」〔註10〕因此，在孫中山眼裏，弘揚傳統的舊道德是恢復民族地位的首要條件和當務之急。那麼這些中國固有的道德包括那些具體內容呢？孫中山認為，「首是忠孝，次是仁愛，其次是信義，其次是和平。」〔註11〕尤其是這種「不講打的好道德」──「和平」道德，孫中山認為這既是「世界主義的真精神」〔註12〕，也是未來中國之治國平天下的基礎。在《民族主義》之結尾，他說道：

〔註7〕《三民主義‧民族主義》，《選集》第679頁。
〔註8〕同上，第670頁。
〔註9〕同上，同頁。
〔註10〕同上，第688頁。
〔註11〕同上，同頁。
〔註12〕同上，第667頁。

「用固有的道德和平做基礎，去統一世界，成一個大同之治，這便是我們四萬萬人的大責任。」〔註13〕而我們中國民族的眞精神也就在於此。

由此可見，孫中山對傳統倫理道德的某些內容是倍加讚賞的。例如，他歌頌堯、舜、禹、湯、文、武之「仁民愛物」、「愛民如子」，這些乃是「仁慈的好道德」〔註14〕。他的「人格」與「國格」的概念就是從中國傳統固有道德中所吸收並闡發出來的。譬如，他非常讚賞傳統儒家經典《大學》一書中關於「八條目」之內容：即「格物、致知、誠意、正心、修身、齊家、治國、平天下」。並把這「八條目」擡到了政治哲學的高度，認爲這種政治哲學還是西方人所沒有，「至於講到政治哲學的眞諦，歐洲人還要求之於中國。」對此，孫中山不無自豪地說：

> 中國有一段最有系統的政治哲學，在外國的大政治家還沒有見到，還沒有說到那樣清楚的，即是《大學》中所說的「格物、致知、誠意、正心、修身、齊家、治國、平天下」那一段話。把一個人從內發揚到外，由一個人的內部做起，推到平天下止。像這樣精微開展的理論，無論外國什麼政治哲學家都沒有見到，都沒有說出，這就是我們政治哲學的知識中獨有的寶貝，是應該要保存的。」〔註15〕

孫中山看來，這些《大學》中的「正心、誠意、修身、齊家」的道理，本來是屬於道德的範圍，然而我們今天則應該把它放到知識的範圍之內來探討。儘管我們古人對於這些道德上的功夫已經做過了，但是自從近代我們的國人失去了民族精神之後，我們關於這些知識的精神也隨之失去了。在這裏，他尤其指出了近代國人在「修身」功夫上的欠缺，他說：「從修身一方面來看，我們中國人對於這些功夫是很缺乏的。中國人一舉一動都欠檢點，只要和中國人來往過一次，便看得很清楚。」〔註16〕不僅如此，孫中山還進一步強調認爲，中國近代社會之所以落後於西方諸列強，一個重要的原因，也就是「由於我們中國人不修身」，「我們現在要能夠齊家、治國，不受外國壓迫，根本上便要從修身起，把中國固有知識一貫的道理先恢復起來，然後我們民族的精神和民族的地位才都可以恢復。」〔註17〕

〔註13〕同上，第 691 頁。
〔註14〕《三民主義·民權主義》，《選集》第 769 頁。
〔註15〕《三民主義·民族主義》，《選集》第 684 頁。
〔註16〕同上，第 685 頁。
〔註17〕同上，第 687 頁。

　　孫中山還強調了，一個革命者也應當尤爲注重從「修身」出發。對此，他說道：「修身」必先「正心」，若「心」不「正」，革命黨員「存心做官發財」，那「黨員的人格，便非常卑劣，」這就會讓我們的革命和建設大業失去人心，而「人心就是立國的大根本。」所以，孫中山認爲，我們的人格改好了，我們的社會當然的就進步了；而我們要造成一個好的國家，首先便要求我們的國民人人都有好的人格，大家都有了好的人格，才可以改良人格來救國。「和大家力量，用一種宗旨，互相勸勉，彼此身體力行，造成頂好的人格。」〔註18〕這種人格的錘鍊，不僅在革命時需要，在建設時期也同樣缺少不了。即是在中華民國成立之後，孫中山還指出：「今民國既已完成，國民之希望正大，然最要者爲人格。」〔註19〕

　　孫中山認爲革命者具有了這種高尚之道德人格，必將造就大批的革命志士仁人，「不成功，便成仁」，這樣，我們的革命定會成功，理想的大同世界也終會實現。在《在桂林對滇贛粵軍的演說》一文中，他這樣說道：

　　　　從事革命事業，非成功，即成仁，二者而已。成功則造出莊嚴華麗之國家，共享幸福。不成功，則同拼一死，以殉吾黨之光輝主義，亦不失爲殺身成仁之志士。雖然均一死也，有泰山、鴻毛之別。若因革命而死，因改造新世界而死，則爲死重於泰山，其價值乃無量之價值，其光榮乃無上之光榮，惟諸君圖之。吾人生在惡濁世界中，欲打破此舊世界，剷除一切煩惱，以求新世界之出現，則必有高尚思想，與強毅能力以爲之先。在吾國數千年前，孔子有言曰：「大道之行也，天下爲公。」如此，則人人不獨親其親，人人不獨子其子，是爲大同世界。大同世界即所謂「天下爲公」。要使老者有所養，壯者有所營，幼者有所教。孔子之理想世界，眞能實現，然後不見可欲，則民不爭，甲兵亦可以不用矣。〔註20〕

顯然，孫中山在這裏強調的是一種要革命者以「天下爲公」的「利他」思想。因爲孫中山認爲，就我們每一個人而言，不能僅僅追求自身利益，而應該更

〔註18〕《在廣州青年聯合會的演說》，《孫中山全集》第8卷，中華書局1985年版，第316頁。

〔註19〕胡漢民編：《總理全集》第2卷，上海民智書局，（民國19【1930年】），第146頁。

〔註20〕《在桂林對滇贛粵軍的演說》，《孫中山全集》第8卷，中華書局1985年版，第35～36頁。

多地追求他人利益，即不要止於利己，而要更多地致力於利人，甚至在一定的條件下，可以爲了他人的利益而自願放棄或者哪怕是犧牲個人的利益。例如，孫中山說：「以發財而論，則人人皆欲之。我黨人之救人，亦屬發財主義；但常人則欲個人發財，我黨則欲人人發財而已。……損人利己，乃能發財成功者，我黨人不爲也。」〔註21〕在這個利己與利他的關係問題上，孫中山乃是秉承一種互助合作的精神來闡述二者的關係的。在他看來，利己即被包含於利他之中，「諸君志願，需求大家之利益，辦大家之事業，不必計較私人之利益。究竟大家幸福，大家得利益，則我一人之幸福之利益，自然包括其中。」〔註22〕

從這種「利人」思想出發，孫中山進而提出了「替眾人服務」的服務道德觀。在《世界道德的新潮流》的演說中，他說：「現在文明進化的人類，覺悟起來，發生了一種新道德。這種新道德，就是有聰明能力的人，應該替眾人來服務。這種替眾人服務的新道德，就是世界上道德的新潮流。」〔註23〕在這裏，孫中山之所以強調「替眾人服務」的人乃是那些「有聰明能力的人」，這完全跟孫中山關於人的天賦之劃分的理論有關係。

孫中山根據個人天賦之聰明才力的差異，將人分爲三類：「第一種人叫做先知先覺。這種人有絕頂的聰明，凡見一件事，便能想出許多道理；聽一句話，便能做出許多事業。有了這種才力的人，才是先知先覺。由於這種先知先覺的人預先想出了許多辦法，做了許多事業，世界才有進步，人類才有文明。所以先知先覺的人是世界上的創造者，是人類中的發明家。第二種人叫做後知後覺。這種人的聰明才力比較第一種人是次一等的，自己不能夠創造文明，只能夠跟隨摹仿，第一種人已經作出來了的事，他便可以學到。第三種人叫做不知不覺。這種人的聰明才力是更次的，凡事雖有人指教他，他也不能知，只能去行。照現在政治運動的言詞說，第一種人是發明家，第二種人是宣傳家，第三種人是實行家。」〔註24〕無疑在孫中山看來，人類這種先天的不平等是一種既成的事實，然而，「天之生人雖有聰明才力之不平等，但

〔註21〕 《黨義戰勝與黨員奮鬥》，《選集》第553～554頁。

〔註22〕 《孫中山全集》第3卷，中華書局1985年版，第24～25頁。

〔註23〕 胡漢民編：《總理全集》第2卷，上海民智書局，(民國19【1930年】)，第483～484頁。

〔註24〕 《三民主義・民權主義》，《選集》第767頁。

人心必欲使之平等，斯爲道德上之最高目的。」可是要達此「道德上之最高目的」，我們人類該怎樣做呢？孫中山認爲，這就要我們每個人，不論其能力大小，都發揚其服務道德心，盡自己的心力爲社會服務，就能彌補先天的不足，實現眞正意義上的人格平等——即「平等之精義。」對此，孫中山闡釋如下：「要調和這三種之人使之平等，則人人當以服務爲目的，而不以奪取爲目的。聰明才力愈大者，當盡其能力而服千萬人之務，造千萬人之福，聰明才力略小者，當盡其能力以服十百人之務，造十百人之福。所謂『巧者拙之奴』，就是這個道理。至於全無聰明才力者，亦當盡一己之能力，以服一人之務，造一人之福。照這樣做去，雖天生人之聰明才力有不平等，而人之服務道德心發達，必可使之成爲平等了。這就是平等之精義。」〔註25〕那麼，行文至此，我們有必要停下來洞悉一番孫中山之平等觀的「精義」了。

在孫中山的許多演說中，他常常是把「平等」與「自由」這兩個價值觀相提並論，一起來探討的，這些大部分都體現在他關於「三民主義」學說的論述中。在很多的演說場合，孫中山常常把他的「三民主義」學說之基本精神直截了當地等同於「自由平等主義」，宣稱「三民主義能夠實行，便有自由平等」。〔註26〕例如，1921年12月7日在《在桂林軍政學七十六團體歡迎會的演說》中，孫中山就提到「三民主義就是平等和自由的主義。」〔註27〕那麼，孫中山是如何闡釋其「三民主義」學說的「平等」思想的呢？《在廣東旅桂同鄉會歡迎會的演說》中，孫中山是這樣理解的，他說：「何謂三民主義？即民族、民權、民生之主義是也。民族主義，即世界人類各族平等，一種族絕不能爲他種族所壓制。……民權主義，即人人平等，同爲一族，絕不能以少數人壓制多數人。人人有天賦之人權，不能以君主而奴隸臣民也。民生主義，即貧富均等，不能以富等【者】壓制貧者是也。」〔註28〕在其他一些場所，孫中山還反覆強調了其「三民主義」的「平等」價值觀，如「民族主義是對外人爭平等的，不許外國人欺負中國人；民權主義是對本國人爭平等的，不許有軍閥官僚的特別階級，要全國男女的政治地位一律的平等；民

〔註25〕同上，第740頁。
〔註26〕同上，第734頁。
〔註27〕《在桂林軍政學七十六團體歡迎會的演說》，《孫中山全集》第6卷，中華書局1985年版，第3頁。
〔註28〕《在廣東旅桂同鄉會歡迎會的演說》，《選集》第508頁。

生主義是對於貧富爭平等的，不許全國男女有大富人和大窮人的分別，要人人都能夠做事，人人都有飯吃。」〔註29〕

　　至於說到「自由」觀，孫中山則更多地是從政治學角度來理解和闡釋的。站在這種政治學的立場，孫中山認爲，「自由」並非什麼西方人的專利，中國的古人早就有了這種「自由」的觀念並從中享受到了「自由」之權利。譬如，他說：「唐虞之世，堯天舜日，號爲黃金世界，極平等自由之樂。」「而老子所說底『無爲而治』，亦是表示人民極自由底意思。」根據這個理解，他把中國與西方的歷史做了這樣的一番比較後，得出結論說：「中國歷史，是從自由而入於專制；西國歷史，是從專制而入於自由。」又說：「歐俗人不自由，故爭自由。中國人尙不竭自由，故不知自由。這兩個底潮流，一專制，一自由，就是中國與歐洲不同的地方。」〔註30〕不過，孫中山對「自由」理解也受到了近代西方思想（尤其是穆勒）的影響。例如，他說，西方近代社會「由於自由太過，便發生許多流弊。所以英國有一個學者叫做彌勒氏的便說：一個人的自由，以不侵犯他人的自由爲範圍，才是眞自由；如果侵犯他人的範圍，便不是自由。歐美人講自由從前沒有範圍，到英國彌勒氏才立了自由的範圍，有了範圍，便減少很多自由了。由此可知，彼中學者已漸知自由不是一個神聖不可侵犯之物，所以也要定一個範圍來限制他了。」〔註31〕

　　在公開宣稱其「三民主義就是平等和自由的主義」的宗旨後，孫中山還進一步提出了他所理想的政治家的政治責任和道德人格，這就是首先他們要有本領，其次要有好的道德。這在孫中山看來，在中國歷史上能夠符合了這兩個條件的政治統治者只有「堯舜禹湯文武」幾個皇帝。在《民權主義》的演說中，孫中山闡明了他的這一觀點。他說：

> 中國幾千年的皇帝，只有堯舜禹湯文武能夠負政治責任，上無愧於天，下無怍於民。他們能夠達到這種目的，令我們在幾千年之後都來歌功頌德的原因，是因爲他們有兩種特別的長處：第一種長處是他們的本領很好，能夠做成一個良政府，爲人民謀幸福；第二種長處是他們的道德很好，所謂「仁民愛物」，「視民如傷」，「愛民若子」，有這種仁慈的好道德。因爲他們有這兩種長處，所以對於政

〔註29〕 《在廣東第一女子師範學校校慶紀念會的演說》，《選集》第 903 頁。
〔註30〕 《五權憲法》，《選集》第 490～491 頁。
〔註31〕 《三民主義・民權主義》，《選集》第 718 頁。

治能夠完全負責，完全達到目的。中國幾千年來，只有這幾個皇帝
令後人崇拜，其餘的皇帝不知道有多少，甚至於有許多皇帝後人連
姓名都不知道。〔註32〕

在孫中山關於理想道德人格的設立中，體現了他崇尚中國傳統倫理價值的傾向。其實，對中國傳統倫理道德的理性反思，並加以相應的改造和繼承，這也構成了孫中山倫理思想體系的一大特色。現就其主要的方面略陳如下。

孫中山認為，就我們中國歷史而言，我們中華民族曾有過高尚的道德，但是，近百年以來，我們因為沒有好好珍惜和把握它，以致於這些「固有的好道德」逐漸失去了。這就是近代中國由盛而衰的重要原因。而我們「一般醉心新文化的人，便排斥舊道德，以為有了新文化，便可以不要舊道德。」孫中山認為這種態度是不對的，「不知道我們固有的東西，如果是好的，當然是要保存，不好的才可以放棄。」因此，他主張要把固有的舊道德恢復起來。那麼，這種「固有的舊道德」包括那些內容呢？孫中山說：「首先是忠孝，次是仁愛，其次是信義，其次是和平。」〔註33〕

首先，孫中山對我們中國傳統倫理的「忠孝」觀給予了很高的重視，甚至認為「國民在民國之內，要能夠把忠孝二字講到極點，國家便自然可以強盛。」〔註34〕那麼該如何把這「二字講到極點」呢？孫中山看來，這首先要講「孝」，這種「孝」德是我們中國人所特有的，也是我們中國人講究得最精到、最為完全的，「講到孝字，我們中國人尤為特長，尤其比各國進步得多。《孝經》所講的孝字，幾乎無所不包，無所不至。現在世界中最文明的國家講到孝字，還沒有像中國講到這麼完全。所以孝字是不能不要的。」〔註35〕那麼，「忠」字又該如何講呢？孫中山認為，從前我們講「忠」，主要是針對君而言的，即忠君。但現在民國沒有君主了，是否就不要講「忠」字呢？在孫中山看來，這是不對的。「古時所講的忠，是忠於皇帝，現在沒有皇帝便不講忠字，以為什麼事都可以做出來，那便是大錯。現在人人都說，到了民國什麼道德都破壞了，根本原因就是在此。」那麼，我們現在將如何講「忠」字呢？孫中山說，這就是要忠於國，忠於民，忠於事。他說：「我們做一件事，

〔註32〕同上，第 769 頁。
〔註33〕《三民主義・民族主義》，《選集》第 680 頁。
〔註34〕同上，第 681 頁。
〔註35〕同上，同頁。

總要始終不渝，做到成功，如果做不成功，就是把性命去犧牲亦所不惜，這便是忠。」所以，他又說：「我們在民國之內，照道理上講，還是要盡忠，不忠於君，要忠於國，要忠於民，要為四萬萬人去效忠。為四萬萬人效忠，比較為一人效忠，自然是高尚得多。故忠字的好道德還是要保存。」〔註36〕

還有我們中國固有的好道德「仁愛」，又該怎麼講呢？在這方面，孫中山並未拘泥於儒家孔子所倡導的「親疏有別」的「等差之愛」，而是比較推崇中國古代墨子所講的「兼愛」，認為這與西方基督教所講的「博愛」是一樣的。只不過近代中國人講「仁愛」沒有外國人那樣實行罷了。所以，孫中山要求「我們要學外國，只要學他們那樣實行，把仁愛恢復起來，再去發揚光大，便是中國固有的精神。」〔註37〕

至於說到「講信義」和「愛和平」這兩種道德，孫中山認為，我們「中國人實在比外國人好得多。」比如在商場的交易上，我們中國人是不需要像外國人那樣訂立什麼買賣契約，雙方只要彼此口頭上說一句話，便有很大的信用了。至於說到「愛和平」，孫中山更強調了他是我們中國人「一種極好的道德。」而外國人都是只講戰爭的，只是因為近代經過許多戰爭，殺戮無度，在痛定思痛之後，不得以才去講和平的。所以，孫中山評論說，西方人「各國人共同去講和平，是因為怕戰爭，出於勉強而然的，不是出於一般國民的天性。中國人幾千年酷愛和平，都是出於天性。論到個人便重謙讓，論到政治便說『不嗜殺人者能一之』，和外國人便有大大的不同。」〔註38〕

在談到對中國這些固有舊道德的繼承和發揚時，孫中山最後不無自豪地說：

> 所以中國從前的忠孝仁愛信義種種的舊道德，固然是駕乎外國人，說到和平的道德，更是駕乎外國人。這種特別的好道德，便是我們中國人的精神。我們以後對於這種精神不但是要保存，並且要發揚光大，然後我們民族的地位才可以恢復。〔註39〕

以上僅僅就孫中山對中國傳統倫理道德的繼承和發揚一方面而言的。在對待傳統倫理之方法和態度上，孫中山還有對其改造和利用的一面。這主要表現

〔註36〕同上，同頁。
〔註37〕同前，第682頁。
〔註38〕同上，第684頁。
〔註39〕同上，同頁。

在他援引了孔子的「智、仁、勇」三達德，將其改造爲軍人之革命精神的教育上──即軍人精神之要素。在《在桂林對滇贛粵軍的演説》一文中，孫中山講到革命軍人的精神教育時説：「革命須有精神，此精神即爲現在軍人之精神。但所謂精神，非泛泛言之，智、仁、勇三者，即爲軍人精神之要素。能發揚這三種精神，始可以救民，始可以救國。」〔註40〕接著，孫中山對這三種要素分別予以闡述之。首先是「智」。何謂「智」也？他説：「智之云者，有聰明，有見識之謂，是即爲智之定義。凡遇一事，以我之聰明，我之見識，能明白瞭解，即時有應付方法，而根本上又須合乎道義，非以爾詐我虞爲智也。」〔註41〕這是就「智」之定義而言，那麼對於軍人而言，這種「智」具體表現在那些方面呢？孫中山認爲有四個方面，即：「軍人之智：一、別是非；二、明利害；三、識時勢；四、知彼己。」而「仁」與「智」則不同，它們有何區別呢？孫中山認爲：「所貴乎智者，在能明利害，故明哲保身，謂之智。仁則不問利害如何，有殺身以成仁，無求生以害仁。求仁得仁，斯無怨矣。」〔註42〕由這種「仁」與「智」之有別，進而得出「仁」的規定。這種規定並非孔子視親疏有別的「等差之愛」，更不是婦人之仁，而是墨子的「兼愛」或韓愈所謂的「博愛之謂仁」。「博愛云者，爲公愛而非私愛，即如『天下有饑者，由己饑之；天下有溺者，由己溺之』之意，與夫愛父母妻子者有別。以其所愛在大，非婦人之仁可比，故謂之博愛。」〔註43〕至於説到「仁」之表現種類時，孫中山認爲有三：「一、救世之仁；二、救人之仁；三、救國之仁。」這三種「仁」，其性質皆爲博愛，其中的「救世之仁」即宗教家之仁也，「救人之仁」即慈善家之仁也，「救國之仁」即志士愛國之仁也。軍人的第三種精神是「勇」。那麼這「勇」與前述的所謂「仁」又是何種關係呢？孫中山首先從「勇」之定義入手，「余以爲最流通之用語『不怕』二字，實即勇之定義，最簡括而最確切者。孔子有言『勇者不懼』。可見不懼即爲勇之特徵。」〔註44〕在論及「仁」、「勇」之關係時，孔子説過「仁者必有勇」，而孫中山在講到軍人之「勇」時，亦強調了孔子這一觀點。他説：「軍人之勇，是在夫成仁取

〔註40〕　《在桂林對滇贛粵軍的演説》，《孫中山全集》第6卷，中華書局1985年版，第16頁。
〔註41〕　同上，第16～17頁。
〔註42〕　同上，第22頁。
〔註43〕　同上，同頁。
〔註44〕　同上，第30頁。

義，爲世界上之大勇。」〔註45〕然這種「大勇」於軍人而言，又須涵括兩個方面：「一、長技能；二、明生死。」尤其這第二個方面「明生死」，最能昭現軍人之「勇」，「不明生死，則不能發揚勇氣。」在這裏，孫中山引用了孟子的「捨生取義」觀以闡釋「明生死之辨」對於軍人之「勇」的重要性。他說：

> 是在明生死之辨！如孟子所謂「所欲有甚於生者，舍生而取義也」。故爲革命而死者，爲成仁，爲取義，非若庸庸碌碌之輩，終日醉生夢死，無所表見，又非若匹夫、匹婦之爲諒，自經於沟瀆，而莫知之也。諸君既爲軍人，不宜畏死，畏死則勿爲軍人。須知軍人之爲國家效死，死重於泰山。〔註46〕

孫中山對傳統思想進行改造的另外一個重要方面，就是他提出了「知難行易」的「知行合一」說。

孫中山的「知難行易」說首先是有感於當時這樣的一個社會問題而發的，即在辛亥革命之後，革命者雖然取得了以「暴力推翻滿清專制，創建民主共和」的成功，然而在革命之後的建設問題上，我們卻步履惟艱，一籌莫展，甚至陷入了「民愈不聊生」的處境。這難道是「革命之破壞容易，而建設尤難」嗎？孫中山在《建國方略》之開篇《自序》中就觸及到了這個問題。他說：

> 溯夫吾黨革命之初心，本以救國救種爲志，欲出斯民於水火之中，而登之衽席之上也。今乃反令之陷水益深，蹈火益熱，與革命初衷大相違背者，此固予之德薄無以化格同儔，予之能鮮不足駕奴群眾，有以致之也。然而吾黨之士，於革命宗旨、革命方略亦難免有信仰不篤、奉行不力之咎也，而其所以然者，非盡關乎功成利達而移心，實多以思想錯誤而懈志也。〔註47〕

那麼，這種錯誤思想是什麼呢？孫中山認爲，這就是自傳統以來人們心中所信仰的「知之非難，行之惟艱」之說也。「此說始於傅說對武丁之言，由是數千年來，深中於中國之人心，已成牢不可破矣。故予之建設計劃，一一皆爲此說所打消也。嗚呼！此說者予生平之最大敵也，其威力當萬倍於滿清。

〔註45〕 同上，同頁。
〔註46〕 同上，第34頁。
〔註47〕 《建國方略之一》，《孫中山全集》第6卷，中華書局1985年版，第158頁。

夫滿清之威力，不過只能殺吾人之身耳，而不能奪吾人之志也。」〔註48〕此說之流弊已讓成功之後的革命者放棄了「建設之責任」，「夫革命黨之心理，於成功之始，則被『知之非艱，行之惟艱』之說所奴，而視吾策爲空言，遂放棄建設之責任。」〔註49〕因此，孫中山有感於這種國民之心理，認爲要改造我們的社會，以取得革命建設的成功，首先當從改造國民的心理入手，他說：「夫國者人之積也，人者心之器也，而國事者一人群心理之現象也。是故政治之隆污，繫乎人心之振靡。吾心信其可行，則移山填海之難，終有成功之日；吾心信其不可行，則反掌折枝之易，亦無收效之期也。心之爲用大矣哉！夫心也者，萬事之本源也。滿清之顛覆者，此心誠之者也；民國之建設者，此心敗之也。」〔註50〕那麼，如何改造這種國民心理呢？孫中山認爲，這首先就是要糾正國民心中長期以來所崇奉的「知之非艱，行之惟艱」的錯誤思想，改而歸宗於他所提倡的「行之非艱，知之惟艱」的「知難行易」說。「古人說『知易行難』，我的學說是『知難行易』。從前中國百事都腐敗的原因，是由於思想錯了。自我的學說發明以後，中國人的思想便要大改革。拿我的學說去做事，無論什麼事都可以做得到的。」〔註51〕

爲了進一步論證他的「知難行易」說，孫中山在其《建國方略》中花費了大量的篇幅，且串以「十事爲例」，分別列舉了飲食、用錢、作文、建屋、造船、築城、開河、電學、化學、進化等十事，作爲闡釋其「知難行易」說的例證。最後，他總結說：「予之所以不憚其煩，連篇累牘以求發明『行易知難』之理者，蓋以此爲救中國必由之道也。」〔註52〕孫中山甚至由此出發來比較論證了近代中西之兩種文明之所以先進與落後之文化心理根源，他說：「夫中國近代之積弱不振、奄奄待斃者，實爲『知之非艱，行之惟艱』一說誤之也。……而歐美幸而無『知易行難』之說爲其文明之障礙，故能由草昧而進文明，由文明而進於科學。」〔註53〕

不過，在《建國方略》中，構成孫中山學說之精華的，並非其「知難行

〔註48〕同上，同頁。
〔註49〕同上，第 159 頁。
〔註50〕同上，第 158～159 頁。
〔註51〕《宣傳造成群力》，《孫中山選集》，人民出版社 1981 年 10 月版，第 569 頁。
〔註52〕《建國方略之一》，《孫中山全集》第 6 卷，中華書局 1985 年版，第 198 頁。
〔註53〕同上，第 198～200 頁。

易」說，而是他的「知行合一」說。這種「知行合一」說，是孫中山對王陽明的「知行功夫本不可離」「知而不行，只是未知」的「知行合一」說的改造和繼承而發明出來的。以下引文，足以證見孫中山在對待王陽明的「知行合一」說時的態度。他說：

> 若夫陽明「知行合一」之說，即所以勉人為善者也。推其意，彼亦以為「知之非艱」，而「行之惟艱」也；惟以人之上進，必當努力實行，雖難有所不畏，既知之則當行之，故勉人以為其難。遂倡為「知行合一」之說曰：「即知即行，知而不行，是為不知。」其勉人為善之心，誠為良苦。無如其說與眞理背馳，以難為易，以易為難；勉人以難，實與人性相反。是前之能「行之而不著焉，習矣而不察焉，終身由之而不知其道者」，今反為此說所誤，而頓生畏難之心，而不敢行矣。此陽明之說，雖為學者傳誦一時，而究無補於世道人心也。〔註54〕

又說：

> 夫「知行合一」之說，若於科學既發明之世，指一時代一事業而言，則甚為適當；然陽明乃合知行於一人之身，則殊不通於今日矣。以科學愈明，則一人之知行相去愈遠，不獨知者不必自行，行者不必自知，即同為一知一行，而以經濟學分工專職之理施之，亦有分知分行者也。然則陽明「知行合一」之說，不合於實踐之科學也。〔註55〕

既然，孫中山認為王陽明的「知行合一」說是如此的「無補於世道人心」且又「不合於實踐之科學」，那他又是如何闡發其自己的「知行合一」說呢？孫中山在其前面以「十事為證」的例證中，即著重論證了「不知亦能行」的觀點。接下來之後，他又竭力闡釋「能知必能行」的道理。這兩個方面的相互結合，就是他的「知行合一」觀。對於他的這種「知行合一」說，賀麟先生的評價是較為精到而恰如其分的，他說：「他想要達到的知行合一，顯然不是道德修養上的王陽明式的當下直覺的知行合一。他雖說反對理論家兼實行家於一身的不知分工的辦法，但他決不會反對求知行合一的努力，決不反

〔註54〕同上，第197頁。
〔註55〕同上，第198頁。

對致良知。」〔註56〕所以，他認爲孫中山的「知行合一」說，既有對傳統哲學的繼承，又有他自己的新貢獻和新的發揮，「今中山先生對於知難行易說既有堅實理論，且有透徹發揮，故表面上雖似微有反對知行合一的話，而骨子裏實已包含有知行合一的說理，且對於知行合一說有新的貢獻，新的發揮。」〔註57〕

孫中山的這種「知難行易」說，正是他作爲近代資產階級革命派之力行者與實行家的理論依據，也是他全部建國方案的思想基礎。這種學說，不僅在行動上促成辛亥革命之成功，還起到了改造國民之傳統心理的思想解放作用。賀麟先生認爲他的這種「知難行易」說對當時思想界的影響很大，現引以如下：

> 不過中山先生畢竟是推翻中國幾千年的君主專制體制，百折不撓，英勇偉大的革命領袖，領導中國資產階級革命偉大的先行者，他的「知難行易說」不但是指導多次武裝革命的實踐，也總結了辛亥革命的經驗教訓。而且他把知與行，理論家與實行家不惟劃分爲二截，認爲難易懸殊，雖理論上實踐上似乎都不免有困難，但也有其實際的苦衷。他明確指出，說知難，目的在於勉勵人作高深專門的科學研究；說行易，目的在於喚醒人民，鼓舞群眾去參加革命促進民主。並想破除當時很流行的對革命問題的畏難苟安、麻痺落後思想。他已經在他的學說中充分表現了「五四」運動時期所倡導的「科學」與「民主」的進步思想了。〔註58〕

〔註56〕賀麟：《五十年來的中國哲學》，商務印書館，2002 年 12 月版，第 198 頁。
〔註57〕同上，第 195 頁。
〔註58〕同上，第 207 頁。

參考文獻

1. 梁啟超：《清代學術概論》，上海古籍出版社，1998 年 3 月版。
2. 康有爲：《大同書》，中州古籍出版社，1998 年 10 月版。
3. 王國維：《王國維文集》，中國文史出版社，1997 年版。
4. 孫中山：《孫中山全集》，中華書局，2011 年 5 月版。
5. 劉師培：《劉申叔遺書》，江蘇古籍出版社，1997 年版。
6. 張君勱：《新儒家思想史》，中國人民大學出版社，2006 年 9 月版。
8. 魏英敏：《新倫理學教程》，北京大學出版社，2012 年 8 月版。
8. 王澤應：《自然與道德》，湖南大學出版社，1999 年 3 月版。
9. 陳少峰：《中國倫理學史新編》，北京大學出版社，2013 年 10 月版。
10. 〔德〕馬克斯·韋伯：《儒教與道教》，商務印書館，2003 年版；
11. 荊門市博物館：《郭店楚墓竹簡》，文物出版社，1998 年 5 月版。
12. 李零：《郭店楚簡校讀記》（增訂本），北京大學出版社，2002 年 3 月版。
13. 李零：《上博楚簡三篇校讀記》，中國人民大學出版社，2007 年 8 月版。
14. 王引之：《經義述聞》，江蘇古籍出版社，2000 年 9 月版。
15. 段玉裁：《說文解字注》，上海古籍出版社，1988 年 2 月版。
16. 鄒曉麗：《基礎漢字字形義釋源——〈說文〉部首今讀本義》，中華書局，2007 年 8 月版。
18. 黃侃：《說文箋識》，中華書局，2006 年 5 月版。
18. 劉寶楠：《論語正義》，中華書局，1990 年 3 月版。
19. 孫欽善：《論語本解》，生活·讀書·新知三聯書店，2009 年 4 月版。
20. 焦循：《孟子正義》，中華書局，1987 年 10 月版。
21. 楊伯峻：《春秋左傳注》，中華書局，1990 年 5 月版。

22. 朱彬：《禮記訓纂》，中華書局，1996 年 9 月版。

23. 孔穎達：《禮記正義》，上海古籍出版社，2008 年 9 月版。

24. 戴震：《孟子字義疏證》，中華書局，1982 年 5 月版。

25. 阮元：《揅經室集》，中華書局，1993 年 5 月版。

26. 錢穆：《論語新解》，生活·讀書·新知三聯書店，2002 年 9 月版。

28. 錢穆：《先秦諸子繫年》，商務印書館，2001 年 8 月版。

28. 錢穆：《孔子傳》，生活·讀書·新知三聯書店，2002 年 9 月版。

29. 牟宗三：《中國哲學十九講》，上海古籍出版社，1997 年 12 月版。

30. 馮友蘭：《中國哲學史新編》，人民出版社，1998 年 12 月版。

31. 馮友蘭：《貞元六書》，華東師範大學出版社，1996 年 12 月版。

32. 勞思光：《新編中國哲學史》，廣西師範大學出版社，2005 年 10 月版。

33. 湯一介：《我的哲學之路》，新華出版社，2006 年 2 月版。

34. 湯一介：《新軸心時代與中國文化的建構》，江西人民出版社 2007 年 1 月版。

35. 龐樸：《龐樸文集》，山東大學出版社，2005 年 1 月版。

36. 龐樸：《中國文化十一講》，中華書局，2008 年 4 月版。

38. 陳來：《竹帛〈五行〉與簡帛研究》，生活·讀書·新知三聯書店，2009 年 4 月版。

38. 陳來：《古代宗教與倫理：儒家思想的根源》，生活·讀書·新知三聯書店，1996 年 3 月版。

39. 李存山：《中國傳統哲學綱要》，中國社會科學出版社，2008 年版。

40. 朱貽庭：《中國傳統倫理思想史》，華東師範大學出版社，1994 年 7 月版。

41. 北京大學哲學系中國哲學教研室編：《中國哲學史》，北京大學出版社，2004 年 8 月版。

42. 郭齊勇：《中國儒學之精神》，復旦大學出版社，2009 年版。

43. 杜維明編：《思想·文獻·歷史——思孟學派新探》，北京大學出版社，2008 年 4 月版。

44. 梁濤：《郭店楚簡與思孟學派》，中國人民大學出版社，2008 年 5 月版。

45. 丁四新：《郭店楚墓竹簡思想研究》，東方出版社，2000 年 10 月版。

46. 郭沂：《郭店竹簡與先秦學術思想》，上海教育出版社，2001 年版。

48. 廖名春：《新出楚簡試論》，〔臺北〕臺灣古籍出版有限公司，2001 年 5 月版。

48. 王博：《簡帛思想文獻論集》，〔臺北〕臺灣古籍出版有限公司，2001 年版。

49. 丁原植:《楚簡儒家性情説研究》,〔臺北〕萬卷樓圖書股份有限公司,2005年5月版。

50. 謝君直:《郭店楚簡儒家哲學研究》,〔臺北〕萬卷樓圖書股份有限公司,2008年8月版。

51. 林素英:《從〈郭店簡〉探究其倫常觀念:以服喪思想爲討論基點》,〔臺北〕萬卷樓圖書有限公司,(民92)年初版。

52. 池田知久:《郭店楚簡儒教研究》,〔東京〕汲古書院,2003年版。

53. 淺野裕一:《古代思想史と郭店楚簡》,〔東京〕汲古書院,2005年版。

54. 湯淺邦弘:《戰國楚簡與秦簡之思想史研究》,佐藤邦弘監譯,〔臺北〕萬卷樓圖書股份有限公司,2006(民95)年版。

55. 陳偉:《新出楚簡研讀》,武漢大學出版社,2010年3月版。

56. 劉大鈞:《簡帛考論》,上海古籍出版社,2007年5月版。

58. 魏啓鵬:《簡帛文獻〈五行〉箋證》,中華書局,2005年12月版。

58. 陶磊:《思孟之間儒學與早期易學史新探》,天津古籍出版社,2009年1月版。

59. 傅斯年:《性命古訓辯證》,廣西師範大學出版社,2006年10月版。

60. 劉建國:《先秦僞書辨正》,陝西人民出版社,2004年7月版。

61. 李源澄:《諸子概論》,華東師範大學出版社,2010年1月版。

62. 陳柱:《子二十六論》,廣西師範大學出版社,2008年10月版。

63. 陳柱:《中庸注參》,廣西師範大學出版社,2010年12月版。

64. 錢基博:《古籍舉要》,廣西師範大學出版社,2009年1月版。

65. 李景林:《教養的本原——哲學突破期的儒家心性論》,遼寧人民出版社1998年6月版。

66. 蕭公權:《中國政治思想史》,〔臺北〕聯經出版公司,民國71(1982)年版

68. 薩孟武:《中國政治思想史》,〔臺北〕三民書局股份有限公司,民國68年8月版。

68. 唐君毅:《中國哲學原論》(原道篇),中國社會科學出版社,2006年12月版。

69. 張學智:《心學論集》,中國社會科學出版社,2006年10月版。

70. 鄧國光:《聖王之道——先秦諸子的經世智慧》,中華書局,2010年5月版。